松戸から登った山 70選

鈴木　貫太

三ッ峠から富士山（2001.11.11）

天祖山表参道（2012.11.4）

奥多摩奈良倉山（2012.5.27）

高峰高原水ノ塔山（2011.12.16）

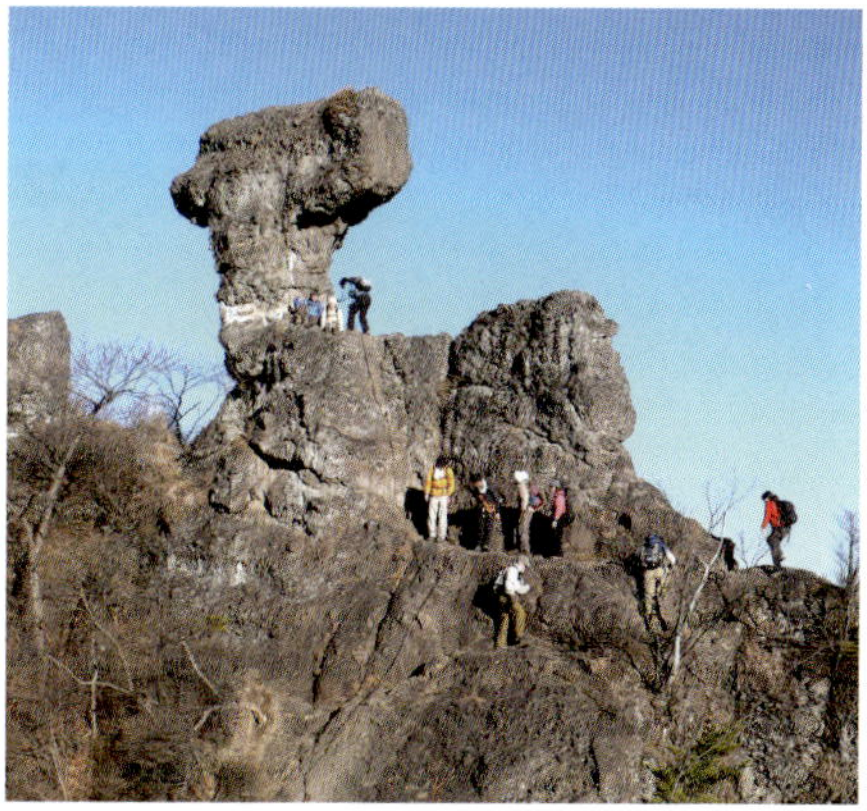

裏妙義山丁須岩（2010.12.4）

金峰山砂払いの頭付近。背景は
五丈岩（2003.11.24）

丹沢蛭ヶ岳付近縦走路（2002.1.12）

庚申山から皇海山（2009.12.12）

赤岳山頂。背景は権現岳と南アルプス（2003.1.13）

▼八ヶ岳・硫黄岳山頂。左から横岳、
赤岳、阿弥陀岳（2010.2.14）

仙ノ倉山と毛渡乗越の滝雲（2014.10.12）

谷川岳天神尾根から俎嵓（2010.3.14）

上：谷川岳タムシバ、
右：アズマシャクナゲ
（2002.5.26）

尾瀬ヶ原背景は燧岳（200710.13）

苗場山山頂湿原（2010.10.17）

苗場山坪場付近（2012.5.19）

守門岳から青雲岳（2008.10.12）

浅草岳山頂付近（背景は鬼ヶ面山
（2013.3.16）

荒沢岳　前嵓めざして（2008.10.18）

▲巻機山ヌクビ沢コースアイガメの
滝上部（2012.10.7）

八海山八峰稜線（2009.10.18）

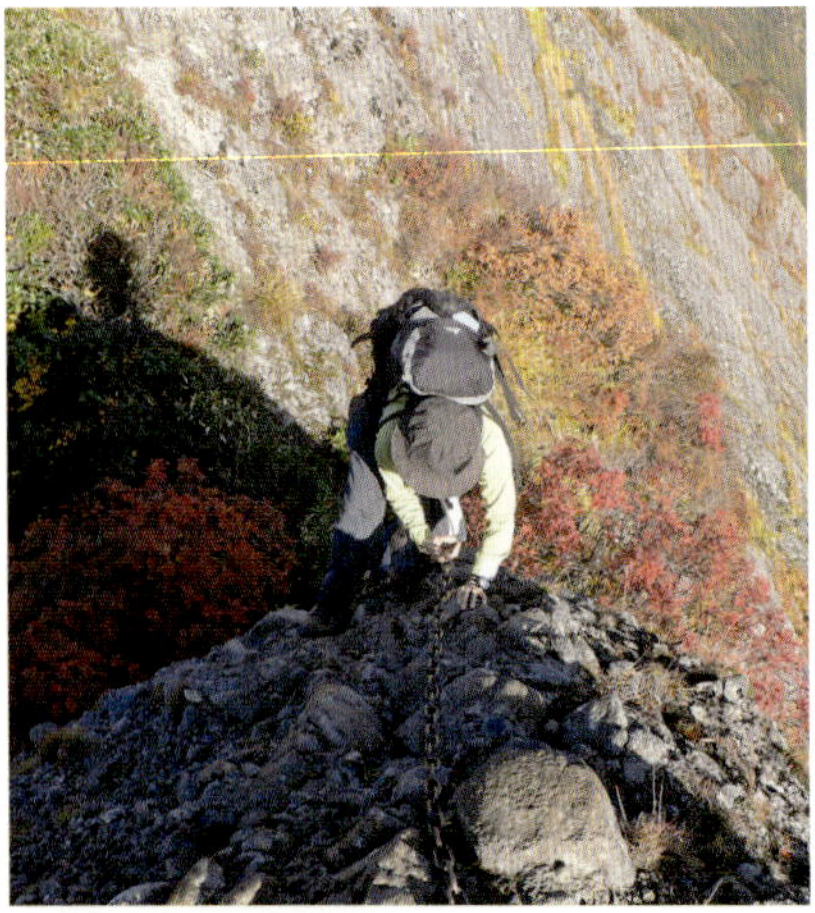

天狗ノ庭から火打山（2013.5.24）▶

裏岩手連峰三石山から岩手山を臨む（2013.8.31）

葛根田川源流大白森から秋田駒ヶ岳
（2008.6.26）

ウツギの花・薬師岳から和賀岳（2009.6.26）

ヒメシャクナゲ。大白森山頂（2008.6.26）

真昼岳赤倉登山道のブナ原生林（2009.6.25）

▶ニッコウキスゲ葛根田川源流
小白森山頂（2008・6・26）

飯豊山御西小屋から大日岳（2005.7.22）

ヒナウスユキソウ月山山頂
付近（2014.25）

会津駒ヶ岳から中門岳稜線（2012.10.14）

東吾妻一切経山（2011・10・2）

北穂高岳南稜から前穂高岳（2006.8.5）

北ア弓折岳付近クルマユリ
（2011.7.25）

八方尾根から白馬三山（2006.10.9）

雷鳥 立山別山（2004.5.2）

剣岳山頂から八峰（1999.8.29）

▼黒部川下の廊下白竜峡（2009.10.11）

イワヒゲ·御嶽山（2008.7.13）

三ッ峠から富士山（2001.11.11）

ウラシマツツジの紅葉・
荒川岳丸山付近（2003.9.14）

御嶽山摩利支天から剣ヶ峰（2008.7.13）

中央アルプス千畳敷カール
（2012.8.5）

荒川三山　赤石岳から（2003.9.14）

赤石岳富士見平からのご来光（2003.9.14）

はじめに

山に登るようになって五十年余りになる。多くの登山者に比べて、山に登る体力も技術も気力も劣るのに長い間登り続けてきたことが不思議である。続けられたのは不器用で他に何をやってもダメだったことや、山岳会に所属して仲間がいたからだろうと思われる。

私が山に登るようになったのは、アルバイト先の先輩に丹沢の沢登りに連れて行かれてからであった。その先輩を中心に山岳会を作ったが、三十二年前に地元の松戸に山の会を作って登り続けるようになった。当初はアルピニズムを志向したが、やがて限界を感じ一般登山に転じた。地元で多くの登山愛好者を迎えて、一緒に登って感動し、仲間として成長してくれるのが嬉しかった。自らが楽しい山は仲間も喜んでくれることが分かって、創意工夫しながら登るようになった。同じ山でも登り方や季節によって味わいが違うからである。登山界で活躍し入会した人の「松戸の仲間と松戸から登って松戸に帰る」という考え方にも影響された。

私は、数年前に日本勤労者山岳連盟の「自然保護憲章」起草に携わったことがある。起草にあたっては、全国の代表者で委員会を作り、各方面の意見を聞きながら三年にわたって討議した。話題になったことに、登山者が一過的に「百名山」や特定のコースに集中し、オーバーユースの問題となっていることがあった。そこで憲章には「こころのふるさとの山を持つ」とか「自らの登山スタイルを持つ」ことが盛り込まれた。私は登山愛好者が深田百名山（深田久弥氏による「日本百名山」で紹介された山）を目標とすることを否定しないが、著者の意図に反してピークハント対象の山になっているのが登山の底を浅くしていると感じてならない。登山が若年層から遠ざかって久しいが、中高年層からも遠ざかっている。要因の一つに登山文化の衰退があるのではないだろうか。登山文化を継承していくには、登山の喜びを見出し伝えていくことが、今の登山者の役割だと思われる。

そこで私は、一般登山を念頭にこれまで良く登った山とか、印象深い山を選定し、どの山にどのように登ってきたかを「松戸から登った山」としてまとめてみることにした。対象としたのは東北から関東、中部の山である。北海道や近畿以西にも印象深い山が幾つもあるが、登ったことが少ないとか、松戸からという地域性も考慮した。七十選としたのはたまたま積み上げた数である。五十とか百にするのは容易であるが、数にこだわらなかったのは百名山のイメージを払拭したいからでもある。選定した山には、参考になると思われる記録を選んで載せたが、概要しか記載できなかったので、伝えたかったことが大幅に制限されてしまった。コースタイムはその時の記録なので、山行目的や天気、メンバーによって時間のかかり方が違うし、加齢とともにかかった時間が伸びている。山行内容や山行年、山行時の著者年齢から推察していただければ幸いである。

本書は、地域を拠点に山に登る人の参考になることを願って私の体験をまとめたもので、名山を選定したとか、ガイドブック的なものではない。山の雰囲気を知ってもらうために写真を挿入したが、概念図やルート図は添付できなかった。本書を参考にして山行計画を思い立ったら、市販のガイドブックや地形図を利用して最新の情報をもとに、自分なりの登り方を検討し計画していただければ幸いである。

編集にあたっては、個人的な記録や、所属した山岳会の「会報」を読み直してリストアップした。その時々に掲載してくれた担当者に敬意を表したい。また、記録を読み直していると、その時々の情景や仲間が鮮明に蘇り、私を支えてきてくれたことが分かった。これまで一緒に登ってくれた多くの仲間に改めて感謝したい。

二〇一五年八月

鈴木　貫太

守門黒姫から守門岳を
眺めて（2015.3.28）

松戸から登った山 70 選
目　次

はじめに…… 1

I　関東周辺・八ヶ岳　変化に富んだ身近な山々　7

1	雲取山	2017m	手厚く保護されてきた首都東京の水源林の盟主……	8
2	天祖山	1723m	奥多摩随一のブナ原生林・回想の天祖山……	11
3	丹沢・鍋割山	1273m	四季を通じて楽しめる、明るく開放的な東丹沢……	16
4	檜洞丸	1600m	渓谷と原生林・重厚な西丹沢……	20
5	十二ヶ岳	1683m	富士山と対峙する展望の山……	23
6	裏妙義山	1057m	奇岩・快石のスリルに富んだ妙義山縦走路……	27
7	子持山	1296m	気軽に楽しめる展望抜群の低山……	31
8	岩櫃山	802 m	駅から短時間で登れるスリルと展望に優れた岩峰……	33
9	那須・三本槍ヶ岳	1917m	近くて親しみやすい火山群の山塊……	35
10	日光白根山	2578m	ハイキングから本格的な登山まで楽しめる日光連山	39
11	庚申山	1901m	伝説と信仰・原始的な森林美、鉱毒の足尾山塊……	43
12	大菩薩嶺	2057m	中央沿線人気 NO.1 のアクセス容易な山……	48
13	乾徳山	2031m	スリリングで変化に富んだ山……	51
14	両神山	1723m	鋸歯状の稜線とヤシオツツジで人気……	54
15	西上州・二子山	1166m	短時間で登れるスリルに富んだ快適な岩稜……	58
16	金峰山	2599m	特異な岩峰と漆黒の森林の奥秩父連峰……	60
17	八ヶ岳・硫黄岳	2742m	八ヶ岳核心部の赤岳・硫黄岳稜線……	64
18	権現岳	2704m	赤岳と対峙する八ヶ岳南部の岩峰……	69
19	八ヶ岳・天狗岳	2646m	樹海と湖沼の北八ヶ岳……	71

II　上信越の山　豪雪が織りなす岩壁と草原　77

20 谷川岳 1977m 四季を通じて楽しめる豪雪と岩壁の殿堂……78
21 白毛門 1720m 谷川岳岩壁の絶好の展望台……82
22 平標山 1984m 谷川連峰最高峰を擁するたおやかな山塊……85
23 巻機山 1967m たおやかで広大な草原の山……89
24 八海山 1778m 豪雪に刻まれた越後三山・スリルに富んだ岩稜……94
25 丹後山 1809m 利根川源流の静かな高原状の笹原の山……99
26 荒沢岳 1969m 男性的で豪快な奥只見の秘峰……102
27 平ヶ岳 2141m 奥深い高層湿原の山……104
28 尾瀬・皿伏山 1917m 高層湿原の景勝地・自然保護で先駆的な尾瀬……107
29 浅草岳 1585m 豊かな残雪と鮮やかな紅葉・素朴な人情……113
30 守門岳 1537m 新潟平野に君臨する日本一の雪庇のできる山……118
31 苗場山 2145m 広大な湿原のテーブルマウンテン……120
32 火打山 2462m 花の山と岩峰のイメージを併せ持つ妙高・戸隠山塊 125

III　東北の山　豊かな自然と温泉、素朴な人情　129

33 秋田駒ヶ岳 1637m たおやかな山脈と広大な湿原・ブナ原生林……130
34 八幡平 1613m アオモリトドマツ樹海・高層湿原・温泉の宝庫 135
35 岩手山 2038m 東北では鳥海山に次ぐ高峰の片富士……140
36 真昼岳 1060m 幼少期に毎日眺めた故郷の山……143
37 和賀岳 1439m 奥深いブナ原生林の故郷の山……146
38 白神岳 1235m 世界遺産で脚光・ブナ原生林を俯瞰する山……150
39 鳥海山 2236m 東北随一の孤高・高山植物の宝庫……153
40 早池峰山 1917m ハヤチネウスユキソウと携帯トイレの山……157
41 焼石岳 1547m 新緑、初夏の花、残雪、豊かな水……161
42 栗駒山 1626m いで湯と紅葉で知られるたおやかな山……163
43 月山 1984m 山岳宗教のメッカ・出羽三山……166
44 熊野岳 1841m 樹氷とお釜で観光地化した蔵王核心部……168
45 飯豊山 2128m 残雪とお花畑・変化に富んだ飯豊連峰……171
46 一切経山 1949m 荒涼とした東吾妻・広大な森と湿原の西吾妻……176
47 安達太良山 1700m 高山的雰囲気・冬山入門の山……181
48 会津駒ヶ岳 2133m 雲表の池塘と草原の稜線……186
49 田代山 1971m 尾瀬国立公園に指定された注目の高層湿原……189

Ⅳ　日本アルプス　日本脊梁の岩稜と残雪、お花畑　193

50	白馬岳	2932m	大雪渓とお花畑で人気の山	194
51	唐松岳	2696m	北アルプスの入門的な山	199
52	鹿島槍ヶ岳	2889m	後立山核心部・端正な鹿島槍と武骨な五竜岳	202
53	針ノ木岳	2821m	北アルプス中央部の絶景の頂	206
54	剣 岳	2999m	試練と憧れの針峰・剣岳、豪雪の霊峰・立山	211
55	穂高岳	3190m	日本を代表する岩山の殿堂	220
56	槍ヶ岳	3180m	北アルプスの十字路で盟主的な尖峰	225
57	蝶ヶ岳	2677m	槍穂高連峰展望の蝶・常念稜線	230
58	餓鬼岳	2647m	賑やかな燕岳と静寂な餓鬼岳	233
59	水晶岳	2986m	北アルプスどまんなかの尖峰	236
60	黒部五郎岳	2840m	個性豊かだが、遠くて登りにくい山	241
61	乗鞍岳	3026m	喧騒と衰退の登山道、残雪期の魅力	244
62	御嶽山	3067m	信仰登山のメッカ、噴火で未曽有の遭難	249
63	宝剣岳	2931m	展望に優れたたおやかな中央アルプス稜線	252
64	南駒ヶ岳	2841m	空木岳と対峙する花崗岩の俊峰	257
65	鳳凰山・地蔵岳	2764m	ポピュラーな南アルプスの縦走コース	259
66	千丈ヶ岳	3033m	鋭鋒甲斐駒ヶ岳と対峙するたおやかな巨峰	262
67	農鳥岳	3026m	南アを代表する白峰三山、北岳に匹敵する双耳峰	265
68	塩見岳	3047m	アクセス困難な南アルプス要衝の弧峰	270
69	赤石岳	3121m	登りやすくなった南ア南部の巨峰群・赤石岳・荒川岳	275
70	聖 岳	3013m	南ア最南の 3000 メートル峰・屋根型のピーク	278

コラム

松戸の山は居酒屋発	50
お天気女と雨男・山は天気次第	76
多彩で繊細・日本の山の魅力	84
冬山・厳しいが純白の別世界	106
快適な登山は、快適なウンコから	152
登山愛好者は団塊の世代なのか	160
居場所を見つけて輝く高嶺の花	165
山は誰でも登れるが、登山の世界は限りなく奥深い	191
夏山・高山に登る絶好の機会、岩と残雪・百花繚乱	192
秋山・錦秋の山々と潜む危険	205
春山・冬から夏へのダイナミックな変身	229
衰退する乗鞍岳飛騨側登山道	248
無知と無謀は墓場への道	269
リーダーの役得	277
登山者は自然破壊者か、保護の担い手か	281

あとがき　282

I

関東周辺・八ヶ岳

変化に富んだ身近な山々

石割山から富士山
(2008.11.23)

関東周辺には、特に高い山はないが、変化に富んだ岩峰や渓谷、深山幽谷もあり、日帰りで、経験や体力、志向によって四季を通じて幅広く楽しめる。夏は暑くて展望がないので、新緑や紅葉の季節がお勧めである。冬は雪が少なく天気が良いので心地よく、白い富士山展望の好機である。

八ヶ岳は北アルプスに匹敵する高度や岩稜を有するが、積雪量が少ないのとアプローチが容易で通年営業の山小屋が多いので、他の山域では味わえない厳冬期体験の登山に適している。

1 雲取山

雲取山山頂付近（2007.11.14）

手厚く保護されてきた首都東京の水源林の盟主

東京都最高峰である雲取山（二〇一七㍍）は、奥秩父連峰の東端の山であり、奥多摩の盟主である。東京に近く、深田久弥氏の百名山になっていることから登山者が多い。

この山の魅力は、自然が適切に保護されていることであり、登山道がよく整備されていること、山頂付近の展望が優れていることだろう。奥多摩山域は古くから首都東京の水源林として保護され、都有地として手厚く保護されてきたところが多い。登山道はよく整備された水源林管理用の道なので歩きやすい。この山域で目立つ森林はブナの原生林であるが、雲取山山頂付近など標高の高いところはオオシラビソ帯となっている。

雲取山は、漠然と登るだけでは魅力が分からない。特別な名所もなく、展望の良い山頂付近のお花畑も切り開いたものである。切り開きは山火事のときの延焼防止のためであり、多摩川水源域の山には随所で見られる。この山域の最大の魅力は、山腹のブナの樹海にある。それを代表するのが、日原から登る富田新道や天祖山だった。大ダワから日原に下る道も静かで良い。

雲取山で最も多く登られているのが、奥多摩の鴨沢から雲取山を経て三峰に抜けるコースで、「雲取山荘」に泊まれば一泊二日で初心者でも歩ける手頃なコースである。健脚コースとして有名なのが、奥多摩駅から石尾根を登るコースで、アップダウンが多く体力を要する。石尾根の途中にある鷹巣山も、日帰りでよく登られている。これらのコースは登山者が多いので、季節や時間を選んで計画するのが懸命だろう。

雲取山の山頂近くには、収容人数が多く設備の良い「雲取山荘」があり、多くの人が宿泊しているようだ。頂上にも立派な避難小屋とトイレがあるので利用できるが、水場がないのと混み具合が予測できないのが難点である。このコースで穴場的な小屋がブナ坂にある「奥多摩小屋」。ここは自炊専用の小屋だが寝具もあり、混雑した山小屋と違って静かな一夜を楽しめる。三条の湯に泊まり、翌日雲取山に登頂し鴨沢か三峰に下るのは、温泉付きなのに割と登山者が少ないのでお勧めである。雲取山から飛竜山、笠取山方面も、静かな樹海の山を楽しめるがアプローチが長い。

過日、奥多摩湖南西部にある鶴寝山に登ったときは、見事なブナの新緑が見られた。多摩川水源林の山は、水源林として適切に保護されているので、森の魅力がたっぷりである。

☆富田新道—雲取山—大ダワ

参考コースタイム　（著者67歳）

☆2007.11/3-4　テント
(メンバー：鈴木貫太、熊倉隆夫、小林康男、佐々木亜由子、大南敏和、西久美子、土井均、小林伸吉)
3日　松戸6:00＝八丁橋9:45/10:00－吊橋11:30/11:45－主稜線14:10－奥多摩小屋15:30
4日　小屋7:40－雲取山8:40/9:00－雲取山荘9:20－大ダワ9:40－林道終点11:55/12:05－八丁橋13:30

八丁橋まで車、富田新道を登って奥多摩小屋前にテント。翌日は雲取山に登り大ダワから八丁橋に戻る。

長沢背稜（2012.11.4）

☆大ダワ―雲取山―富田新道

参考コースタイム　（著者63歳）

☆2003.11/2　氷川キャンプ場泊
(メンバー：　鈴木貫太、井手橋紀恵、他7人)
氷川6:20＝八丁橋6:50/7:00ー富田新道分岐8:10/8:25ー大ダワ10:40/10:50ー雲取山荘12:15/12:25ー雲取山12:55/13:00ー林道15:35/15:45ー八丁橋16:50＝氷川17:40

前夜氷川キャンプ場にテントを張り、八丁橋まで車で入り富田新道から雲取山に登り大ダワから戻る。

2 天祖山

天祖山、酉谷山《とりだにやま》
奥多摩随一のブナ原生林・回想の天祖山

二〇一二年十一月四日、私は三十年ぶりに天祖山（一七二三㍍）の頂に立った。深閑とした山頂。この山行では改めてブナ原生林に覆われた天祖山の魅力を感じた。すぐ近くで大規模な石灰石の露天掘りが行われているとは思えなかった。神社や社務所が荒れており、登山道も歩いた跡が少なかった。

私は四十年前から八年余り、この石灰石採掘から天祖山を守ろうと保護運動にかかわった。こんなことから奥多摩で最も多く登ったのが天祖山である。運動にかかわるきっかけは、一九七三年三月、奥多摩駅の近くにあった氷川山荘主人の真鍋健一さんの話を聞いてからである。真鍋さんは戦前に奥多摩が好きで歩き回り、山岳書や山岳雑誌で奥多摩を紹介してきた開拓者のような人で、氷川山荘を営み登山者の便宜を図るなど、奥多摩の登山に貢献してきた人である。脳溢血で倒れリハビリ中であったが、不自由な身体で天祖山保護を訴えていた。東京都勤労者山岳連盟としてこれを支援し、事務局を担うことになって、私も担当理事としてかかわるようになった。

天祖山は半年近くの攻防を経て一部が開発許可されたが、核心部を守ろうと運動が続けられた。真鍋さんは一九七七年八月に〝志半ば〟七十二歳で逝去したが、運動は続けられた。保護運動は一定の成果があり、都と保護団体、地元自治体に開発業者も加わって、地域活性化による自然破壊歯止め策の協議が続けられた。しかし、一九七九年四月に誕生した鈴木都政になって、協議の結果は反故にされ、全面的に開発が許可され、運動は終焉し足も遠のいた。

二〇〇二年十一月に、二十年ぶりに廃道同然になった梯子坂のクビレから孫惣谷《まごそうだに》への道を下り、石灰石採掘現場周辺を見て驚愕した。二〇一四年十一月には労山自然保護講座で採掘現場に立ち入り、予測を超えた採掘前線の惨状を

石灰石採掘前の天祖山孫惣谷。正面は燕岩、右岩峰は立岩（1973.11.3）

目の当たりにした。シンボルであった立岩は跡形もなく消え、豊かなブナ原生林の山腹はズリの荒野と化し、孫惣谷は土石捨て場となっていた。登山道は寸断され、自然破壊を最小限に止めるとか、採掘跡地は復元するなどの開発条件とはかけ離れていた。開発許可は過疎対策として強行されたが、天祖山開発に伴う合理化で、日原の集落は閑散としてしまった。これが開発というものなのだ。真鍋さんが力説していたように、天祖山は奥多摩随一の景勝地だった。その核心部が山腹に屹立する立岩であった。

天祖山の登山道は四ルートあった。最も優れているのが、八丁橋から孫惣谷林道を登り、御供所から立岩を経て山頂に達するルートだった。八丁橋からジグザグの林道を登ると、左手の山腹に巨大な立岩が見え、燕岩付近からの展望が絶景だった。林道は孫惣谷が二股になる御供所で終わっており、水場もある休憩場所になっていた。そこから左の急斜面を登ると立岩基部に出た。右手に回り込むと岩がえぐられて小さな祠があり、修験者の修業の場であることが偲ばれた。登山道は左側の急斜面で立岩上部に至るが、岩峰の頂にはナイフリッジ（両側が浸食されてナイフの刃のように切り立ったやせ尾根）で安易に近づけなかった。ここからのブナ樹海の展望は超一級だった。そこから天祖山に登った。途中に水場もあった。これが裏参道であった。

裏参道が急峻なので開かれたのが表参道で、八丁橋から尾根筋を登るコースで最短距離だが、急で単調なために好きになれず、もっぱら下りに利用した。直接登るコースとしてはもう一つ、御供所から梯子坂クビレを経て登るコースがあった。沢筋の樹林帯を登ると次第に急になり、水松山《あららぎやま》からの鞍部の梯子坂のクビレに達し、そこから山頂に登れた。少し長いが変化に富み、静かで好きだった。四つ目は水松山からの縦走路で、日帰りではきつい。直接登る二ルートが通れなくなり、単調な急斜面をひたすら登る表参道だけしか残っていない。登山口の日原も衰退し、交通の便も良くない。天祖山の登山者が少なくなったのは道理だと思う。

天祖山は今なお奥多摩随一のブナ原生林に覆われた素晴らしい山であり、裏参道は復元不可能だが、孫惣谷から梯子坂クビレに登るルートは、石灰石採掘用に貸し付けた土地以外を通る道である。石灰石採掘現場がもろに見えるコースだが、奥多摩でも一級のコースとなり得る。梯子坂のクビレから登って表参道を下るコースが整備されれば、もっともっと天祖山は登る人が多くなると思われる。

天祖山の採掘現場を対岸から見たくて、二〇一三年十一月十六日にタワ尾根から酉谷山《とりだにやま》に登った。対岸のウトウの頭付近が樹林帯で、採掘現場を見られなかったが、下部はなだらかでブナの紅葉が素晴らしい隠れた名所であることを知った。タワ尾根は一般登山道になっていないが、散策ルートとして整備し、もっと歩かれるようになれば日原の衰退の歯止めに役立つと思われた。

☆鴨沢—雲取山—天祖山梯子坂クビレ—日原

参考コースタイム

（著者 62 歳）

☆ **2002.10/26-27**

（メンバー;鈴木貫太、井手橋紀恵）

26 日　松戸＝奥多摩＝鴨沢 9:20 ー七ツ石分岐 13:35 ー奥多摩小屋 14:10 ー雲取山 12:25 ー雲取山荘（泊）15:50

27 日　雲取山荘 5:50 ー芋ノ木ドッケ 7:05 ー長沢山 9:00 ー梯子坂のクビレ 10:40 ー林道 12:10 ー東日原 14:10

奥多摩からバスで鴨沢まで入り、雲取山に登って雲取山荘に泊り、長沢背稜から天祖山に向かう。梯子坂のクビレから御供所に下る道に「土砂崩壊で危険なので当分の間通行禁止」の古い看板があり、ロープが張ってあった。地形は知っているので、ロープを跨いで、下ってみることにした。

登山道は廃道化し、ケモノ道になっていたが、途中から立派な木道になって危険なところはなかった。

木道は御供所を大きく迂回して、採掘現場下部の林道まであったが、人の歩いた気配がなかった。

（下）天祖山石灰石採掘現場（２０１４・11・９）

（左）天祖山山頂（２０１２・11・４）

☆富田新道—雲取山—天祖山

参考コースタイム　（著者72歳）

☆2012.11/3-4
（メンバー；鈴木貫太、町田廣光 、河合亮子、高橋和子）
3日　松戸5:00＝八丁橋7:45－富田新道分岐9:20－稜線13:30/13:45－雲取山14:15/14:30－雲取山荘（泊）14:45
4日　山荘6:20－大ダワ6:40－芋の木ドッケ7:35/7:40－長沢山9:30/9:45－水松山10:50－梯子坂クビレ11:25－天祖山12:20/12:30－八丁橋15:05

車で八丁橋まで入り、富田新道から雲取山に登り、長沢背稜から天祖山に縦走、八丁橋に戻る。長沢背稜では落葉していたが、天祖山はブナ紅葉の最盛期だった。富田新道の紅葉が目的だったが、天祖山一帯の紅葉のほうが見事で奥多摩随一だと感じた。梯子坂クビレには、十年前の通行禁止の看板が新しくなっただけで登山道復旧の兆候はない。神社や社務所は神事の跡があったが荒れていた。登山道も踏み跡が少なく、登山者はほとんどいないようだった。

☆タワ尾根から酉谷山

参考コースタイム　（著者73歳）

☆2013.11/16-17
（メンバー；鈴木貫太、河合亮子、遠藤敦子、高橋和子）
16日　松戸＝奥多摩＝一石神社9:40－金袋山12:15/12:25－ウトウの頭13:50/14:10－長沢背稜15:45－酉谷小屋（泊）16:50
17日　酉谷小屋7:35－ハナド岩9:30/9:50－ミツドッケ10:40/10:50－一杯清水小屋11:05/11:15－東日原13:10

電車が遅れたので、奥多摩からタクシーで鍾乳洞近くの一石神社まで入った。いきなりの急登だが、やがて広くてのどかなブナ帯で紅葉が美しい。一般登山道ではないので、トレースはあるが標識がない。ウトウの頭周辺では鬱蒼とした樹林帯の急登で、ルートを探すのに苦労した。対岸の天祖山石灰石採掘現場は見ることができなかった。酉谷小屋は水場があり、きれいで快適だが、小さいので満員だった。ハナド岩から、採掘跡が階段状になっている天祖山が遠望できた。長沢背稜は水源管理用でよく整備されているが、山頂を通らない。稜線の紅葉には遅かったが、一帯の山腹はブナの紅葉が見事だった。

3 丹沢・鍋割山

塔ヶ岳から丹沢山と蛭ヶ岳（2002.1.12）

東丹沢（鍋割山、塔ノ岳）

四季を通じて楽しめる、明るく開放的な東丹沢

私が最も多く登った山は丹沢である。当初は近くて沢登りができるからだったが、気軽に行けるので、「丹沢でも行くか」と一般登山でもよく利用した。丹沢は、山麓が小田急線の駅に近いので、都市公園のように利用されている。標高はないが海風の影響を受けて、茅戸や笹原などの展望の良い稜線があり、原生林に覆われたところや沢登りに適した渓谷も多い。

しかし、登山者で賑わっているのは一部で、背後の広い山塊に立ち入ると、登山者は少ない。体力や志向によって、ピクニックやハイキングから本格的な登山まで可能なのが丹沢の魅力である。冬季も積雪が少ないので登山者が多い。

丹沢で最もよく登られているのは、ヤビツ峠から塔ノ岳の表尾根と鍋割山（一二七三メートル）、檜洞丸《ひのきぼらまる》（一六〇〇メートル）周辺である。表尾根は交通の便が良く展望が良い。大倉尾根は、荒れた登山道を階段状に整備したが歩きにくい。鍋割山は大倉尾根を避けるとか、鍋割山荘人気から登山者が多い。

縦走コースとしては、塔ノ岳（一四九一㍍）から蛭ヶ岳（一六七三㍍）を経て焼山方面に縦走する「丹沢主脈」と、檜洞丸に縦走する「丹沢主稜」コースがある。塔ノ岳から丹沢山を経て蛭ヶ岳までの縦走路は笹尾根なので、展望が良い。そこから焼山へはのどかな縦走路である。檜洞丸方面は樹林帯の縦走路で、急な下降と登り返しがある。丹沢山から宮ケ瀬への三峰コースは地味で、意外と長い。西丹沢は地味だが、それなりに登っている人がいるようだ。

丹沢は標高が低いので夏は暑く、最近はヒルが問題になっているので、紅葉から新緑までの季節が良い。ブナ原生林が多いので紅葉と新緑が美しく、冬季は展望が良く、雪化粧した富士山の眺めがすばらしい。新雪をかぶった丹沢は魅力的だが、いつどこに雪があるかは予測困難である。一般的には日当たりのいい南側の斜面はすぐ溶けてしまうが、北側の斜面や稜線は積雪が残り、登山道が凍結して危険なことがあるので、軽アイゼンとピッケル、またはストックがあると安心である。

丹沢でお勧めのコースは、日帰りでは二俣から小丸を経て登る鍋割山である。登山道が荒れていなくて、静かな登山が楽しめるのが良い。塔ノ岳から蛭ヶ岳の稜線も、展望が良くて気持ちがいい。

☆鍋割山　二俣コース

参考コースタイム
（著者70歳）

☆**2011.2/9**
（メンバー；鈴木貫太、南礼子、佐藤美穂子、椿健一）
松戸6:03＝渋沢＝大倉8:40－二俣10:15－小丸12:30－鍋割山荘13:15/13:50－後沢乗越14:35/14:45－二俣15:25－大倉16:50

前日は冷たい雨だったので、新雪の山を期待して大倉まで入ったが、付近の山に雪の気配がない。四十八瀬川沿いの静かな林道を辿り二俣。鍋割山には林道を先に進み、後沢乗越《うしろさわのっこし》経由で登る人が多いが、登山者の少ない小丸尾根を登る。登るにつれてブナが目立つようになり、落葉した樹間から展望も得られた。急な尾根道になり灌木帯から笹や草原が混じるようになると、間もなく塔ノ岳からの稜線上の小丸。広いブナ帯の稜線で、積雪があるので大喜びした。反対側には、雪をまとった丹沢山から蛭ヶ岳の稜線が眺められた。この稜線を辿ると鍋割山で、

鍋割山稜（2011.2.9）

山頂付近の展望のいいところに鍋割山荘があった。

鍋割山荘は、経営者の草野延幸さんが環境問題に熱心で、周辺の踏み荒し対策に力を入れ、いち早くバイオトイレを設置した。食べ物や水も自分でボッカ（重い荷物を背負って登ること）するが、水は登山口にペットボトルを置いて余力のある登山者に協力してもらっている。人気なのが鍋焼ウドン。

塔ノ岳に登り大倉尾根を下ることもできるが、階段状の道を下るのが嫌で、後沢乗越から二俣に下り、大倉に戻った。この道は歩きやすいようによく整備してあった。二俣近くで増えすぎた鹿を駆除するハンターに出会ったが、容易でなさそうだ。山で鹿に会うと嬉しくなるが、鹿の食害は深刻である。

☆二俣―小丸―塔ノ岳

参考コースタイム
（著者74歳）

☆2015.2.15　単独
八柱4:44＝渋沢7:13/7:18＝大倉7:35/7:45－二俣9:00/9:15－小丸11:35/13:00－塔ノ岳12:35/13:00－大倉15:30

しばらく歩いていないので、体力維持のために塔ノ岳に登ることにした。今年は例年より気温が低く、雨の日が多いので、ある程度の積雪があると思ったが、登山道に積雪が見られるようになったのは標高一〇〇〇㍍を越えてから。表面が溶けているのに下が凍っていて油断できない。日当たりの良いところは泥んこ。鍋割稜線に出ると一〇㌢余りの積雪で北斜面は真っ白だった。登山者が多くなり、多くの人は軽アイゼンを着けているがピッケルを持っている人は稀。

大倉尾根に出て塔ノ岳に登ると白くて広い頂上。広い丹沢山塊が一望に見渡せた。天気が良いので富士山の展望も楽しみだったが、霞んで迫力がない。塔ノ岳はいつ来ても登山者が多いが、この日もたくさんの登山者が風を避けて休んでいた。大倉尾根の下りは、階段状に整備されているので足に負担がかかって辛かった。それでも整備前のひどく荒れた道よりはましだろう。

☆丹沢主脈縦走

渋沢からタクシーで県民の森ゲートへ。塔ノ岳から蛭ヶ岳にかけては笹原の尾根で展望が素晴らしい。主稜線に若干の雪が残って凍結していたがアイゼンを必要とするほどでない。丹沢山山頂付近と蛭ヶ岳の下りには積雪があった。姫次からは整備された道で歩きやすかった。

参考コースタイム　（著者61歳）

☆2002.1/12-13
（メンバー；嶋田邦子、鈴木貫太、沢田正義、佐藤安行、下紀子、米沢滋）
12日　松戸5:54＝渋沢8:00(タクシー)＝県民の森ゲート8:20/8:40ー二俣9:00ー小丸11:50/12:00ー塔ノ岳12:45/13:10ー丹沢山14:40(泊)
13日　丹沢山6:40ー蛭ヶ岳8:50/9:30ー姫次11:20/11:30ー西野バス停15:20

竜ヶ馬場から丹沢山（2002・1・12）

4

檜洞丸《ひのきぼらまる》

塔ノ岳から檜洞丸（2002.1.12）

西丹沢（檜洞丸、大室山）

渓谷と原生林・重厚な西丹沢

丹沢表尾根や塔ノ岳から蛭ヶ岳までの稜線は展望が良く開放的なのに対し、西丹沢の山々は原生林に覆われているので地味で重厚である。西丹沢のシンボルが檜洞丸（一六〇〇㍍）で展望はないが、原生林とツツジで人気がある。西丹沢には玄倉川流域と中川流域の山がある。玄倉川源流部には登山基地として作られた県営の「ユーシンロッジ」があり、そこから幾つもの登山コースが開かれたが、利用者が少なく廃道に近いのもある。利用者が少ないのはバス終点から三時間近くかかるからだろうが、ロッジを拠点に登山を活性化しようとしないことが大きいように感じる。中川流域にも大室山や畔ヶ丸などブナ原生林に覆われた所があり、適度に避難小屋があるので、静かな山や無人小屋の一夜を楽しむのに適している。

私が好きなのはユーシンロッジから同角山稜を檜洞丸に登る深閑としたコースだが、アプローチが不便であり、このロッジは現在休業中である。ユーシンロッジからは丹沢主稜に幾つかの登山

檜洞丸山頂付近の木道（1999.11.21）

道があるので、これらも本来の力量を試される素晴らしいコースだと思われるが、トレースする機会がなかった。最近丹沢山域で問題にされているのがブナの衰退で、鬱蒼とした檜洞丸山頂が明るくなった。大気汚染や温暖化が原因のようだが鹿の食害もあるようだ。

玄倉川流域には険悪で遡行困難な沢が多い。古のクライマーは、東丹沢の沢を登ってから西丹沢の険悪な沢を一通り経験し、谷川岳の一ノ倉沢などに挑むなど、アルピニストを育てたところでもある。

☆丹沢主稜縦走

参考コースタイム

（著者57歳）

☆1997.11/8-9　塔ノ岳ー檜洞丸

（メンバー；鈴木貫太、金田貞夫、関根和枝）

8日　松戸6:03＝大倉8:30/8:40ー二俣10:10ー小丸12:20/12:45ー塔ノ岳13:25/13:40ー丹沢山（泊）14:50

9日　丹沢山6:20ー蛭ヶ岳8:00/8:25ー青ヶ岳山荘11:20ー檜洞丸11:35/12:20ー西丹沢14:25

塔ノ岳には大倉尾根を避けて二俣から小丸経由で登るが、紅葉も残っていた。塔ノ岳からは蛭ヶ岳から檜洞丸の稜線が確認できた。竜ヶ馬場は見晴らしのいい笹原で気持ちが良い。間もなく平坦な丹沢山で、一角にある「みやま荘」に泊まる。

翌朝、丹沢山から急な尾根を下ると、笹原で富士山を眺めながらで気持ちが良い。鬼ヶ岩ノ頭付近は蛭ヶ岳が目の前で、特に景観が良い。痩せ尾根を辿ると蛭ヶ岳で、富士山から南アルプス、八ヶ岳と三六〇度の大展望が得られた。十月一日に新築営業開始したばかりの蛭ヶ岳山荘は、山頂にあった。当初はここに泊まる予定だったが、いっぱいだった。蛭ヶ岳は主脈と主稜の分岐点。

ここから急斜面を三五〇㍍下って三〇〇㍍登り返す。この下りは尻をつくほど急であるが、樹林帯なので怖さはない。登り返しはブナ帯のアップダウンのある長い尾根。傾斜が緩くなったところにひっそりと青ヶ岳山荘があった。間もなく檜洞丸の山頂だが、樹林帯で展望がない。夏に登ったときには木道の脇にコバイケイソウの群落があった。

ツツジ新道を西丹沢バス停まで下ると紅葉の最盛期だった。登山者に人気のあるのは花期のツツジ新道である。

☆鍋割山から檜洞丸

参考コースタイム

（著者59歳）

☆1999.11/20-21同角山稜

（メンバー；鈴木貫太、井手橋紀恵）

20日　渋沢＝大倉9:05－二俣10:35/10:45－鍋割山13:00/13:15－車道15:00/15:15－ユーシンロッジ15:55(泊)

21日　ロッジ7:00－大石山8:15/8:30－同角頭10:00－檜洞丸12:10/12:15－東沢出合バス停14:30

前日に鍋割山から雨山峠を経てユーシンロッジに入ることにした。鍋割山から雨山峠に向かうと派手なマーキングに導かれて斜面をどんどん下り、林道に出てしまった。廃道になったような道に誰かがマーキングしてしまったとのことであった。たまたま塔ノ岳から下ってきた登山者に会い、場所を確認しユーシンロッジに入った。

ユーシンロッジは西丹沢の拠点として作られた施設で、そこまで車道があるが、アプローチが不便で利用者が少ない。小屋の管理人は食事の世話を嫌っていたので自炊にした。

ロッジからの道は、最近登った形跡のない深い樹林帯の道。大石山付近と石小屋の頭から同角の頭にかけて白いザレ（風化した花崗岩の砂地のこと）。トレースが消えているところもあるが、長いだけで特に困難なところはない。稜線の道と合わさると人跡が濃厚になり、間もなく檜洞山に達しツツジ新道を下った。同角山稜を登り、丹沢にもこんなに奥深い登山道があることに、感動した。

ユーシンロッジからは丹沢主稜のピークに直接登る幾つかの登山コースがあるが、ほとんど登られていない。これらのコースも登ってみたいと思った。

☆大室山―加入道山

参考コースタイム　（著者66歳）

☆大室山（2007.6/3）

（メンバー；末木崇、小林康男、鈴木貫太、井手橋紀恵、玉田やい子、岩橋多恵子、川上邦博、土井均、小林伸吉）

松戸＝新松田駅8:25=西丹沢自然教室BT9:25/9:45－用木沢出合10:10－犬越路11:30/11:45－大室山13:20/13:45－加入道山14:35/14:45－用木沢出合16:15/16:20－西丹沢自然教室BT16:40

松戸から代々木上原乗換えで新松田まで二時間余り、そこからバスで一時間あまりで登山口。そこから三時間余りでやっと大室山に辿りつく。大室山から加入道山を経て登山口に戻る。高い山とは言えないがブナ原生林の静かな登山を楽しめた。

5 十二ヶ岳

十二ヶ岳から富士山と西湖（2008.11.22）

富士山、十二ヶ岳、越前岳、竜ヶ岳

富士山と対峙する展望の山

山に登って富士山（三七七六㍍）が見えると嬉しくなる。山でなくても富士山が見えると話題になる。富士見などの地名や、〇〇富士と呼ばれている山も少なくない。富士山は日本で最も注目される山であり、世界でも有名だ。登山に関心のない人でも富士山に登ってみたいという人が多く、外国人の登山者も多い。二〇一三年に世界文化遺産に登録されたので富士山人気はますます高くなった。

　私が富士山の頂を踏んだのは五十年前であるが、そのときは惨憺たるものだった。初日に七合目半の小屋まで登り仮眠。山頂でご来光を見ようと未明に出発したが、お鉢に着いたときは高山病でヘロヘロだった。お鉢周りでは、平らなところや下りは何とか歩けたが、少しでも登りになると息切れで足が前に進まなくて嘔吐した。一時間半で回れるところを何と三時間半もかかった。それが下りだすと急に楽になり、腹が減った。

　富士山は大きい。見上げた星空は素晴らしかった。お鉢めぐりで見た大きな噴火口や、壮絶な大沢崩れの景観は、今でも忘れられない。しかし、五合目より上のガレしかない単調な斜面に辟易した。高すぎて周辺の山は見下ろすだけだった。以降、高山病体質の私には、富士山は登る山でなく見る山になった。

富士山が最も魅力的なのは、周辺の山から眺めたときである。端正な姿で天高く屹立する様は神々しいまでに美しい。特に雪をまとったときが見事で、朝焼けや夕焼けが特に美しい。山頂からの日出や日没はダイヤモンド富士として人気があり、ネットで何時何処で見られるか情報が得られる。富士山の眺めは方向や時間によって異なるので、これらを知って登る山を決めると、より展望を堪能できるだろう。私が最も素晴らしいと思ったのは、晩秋に三ッ峠山頂（一七八五㍍）から朝焼けの富士山を見たときであった。岩場トレーニングで登り、山小屋に宿泊したが、下山するころには逆光になり、見栄えがしなかった。

富士山の北側の十二ヶ岳（一六八三㍍）方面からは早朝がポイントである。東側になる杓子岳や御正体山からも朝がいい。山中湖の対岸にそびえる富士山を眺められる石割山も、階段だらけであるが捨てがたい。逆に南側になる越前岳は、朝焼けのあとは真正面からの日射で大きく見えるが平面的になる。朝のダイヤモンド富士のメッカは一月初めの竜ヶ岳であるが、陽が

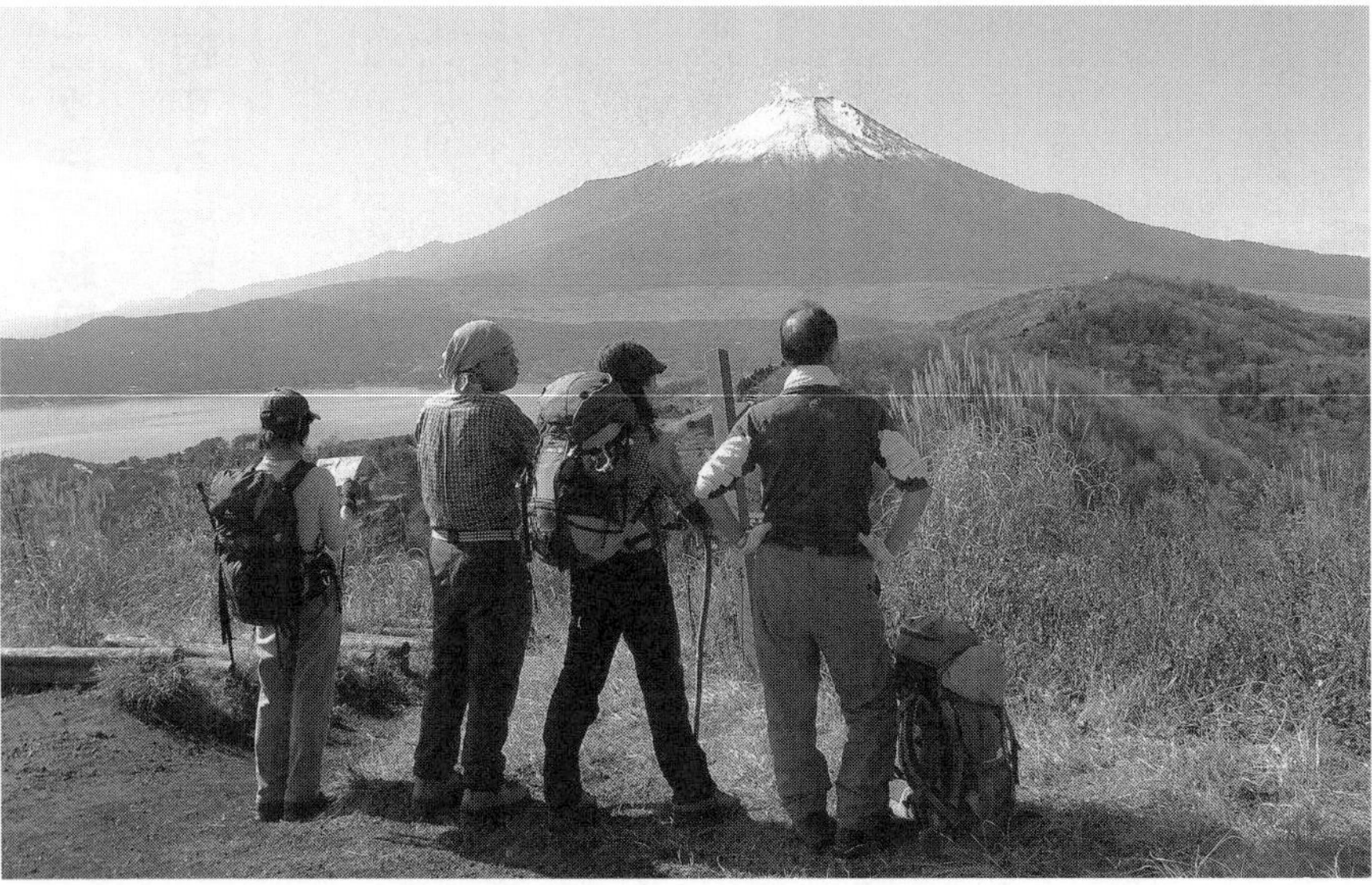

石割山から富士山（2008.11.23）

登ってしまうと逆光になってしまう。日没のダイヤモンド富士のメッカは年末の丹沢のようだ。

富士山周辺の山は、概して土地がやせているので高木が少なく展望が良い。冬季も降雪が少ないので登れることが多いが、時には大雪になるので注意を要する。夏の富士山は高山病に強ければ誰でも登れるが、積雪期には凍結した急斜面で、超一級の危険な登山になることを付記しておきたい。

☆十二ヶ岳—鬼ヶ岳

参考コースタイム

（著者63歳）

☆2003.12/27

(メンバー；鈴木貫太、栗田英司、亀野甲羅、大塚由美子、佐々木亜由子)

松戸(車)4:00＝文化堂トンネル駐車場6:30/7:50－毛無山9:25/9:35－十二ヶ岳11:30/11:45－鬼ヶ岳13:05/13:20－魚眼荘15:25/16:10＝松戸19:30

富士山展望の山で最も変化に富んでいるのが十二ヶ岳である。積雪があると岩稜の通過が危険になるので、途中まで登り富士山を眺めて帰ることを条件に日帰りで計画。運転手に自宅近くでピックアップしてもらったので、渋滞に巻き込まれることなく早めに登山口に着いた。

松戸では昨夜来の雨が雪になり、数㌢積もったので積雪を覚悟したが、登山口では痕跡すらなく寒々とした晴天だった。トンネル上部から尾根道を登り、樹木がまばらになったら背後に雪をまとった巨大な富士山。思わず「オオー！」の声が出た。下には西湖、背景は青い空、太陽の明るい照明で、これ以上は考えられない演出効果だった。

毛無山からは十二ヶ岳まで番号の付いたピークのある展望の良い岩稜。十一ヶ岳から大きく下ると吊橋があり、十二ヶ岳の登りとなる。ここから金山に登ると南アルプスが一望できる稜線になった。鬼ヶ岳は御坂山塊の最高峰。近くの雪頭ヶ岳は草原のある絶景で気持ちが良い。

そこから急斜面を下ると西湖の西端の釣り宿のある根場。根場に宿はあるが、休憩するようなところがない。文化堂トンネルまでは四キロ余りあるのでバスを待つが、寒くて耐えられなかった。そこで通りかかった車に運転手が便乗して車を回収し、帰松した。この山行は、終始富士山を眺めながらであったが、昼近くになると逆光になってしまった。

十二ヶ岳からは直接西湖に下る道があり、文化堂トンネル近くに下れるのでその後の山行で利用した。明るく展望の良い道であった。このときも十二月末なのにまったく雪がなかったが、一月に登ろうとしたときは積雪のため、岩稜の通過が危険で四ノ岳で引き返した。

☆愛鷹山・越前岳

参考コースタイム

（著者66歳）

☆2007. 1/21

（メンバー；熊倉隆夫、鈴木貫太、小林康男、川上邦博、玉田やい子、岩橋多恵子）

松戸5:35＝十里木高原駐車場8:00/8:10－展望台8:20－馬の背8:50－越前岳10:05/10:30－呼子岳11:15－鋸岳11:40/12:10－呼子岳12:25－越前岳13:15－馬ノ背14:20－展望台14:35－駐車場14:50

展望台まで延々と階段。展望台からは対峙する広大な裾野の富士山が圧巻だ。雪の付いた南アルプスも確認できた。越前岳山頂近くになると積雪があり、凍っている部分もあった。割石峠まで下り、登り返したところが鋸岳。位牌岳にかけては崩壊して痩せた岩稜。「死亡事故も発生していますので立ち入りご遠慮ください」の立札。鋸岳とはこのギザギザの岩稜からのようだ。愛鷹山とはこれらの山の総称である。

☆竜ヶ岳（ダイヤモンド富士）

竜ヶ岳山頂のダイヤモンド富士予測時間は七時十四分なので、本栖湖駐車場で一時間ほど仮眠し時間調整。登り始めは真っ暗なので、案内板に注意しながら、緩やかで凍りついた登山道を登った。尾根に登ると富士山のシルエットが見え、背後の空が少しずつ明るくなってきた。山頂に達したころにはすっかり明るくなっており、たくさんの人が富士山の方を向いて立っていた。やがて富士山の背後が輝き始め、頂上から後光が差し、眩い光の玉が上がってきて、一気に大きな光になり全天が輝いた。しかし、逆光の富士山はみすぼらしい。

下山後は時間があるので本栖湖周辺を散策し、冬富士を眺めたりしてゆっくり帰松した。

参考コースタイム

（著者71歳）

☆2012.1/7　ダイヤモンド富士

(メンバー；町田廣光、鈴木貫太、石川明美、椿健一)

松戸1:30＝本栖湖駐車場4:30/5:20－石仏6:45－竜ヶ岳7:40/7:50石仏8:20/9:00－本栖湖キャンプ場9:30

6 裏妙義山

裏妙義、表妙義

奇岩・快石のスリルに富んだ妙義山縦走路

上信越自動車道で下仁田付近になるとギザギザの山が目に飛び込んでくる。高くはないが気になる山だ。これが妙義山である。妙義山は一〇〇〇㍍前後の幾つもの山があり、総称として呼ばれている。下仁田方面から見えるのは白雲山から金洞山などの表妙義（相馬岳 一一〇四㍍）で、鋸歯のような岩峰が連なっている。その裏側に中木川を挟んで並走する山塊を裏妙義（丁須の頭 一〇五七㍍）というが、表妙義に劣らない岩稜の山である。

表妙義山は奇岩・怪石が多く、岩稜に映える新緑や紅葉の美しい山で、観光スポットになっている。山腹には中間道があり、特に新緑や紅葉の季節が素晴らしい。この道は険しい岩壁の下を通るので、妙義山の良さを知ることができるハイキングコースであり、中之岳神社周辺の石門群を歩くだけでも素晴らしい。

白雲岳から金洞山の縦走路は、稜線を忠実に辿るのでアップダウンの大きな鎖場が連続し、高度感があるので岩場歩きに精通した登山者でないと近づけない。

裏妙義山も表妙義に匹敵する奇岩・怪石の山である。この稜線にも縦走路があるが、顕著な岩峰を迂回しているので、表妙義に比べ縦走しやすい。

妙義山は松戸から近く、核心部へのアプローチも容易で岩場を体験できる山である。表妙義の縦走は上級者に限られるが、裏妙義は経験者がサポートすれば登れるので、岩場を体験する場として何回か利用してきた。妙義山周辺には、荒船山や鹿岳《かなだけ》、物語山、高岩など、低山ながら個性のある山がいくつかある。妙義山のような困難さがないが、気軽に楽しめるので紅葉から冬枯れの季節には楽しい。上信越自動車道の反対側の山懐に霧積温泉があり、のどかで展望

石門付近からの金洞山（2011.11.12）

が良い鼻曲山の登山口になっている。特異な岩峰・剣ヶ峰や角落山も近い。

この山域は落葉雑木林のような山が多い。標高が低いので夏は暑くて適さないが、新緑のころや、紅葉から冬枯れのころの登山に適している。積雪が多くないので冬季でも楽しめそうだ。

☆裏妙義縦走（三方境—丁須岩）

> 参考コースタイム　（著者67歳）
>
> **☆2007.11/17**
>
> （メンバー；熊倉隆夫、鈴木貫太、玉田やい子、川上邦博、西久美子、塩田節子、土井均、小林伸吉）
>
> 松戸6:10＝国民宿舎裏妙義8:55/9:10－三方境11:00－風穴尾根ノ頭11:30－赤岩基部12:50－丁須の頭13:45/14:30－木戸15:50－国民宿舎裏妙義16:35/16:55＝松戸19:40

特異な岩稜の表妙義山に対峙するように連なっているのが裏妙義山で、岩稜のアップダウンや懸崖のトラバースが多く、スリルと変化に富んだ登山が楽しめる。特にこの時期は山腹の紅葉と稜線の展望が良く、絶好の機会である。この山は、国民宿舎から丁須岩に登り三方境に縦走するほうが歩きやすいが、急な鎖場が下りになる。今回は岩場が苦手とか初めてという参加者がいたので、逆コースにした。

国民宿舎前の林道から谷に下ると転石を伝って渡渉。しばらく陰気な針葉樹林帯を登る。途中からカエデの紅葉が楽しめるようになった。三方境から急な明るい尾根道を登ると、風穴尾根ノ頭。奇岩・怪石の尾根を一望し歓声があがる。目指す丁須岩も見える。冠雪した浅間山が大

裏妙義丁須岩付近（2007.11.17）

きい。表妙義は霞んでいたが、眼下の斜面の紅葉が見事だった。

　鎖場が続き、間もなく烏帽子岩と赤岩の懸崖をトラバースするようになった。足場はしっかりしており鎖もついているが、緊張で脂汗の人も。「道があるから大丈夫だ」と叱咤激励する声も聞こえた。

　やがて最大の難所・約二〇㍍のチムニー状（煙突状に割れたところ）の岩場の登り。先着した女性陣が先に登るが出口が難しく、鎖にぶら下がるようにして乗越していた。すでに緊張で疲労の限界に近い人もいたので、安全のためにザイルを出し確保。全員登りきったところで拍手。

　このコースの最終ピークは丁須岩。鎖が付いているのでピークに登れるが、ほぼ垂直なので難しい。全員で丁須岩の基部の岩場まで登り、悪場は終わったとのんびりと時間を費やした。下りは沢沿いで両岸の岩壁に紅葉が映えているが、時間的に日陰になっていた。

　丁須岩からは横川に下る道があり一九九六年十二月七日に下ったが滑りやすく、国民宿舎に下るより長くて退屈な道だった。三方境から左には妙義山塊最高峰の谷急山があるが、驚くほどの急斜面があるようだ。登る人が稀で私も登ったことがない。

☆裏妙義縦走（丁須岩—三方境）

参考コースタイム

（著者65歳）

☆2005.11/27

（メンバー；鈴木貫太、井手橋紀恵、長屋尚人、末木崇、小林康男、玉田やい子）

国民宿舎8:40－丁須岩12:10/12:40－赤岩13:30－烏帽子岩14:10/14:20－三方境14:40－登山口16:10

紅葉が遅れているようで、登りでは岩場に紅葉が映えて美しかった。登山道が落葉に隠れ沢筋に誘い込まれ、一時間近くのタイムロス。丁須岩から烏帽子岩までは展望とスリルに富んだ岩場歩きで楽しめた。三方境からの下りで下から藪を漕ぐ音がしたので、誰かが登ってきたのかと思ったら、先頭が登山道を横切るクマと遭遇した。下り道も夕日に映える紅葉が良かった。

☆表妙義山縦走（白雲岳—金洞山）

　奥の院右手の長い鎖を登り、見晴へ出ると素晴らしい展望。狭い高度感のある鎖場を登ると白雲山頂の標識。大のぞきを過ぎるとスベリ台状の三〇㍍の鎖場の下りだが、足場が細かく腕力に頼らなければならない。タルワキ沢のコルに下ると、中間道からの道が合わさり、相馬岳まで往復するという年配のペアが登ってきた。相馬岳だけならそれほど困難なところもなく登れるようだ。

　大きく下って茨尾根を行く。鷹戻しの登りは標高差の大きい急な絶壁で鎖、梯子、鎖が続き、高度感があり緊張した。最後の鎖場を横に移動してようやく安堵した。ルンゼ内の二段の鎖場。途中から鎖が太く重くて握れなくなり、ザイルを出してリングに支点をとり下降した（その後に登ったメンバーの話では、この鎖が細い鎖に付け替えられ、握りやすくなっていたという）。

　金洞山には東岳、中之岳、西岳のピークがあり縦走できるが、時間的に東岳から石門に下ることにした。この下りも、ロープを頼りにトラバースし、急な滑りやすい道で楽ではない。中間道の石門まで下ると、観光客もチラホラ。その後、第三石門との分岐もあるが、そのまま石門入口に下り車道に出る。車道を歩き、一本杉から登山道を通り、また車道へ出て妙義神社へ戻った。

参考コースタイム　（著者69歳）

☆2009.11/28

（メンバー；熊倉隆夫、鈴木貫太、町田廣光）
松戸4:30＝妙義神社駐車場6:45/7:00ー大の字7:45/8:00ー奥の院8:20ー見晴8:45ー大のぞき9:20ー天狗岳9:55ータルワキ沢のコル10:15ー相馬岳10:30/10:45ーホッキリ11:50ー女坂分岐12:15ー鷹戻し12:25/12:55ー東岳分岐13:45ー第四石門14:10/14:30ー石門入口14:50ー妙義神社16:00＝（もみじの湯）＝松戸20:30

7 子持山

気軽に楽しめる展望抜群の低山

関越自動車道を北上すると左に榛名山が見えるようになり、やがて右に赤城山が大きく見えてくる。前方で視界を遮るのが子持山（一二九六㍍）で、獅子岩の岩峰があるのですぐわかる。子持山は、行程は短いが特異な岩脈や岩峰の多い明るい山で、変化に富んだ山行が楽しめる。特に、獅子岩は顕著な岩峰で、梯子や鎖を頼りに登ることができるので楽しい。山頂には一等三角点があり、取巻く上州の山々を展望できるのが良い。

☆子持神社コース

参考コースタイム

（著者66歳）

☆2007.4/8

（メンバー；鈴木貫太、熊倉隆夫、井手橋紀恵、川上邦博、大南敏和、土井均）

松戸(車)6:00＝5号橋8:25/8:35－7号橋登山口8:45－稜線9:35－獅子岩9:50/10:15－子持山11:15/11:50－柳木ヶ峰12:05－大タルミ12:25/12:35－5号橋13:40 = 松戸16:35

天気が不安定なので近くの山に行こうと計画した。渋川から桜の咲き競う里を登山口に向かうと、両岸が迫り車道が狭くなり、子持神社が見えてきた。下山予定の五号橋に車を置き、七号橋から急な木道の登山道に入る。左には巨大な石垣のような岩塊の屏風岩。薄暗い植林地をしばらく登ると急に明るくなり、落葉樹

獅子岩の頂（2007.4.8）

帯となる。まだ冬枯れのままで落ち葉を踏みながら登る。急斜面を登り切ると六号橋から尾根沿いに登る道と合わさる。ここから胸を突くような斜面を登ると子持山方面の分岐。左に獅子岩を目指して灌木帯の急斜面を登ると基部に出た。

一〇㍍余りの鉄鎖の梯子を登ると外傾した岩場になり、左にトラバースすると数メートルの鎖があって獅子岩の頂上となる。獅子岩は大黒岩の名もあり、高さ約一〇〇㍍の円筒形の岩塔で、この上に立つことが子持山の最大の魅力。高度感で初心者は怖がるが危険はない。

頂に立つと絶景。雲が高く上州武尊山から尾瀬、日光の山々が指呼できた。山腹には幅数メートルの屛風岩と同じような石垣状の岩脈が幾つも見られた。獅子岩や石垣状の岩脈は、冷えて固まったマグマ・安山岩が長い間の周辺の侵食に耐え残ったもの。岩脈状なのは、岩の割れ目に貫入したマグマだという。

子持山山頂への稜線は痩せており、アップダウンがある。振り返ってみる獅子岩がライオンの顔よりもゴリラの顔に似ているなんて声も出る。山麓からSLの汽笛の音。春の催しでSLを運行しているのだろうか。柳木ヶ峰を経て急な尾根を登り切ると山頂で、谷川連峰が望めた。

山頂から柳木ヶ峰に戻った所から往路と分かれ急斜面を下る。下りきったところが大タルミ。獅子岩を見上げる閑静な場所だ。ここから浅間山を通るコースもあるが、最短コースを下ることにした。傾斜が緩く歩きやすい。車道に出たところが八合橋で、車のある五号橋まですぐだった。

☆子持神社—小峠

参考コースタイム

（著者64歳）

☆2005.4/16

(メンバー；鈴木貫太、村田友子、佐々木亜由子、小林康男、玉田やい子)

上野6:30＝渋川8:49（タクシー）＝登山口9:30－獅子岩10:50/11:10－子持山12:10/12:45－小峠13:55－集落14:40（タクシー）＝沼田15:00

電車だったので、山頂からは小峠に下りで沼田に出た。子持山の南側は灌木の急斜面が多いのに対し、のどかで静かな樹林帯の尾根で階段状に整備された緩い下り。一旦車道に出るが、尾根通しに下ると小峠でそこから車道になる。田園風景となり、桜、梅、桃、水仙、芝桜などが一斉に咲いており楽しめた。バスを待たずにタクシーを呼び、沼田駅に出て食事をして帰った。

8 岩櫃山《いわびつやま》

駅から短時間で登れるスリルと展望に優れた岩峰

岩櫃山（八〇二㍍）は低山ながら面白い岩峰の山だと聞いていたが、登る機会がなかった。北アルプスに登りたいという初心者がいたので、岩場に慣れるための山行としてこの山を選んで、その魅力を知った。

この山の良さは、駅に近いこと、核心部まで短時間で登れること、適度に岩場があり楽しめること、展望が良いこと、登山者が少ないことである。緑が豊かな山なので紅葉の時期も良さそうだ。

山麓からの岩櫃山（2008.7.5）

☆岩櫃山（岩場トレーニング山行）

岩櫃山山頂付近の岩場（2008.7.5）

参考コースタイム

（著者68歳）

☆2008.7/5

（メンバー；鈴木貫太、小林康男、岡田孝子、塩田節子、南礼子、佐藤美穂子）

新松戸7:04＝高崎9:20/9:25＝郷原10:28/10:35－登山口11:00/11:05－コル11:45/11:55－山頂12:50/13:20－（トレーニング30分）－郷原駅15:00/15:33＝新松戸19:00頃

無人駅の郷原駅を出ると近くに、樹海に浮く軍艦のような岩壁の山があった。「えっ、あの山登るの！」の声。道端に梅の実が散乱し、コンニャク畑が広がる長閑な風景。標識に導かれ、これから登る山を右手に民家のある車道を登ると登山口。手入れされた杉の植林地の急斜面を登ると自然林に変わりコル。岩っぽくなってきた稜線を登ると天狗ノ架橋。風穴の上を通る狭い岩稜の道から そう呼ばれているようだ。

右に迂回路もあるが、訓練なのでザイルで安全を確保して通過する。誰も怖がることなく喜んでいる。鎖場のある巨岩の道を行くと風穴（石門）をくぐる。梯子、手すりと続き、鎖場の急な岩峰を登ると山頂。眼下に民家が点在し、吾妻川がゆったりと流れていた。周辺には上州の緑豊かな山並。展望に優れ、貸切りの山頂だった。山頂近くで岩場の歩き方とロープワークの訓練。すでに体験してきたことの確認なのですんなり受け入れられたようだ。それにしてもカンカン照りで暑い。雨を心配したのにピーカンの猛暑になるとは。

下山路は城址分岐から郷原方面の道を選んだ。赤岩通りは閉鎖されていたのでサブコースを辿るが、道も良く自然林の中を下るコースで「紅葉のころがいいだろう」の声が何回も聞こえた。元来た里道に戻り、暑い暑いと言いながら下って郷原駅。

岩櫃山は、アクセスが容易で短時間で登れ、裏妙義や二子山に劣らない変化に富む素晴らしい山だった。私にとっても念願の山だったが、適当な岩場はあるものの、歩くトレーニングとしては物足りなかった。

犬を吠えさせビールをゲット

電車の場合に下山して楽しみなのはビール。岩櫃山を下山したが郷原駅は無人駅。車が多くガソリンスタンドがあるのに、近くを探しても売っている店がない。

最後の手段は近くの民家で買い置きを譲ってもらうことだが、声をかけても反応がない。そこで飼い犬を吠えさせたら飼い主が出てきてくれたので、

「すみません。この辺でビールを売っているとこありませんか」

「ないですよ」

「買い置きがあったら譲っていただけませんか」

というわけで、冷えたビールを人数分、原価で分けてもらった。適うまかった。

姥ヶ平から茶臼岳（2009.10.31）

9 那須・三本槍ヶ岳

那須連峰

近くて親しみやすい火山群の山塊

那須連峰を代表する山は、噴煙たなびく茶臼岳（一九一五㍍）であるが、他にも個性のある山が幾つかある。茶臼岳は活火山で荒々しい山容であるが、ロープウェイがあるので観光客で賑わっている。最高峰の三本槍ヶ岳（一九一七㍍）は、名称とはかけ離れた大きくてたおやかな山である。名称の由来は昔、会津、那須、黒羽の三藩が、国境を確認するため端午の節句に槍を持ち寄って立てたことからとのことで、由来を知らないで登ると戸惑ってしまう。朝日岳は峠の茶屋方面から見るとピラミダルな岩峰であるが、北面はなだらかな稜線になっている。流石山《ながれいしやま》から大倉山にかけての稜線は美しく、池塘やシャクナゲが多いという。山麓には大きな裾野があり、土地がやせているので牧場が多い。数多くある温泉は首都圏の保養地として知られている。三斗小屋温泉が登山者の宿として人気があり、私も四回泊まっている。三斗小屋は宇都宮と会津を結ぶ街道の宿場だったが、小屋跡しか残っていない。三斗小屋温泉はそこから峰ノ茶屋方面に登ったところにある。

那須は日本列島脊梁の山であるが、首都圏に近いので、茶臼岳から三本槍ヶ岳周辺にかけてよく登られている。積雪がそれほど多くないので春山から晩秋まで登山者が多い。三斗小屋温泉も四月中旬から十二月上旬まで営業している。ただし、那須の峰ノ茶屋付近は冬季の強風で有名なところで、西高東低の気圧配置になると凄まじい風に見舞われる。私は初冬にここを往復で四回越えたが、二回はひどい目にあった。冬季に峰ノ茶屋経由で茶臼岳に登ろうとしたが二回とも強風で撤退した。

私が那須で最も感動したのは、茶臼岳の西側斜面を下って三斗小屋温泉に泊り、大峠をへて三本槍ヶ岳に登るコースである。茶臼岳の迫力ある展望と那須連峰西面の深い樹海、荒廃した歴史的な街道が印象的だった。

☆姥ヶ平―三斗小屋―大峠―三本槍ヶ岳

> 参考コースタイム　（著者69歳）
>
> **☆2009.10/31-11/1**
>
> （メンバー；鈴木貫太、小林康男、小林伸吉、南礼子、佐藤美穂子、大南敏和）
>
> **31日**　松戸(車)6:30＝駐車場10:20/10:40ー峰の茶屋11:25/11:50ー姥ケ平12:40/13:10ー三斗小屋14:15
>
> **1日**　三斗小屋7:25ー峠沢8:25/8:35ー大峠9:05/9:15ー三本槍10:55/11:20ー朝日岳肩12:30/(朝日岳往復)12:55ー峰の茶屋13:30ー駐車場14:00/14:30＝松戸18:00

峰の茶屋まで登ると、ロープウェイ経由の登山者が続々と下りてきた。ここから茶臼岳西面の噴気孔を眺めながらのトラバース道は迫力があった。牛ヶ首手前から姥ヶ平に下り、木道に導かれてひょうたん池へ。茶臼岳のビューポイントで、紅葉には遅かったが素晴らしい景観だった。三斗小屋温泉までは樹林帯の静かな道で心地よかった。

三斗小屋温泉には、登山道を挟んで山側に煙草屋と、谷側に大黒屋が軒を接するように建っている。露天風呂で人気のある煙草屋が満員だったので大黒屋に泊まったが、二間続きの部屋で個性のある温泉、食事も部屋まで運んでくれた。布団はフカフカ、トイレもきれいで、食事も下界の旅館並みで夕食が盛り上がった。煙草屋は露天風呂が魅力だが、せわしない。結果的に大黒屋に泊まれて良かったと思った。

大峠へは深い樹林帯のアップダウンのあるトラバース気味の道で、火山礫で荒れた那須連峰とは思えないくらい瑞々しく閑静だった。途中に地図にない三斗小屋跡へのしっかりした道があった。これが旧街道のようだ。三ヵ所の沢の横断があるが、水が少ないので難なく渡れた。大峠まで登ると草原で、那須連峰随一のお花畑になるところだという。流石山への稜線がたおやかで美しい。

　大峠は会津藩と黒羽藩の国境で、参勤交代にも使われたことのある会津中街道の要衝の地だが、戊辰戦争の戦場の拠点となったところで、幾つもの朽ちた石仏が佇んでいた。

　大峠から三本槍にはひたすら高度を稼ぐだけだが、競りあがってくる背後の流石山から三倉山の大きな稜線が印象的だった。三本槍の頂は大勢の登山者で賑わっていた。朝日岳にかけての縦走路は真新しい砂利が敷き詰められ、歩きやすくなっていたが人も多かった。朝日岳に登って峰の茶屋経由で下山した。

大峠から三本槍。背景は流石山（2009.11.1）

☆三本槍ヶ岳—三斗小屋、強風体験

> **参考コースタイム**
> （著者64歳）
>
> ☆**2004.12/5**
> (メンバー；鈴木貫太、大塚由美子、亀野甲羅、太田敬子)
> **4日**　上野6:53=那須塩原9:08(タクシー)=大丸10:05ー峰の茶屋11:20/11:45ー朝日岳12:50ー分岐13:10ー三本槍14:00/14:05ー分岐14:55ー三斗小屋16:00
> **5日**　三斗小屋7:30ー峰の茶屋8:50/9:00ー大丸10:35

　前日、峰の茶屋から三本槍に登って三斗小屋温泉・煙草屋に泊まった。

　夜中に激しい雨だったが、朝になったら小雨になっていて雨具をつけて出発する。雨が止み遠くの稜線も見えるようになったが、峰の茶屋の登りになるころから風が強くなった。

　森林限界を越えると凄まじい風が後ろから吹き付けるので、飛ばされないように鎖にしがみつきながら登った。前日不思議に思った鎖は耐風用だったのだ。何とか峰の茶屋避難小屋にたどりつき風陰で休んでいると、三斗小屋を前後して出た登山者が次々と登ってきたが、ザックカバーや雨蓋につけた衣類が剥ぎ取られ、次々と超スピードで峠を越えて飛んでいくのが見えた。

　風は一向に弱くならないので、一団となって先に進むことにした。鎖のあるところはそれにつかまり耐えたが、鎖がないところでは身を伏せて岩にしがみついて前進した。いつの間にかまた一人が先行していた。前で単独行の男が手を挙げて叫んでいた。近づくと先行した人が倒れていた。鎖のないところで突風になり、身体が宙に浮き岩に叩きつけられたとのことで、顔から血が流れ、歯を折ったと叫んでいた。強風で留まることができないので、その場で応急の止血だけをして下り始めた。下るにつれ風が弱くなり、大丸に着いたときはあの風が嘘のようだった。

峰の茶屋の風は十年前の十二月初めにも体験している。この時は忘年山行ということで十七人のメンバーで初日に三斗小屋に入ろうとしたが、峠近くになって風が強くなった。当時は耐風用の鎖がなかったので、ザイルを出して捕まらせようとしたが、ザイルが風に持って行かれて役に立つどころか危険だった。立つと飛ばされるので、全員が四つん這いになって峠を越えた。風の強さは同じくらいだったと思われるが、前から風を受けるより後ろから吹き付けられるほうが危険なようだ。翌日は雪が降っているなかを峰の茶屋を越えて帰ったが、風は穏やかだった。

歴史的に重い・三斗小屋と大峠

三斗小屋は街道の宿場として賑わったところだが、戊辰戦争で激しい戦闘の場となり壊滅した。住民は、黒羽藩の領地ながら大峠を越えてきた会津藩士に強制的に協力させられた。戦が終わると会津藩への協力を問われ、多くの住民が虐殺された記録が残っている。現在の三斗小屋温泉は、宿場跡から峰の茶屋方面に約一時間半登ったところにある。大峠は会津藩と黒羽藩を結ぶ街道の国境の難所で、戊辰戦争の拠点でもあった。今では辿る人が稀だが、朽ちた石仏が悲劇を見つめているようで感慨深い。

大峠の石仏（2009・11・1）

10 日光白根山

白根山、女峰山、赤薙山、鬼怒沼湿原

ハイキングから本格的な登山まで楽しめる日光連山

日光の山は近くてアクセスが便利で登りやすいので数多く登った。雪が少ないので登れる季節も幅広い。日光の代表的な山が男体山（二四八四㍍）で、中禅寺湖から見事なスカイラインを描いて立ち上がる姿が美しい。それなのに私はまだこの山に登ったことがない。姿は美しいが、単調なガレた斜面を登る意欲が湧かないからだ。

日光白根山（二五七八㍍）は登りやすいがアルペン的であり高山植物が多い。白根山はシラネアオイの群生地として知られており、初めて登ったときには咲き乱れるお花畑に感動した。ところが最近は花期に登っても見かけなくなった。鹿が食べてしまったからである。日光の山は酸性雨が問題になっていたが、さらに鹿の食害が深刻になっている。

日光の山はハイキングから本格的な登山まで楽しめるところである。ハイキングには、鳴虫山（一一〇四㍍）や赤薙山（二〇一〇㍍）が適する。中禅寺湖周辺にも半月山や切込湖・刈込湖、戦場ヶ原等、ハイキングに適したところが多い。冬でも雪が少なく天気が良くて、湯元までバスが入るので雪上ハイキングに適している。奥日光にはスノーシューやクロスカントリースキーを貸すところがあるので、これを利用して雪山を楽しむ人が多くなっている。

本格的な登山を目指す人には日光白根山や女峰山（二四六四㍍）などがある。白根山は関東以北最高峰の岩峰で、高山植物が多く神秘的な五色沼が佇むなどアルペン的である。女峰山は、男体山に隠れて目立たないが奥深くきつい縦走路がある。歩かれていないのが樹海の根名草山で、この山を越えると日光沢温泉に行ける。鬼怒沼には夫婦淵から日光沢温泉を経て登るのが一般的だが、根名草山越えで登るのも味わいがある。

☆日光白根山・菅沼コース

五色沼湖畔（1996.10.6）

参考コースタイム
（著者63歳）
☆2003.6/22
（メンバー;手嶋光輝、土屋美佐子、鈴木貫太、井手橋紀恵、長屋尚人、大塚由美子、寺沢房子、栗田英司）
菖蒲ヶ浜キャンプ場5:40＝菅沼登山口6:25ー弥陀ヶ池8:25/8:45ー白根山10:05/10:55ー前白根山12:25ー五色山13:00ー弥陀ヶ池13:50ー登山口15:20

前日中禅寺湖畔の菖蒲ヶ浜キャンプ場泊で、菅沼登山口まで車で移動。梅雨時だが天気が良く、樹林帯の道を弥陀ヶ池まで登ると湖面に映る白根山が見えて嬉しくなった。ここが分岐で、見上げる白根山は急で大きい。灌木帯を抜けるとゴツゴツした岩の混じる岩稜帯で山頂に達する。この道を三十年前に下ったときは人が少なく、ザレて歩きにくかったが、最近は整備され歩きやすくなった。

山頂付近は幾つもの岩峰があり、可憐な花が咲き乱れていた。眼下の新緑と青い五色沼、周辺の山々のコントラストが鮮やかだった。たくさんの登山者がそれぞれの場所で休んで展望を楽しんでいた。

山頂から前白根方面の道は急で、斜面にはマルバダケフキの大群落があった。四年前の八月上旬には一面が黄色のお花畑で見事だったが、鹿の食べない毒草のマルバダケフキだけが繁茂していると思うと複雑な気持ちだった。避難小屋近くで用を足していたら、二頭の鹿に咎めるようにジッと見られて戸惑ったが、そこを離れるとサッとそこにきて舐めていた。塩分補給のためのようだ。

大部分の登山者は、避難小屋から

五色沼湖畔に下りて弥陀ヶ池に登って下山する。このほうが五色沼湖畔を歩けるので変化に富んでいるが、計画が金精山を越えて下る予定なので避難小屋から前白根山に向かうと、登山者がほとんどいなくなった。樹林帯から頭を出した白根山が五色沼を挟んでアルペン的で大きい。

　五色山では金精山を越えるか弥陀ヶ池から下るかで話し合ったが、靴擦れでマメができたとか、暑くて早く下りたいという声が大きくて最短コースを選ぶことになった。四年前にトレースしたときには金精山からの展望がないだけでなく、下りが急で荒れていたのを思い出してホッとした。五色山から弥陀ヶ池までの稜線はシラネアオイの群生地だったが、花は見られなくて食害防止ネットで復元が試みられていた。

☆赤薙山・公募ハイキング

参考コースタイム
（著者61歳）

☆2001.9/30
（メンバー；鈴木貫太、井手橋紀恵、嶋田邦子、大木孝子、他9人）
北千住6:31＝東武日光(タクシー)＝霧降高原第二駐車場9:00/9:15－キスゲ平(リフト上)10:00/10:20－赤薙山11:35/11:55－樹林帯下笹原12:25/13:15－霧降高原バス停14:50/15:15＝東武日光15:40

手軽なハイキングコースとしてこの山を選んだ。キスゲ平までリフトで登れるがリフト脇を歩いて登った。ここからは笹原の気持ちの良い尾根。笹原にはツツジの群落が混じっていたが、紅葉期には少し早かった。

　笹原の尾根を一時間登ると樹林帯になり、三十分くらいで祠のある山頂。山頂は狭く展望がないので笹原に戻って懇親した。

☆赤薙山―女峰山

参考コースタイム
（著者58歳）

☆1998.11/14-15
（メンバー；鈴木貫太、嶋田邦子、井手橋紀恵、大木孝子、長谷美圭子）
14日　北千住6:31＝東武日光＝霧降高原第二駐車場9:25－赤薙山11:45/12:00－2295mピーク14:10/14:20－女峰山15:50/16:00－唐沢小屋16:30
15日　小屋8:25－黒岩10:25/10:35－西参道13:50＝日光

霧降高原から赤薙山に登り、そこから縦走。初冬なのに雪がまったくない。一里ヶ曽根は一時間も歩く平らな尾根。二二九五㍍のピークに登るとアルペン的な堂々とした女峰山が眺められた。ここからはハイマツが混じる岩稜で風が強い。女峰山は岩を乱雑に重ねたような頂で祠があった。急な道を下って唐沢小屋に入った。無人だが二階建ての立派な避難小屋で、十分ほど下ったところに水場がある。

下山路は女峰山南面の大崩壊地を見ながら。二荒山神社への道は笹原で気持ちが良かったが、荒れており長かった。

☆根名草山越え、鬼怒沼

参考コースタイム

（著者30歳）

☆1970.6/7-8

(メンバー；鈴木貫太、竹添健次、小林孝)

7日　トンネル9:20ー金精峠9:40/10:00ー温泉ヶ岳11:00/11:20ー根名草山14:00ー日光沢温泉16:40(泊)

8日　日光沢温泉6:50ー鬼怒沼9:10/10:20ー日光沢温泉12:10ー夫婦淵14:20

夜行で湯元温泉まで入り、九時のバスでトンネル入口。温泉ヶ岳付近になると残雪が見られるようになる。念仏平の避難小屋付近はモミやツガの密生地。根名草山は静かな山頂で展望が良い。鬼怒沼湿原が近くに見え、奥日光や尾瀬の山々が一望できた。

日光沢温泉は奥鬼怒温泉郷の最も上流にある深山の温泉で、鬼怒川岸に静かに佇んでいた。電気は川の流れを利用した水力になったとのことで、薄暗い電燈が廊下や各部屋についていた。星空を見ながらの河原の露天風呂も良かった。

翌日は鬼怒沼に登るが、雪が溶けたばかりで枯草が横たわり、花もなく失望したが、静かな貸し切りのようで展望が良かった。湿原の先にある巡視小屋から煙が出ていたので誰かがいたようだ。

日光沢温泉からは良く整備された新緑の沢沿いの道を加仁湯、八丁の湯を経て夫婦淵に下りた。今はこれらの宿に泊まると加仁湯まで送迎してくれる。一般車は入れないという条件で作られた奥鬼怒スーパー林道はこのように利用されている。このため奥鬼怒温泉郷は俗化し、秘湯のイメージが薄れた。沢沿いの登山道は新緑や紅葉が見事なので歩く価値がある。

同じルートを一九八三年に歩いたときは台風で一帯の樹木が倒れ、幾重にも重なる倒木を越すのにひどい目にあった。こんなこともあって登山道が荒れ、念仏平の避難小屋も荒れ放題だったが、地元の登山者の要求で登山道が修復された。避難小屋も登山者が管理するという条件で建て替えられ、栃木の労山の仲間が管理していると聞いた。

11

庚申山《こうしん》

庚申山から鋸岳と皇海山（1998.5.31）

庚申山、皇海山、備前楯山

伝説と信仰・原始的な森林美、鉱毒の足尾山塊

足尾山塊は、皇海山《すかいさん》（二一四四㍍）を盟主とする庚申山（一九〇一㍍）や袈裟丸山一帯で、登山口近くに鉱毒で有名な足尾鉱山跡がある。庚申山は伝説と信仰登山の歴史を秘めた山で、スリルに富んだお山めぐりコースがある。南総里見八犬伝で犬飼現八が山猫退治の場として描いた岩場である。その庚申山の展望台に立つと袈裟丸山方面から深い森に覆われた重々たる山脈が続き、見事な曲線で皇海山が立ち上がっている。深田久弥は、この山域が深い樹林帯と藪に覆われた原始的な自然美を持っており、登るには長い岩稜を辿り、密林と戦わなければならないので、皇海山を百名山に選んだという。

皇海山は庚申山参詣の奥ノ院として拓かれ、鋸山まで脆《もろ》い岩場のアップダウンが続き長い。そこから大きく下って登り返したところが皇海山だが展望のない山頂である。いま百名山ブームで皇海山に登る人の多くが、短時間で登れる林道利用の不動沢コースだが、これでは皇海山の良さが分からない。

　袈裟丸山も山腹に大きな寝釈迦があるなど、至るところに信仰登山の痕跡がある。この山は庚申山や皇海山と比べ落葉樹が多いので、ツツジや紅葉が楽しめそうだ。袈裟丸山から皇海山方面には縦走路があるが、通る人が少なく容易ではなさそうだ。

　庚申山登山口の近くにある備前楯山《びぜんたてやま》（一二七二㍍）は足尾鉱山の鉱床となった山で、北側山腹には鉱山や製錬所の跡地がある。そこを通ると廃墟や寂れた街で栄枯盛衰が物悲しい。足尾鉱山は一九七三年に廃鉱となったが、銅の精錬による煙害で広く荒廃し、今も懸命な植生復旧の活動が進められているが成果は遅々としているようだ。

☆備前楯山と庚申山(忘年山行)

参考コースタイム　（著者57歳）

☆1997.12/6-7
（メンバー；鈴木貫太、井手橋紀恵、嶋田邦子、大木孝子、山口静子、佐藤安行、松本庄次。他13人）
6日　北千住6:51＝通洞10:07(送迎バス)＝銀山平かめむら別館10:45－舟石峠11:25－備前楯山11:50/13:00－舟石峠14:00－赤倉15:00/15:15－間藤15:30（送迎バス）
7日　銀山平6:00－猿田彦神社跡8:45/9:05－大胎内分岐11:10/11:30－庚申山荘11:50/12:15－銀山平14:10/（入浴後送迎バス）15:00＝通洞15:20＝北千住19:00頃

〈6日〉通洞《つうどう》駅に宿の車で迎えに来てもらって、銀山平の「かめむら別館」に入る。銀山平は鉱山のズリ(廃石）捨て場で、坑道から出た温泉を引いたので「直利《なおり》の湯」と言われた。廃鉱で管理が困難になったが、新たに温泉を掘り当てたので、昨年から「庚申の湯」と名前を変えたという。直利とは良質な鉱床のことである。

　宿に余分な荷物を置き、立派な車道を登ると舟石峠で、ここから備前楯山を往復する。備前とは鉱石を発見した人の出身地で、楯とは鉱石の露頭（岩石・地層・鉱床などが地表に露出している所）。登山道は良く整備され、山頂からは森に覆われた足尾山塊がパノラマのように見渡せたが、眼下の様相は一転して煙害で荒れたままの山肌が目立った。

　車道に戻ってしばらく下ると、道端には鉱夫の集落として賑わった住居跡があり、備前楯山の山腹にはたくさんの坑口が見えた。ガレキの中の石段を登ると「本山鉱山神社（ヤマ神社）」があった。心の拠り所として鉱夫の寄付で作った神社であったとの看板。神社は朽ち果てていたが、初冬の夕日を浴びて、毅然として坑口とヤマ男の集落跡を見下ろしていた。神社の中にご神体はなかったが、一升瓶と鉱夫のヘルメットが供えられていた。

赤倉には巨大な製錬所跡があり、日本で最初の車道用鉄橋が歩道として残されていた。明治二十三年に作られた水力発電所も日本で初めて。往時の繁栄が山を荒廃させ、渡良瀬川を死の川にし、今や廃屋の目立つ街にしてしまった。

間藤《まとう》には再び宿の車が迎えに来てくれた。他に宿泊者がなく、食事も温泉も良かった。

〈7日〉空に星がなく生暖かい。車止めの柵を越えて林道を歩いていたら、崖の上をカモシカがガレ場をトラバースしていた。一の鳥居を過ぎると疎らな落葉樹林帯で、林床の明るい登山道になる。再三「キーッ！」とかん高い警戒音を発して走り回る鹿の親子。帰りにはサルの群れにも出会った。この辺りは野生動物が多いようだ。

庚申山は山岳信仰の地なので、至る所にもっともらしい名が付けられ、伝説を記した看板があった。猿田彦神社は昭和二十二年に焼失したままで、近くに倒れたままの鳥居があった。神社は銀山平のかめむら別館入口近くに移転している。

神社跡から左回りでお山めぐりのコースに入る。急斜面を登ると庚申山頂に続く緩い斜面で、背丈の低い笹原に針葉樹やシラカバの疎林。ガスが切れかけて幻想的な森だ。そこからがお山めぐりの核心部で、岩壁に下りていく。

コースは一見悪相を呈しているが、懸崖（切り立ったがけ）の下を迂回し、巧みに奇岩・怪石を縫っている。右手に絶壁、左手に大展望。難しそうなところには桟橋や梯子、鎖が取り付けられている。各所にはそれぞれ名称の表示があり、楽しみながら通過することができた。

緊張したのは、懸崖にぶら下がっていた巨大なツララで、気温が高いので落下の恐れがあった。積雪は場所によって数𠂇《チセン》あったが凍っていないので、アイゼンなしでも十分だった。庚申山頂は時間的に割愛した。

銀山平に戻り、宿で入浴させてもらって、通洞駅まで送ってもらった。

☆庚申山（庚申山荘泊、忘年山行）

参考コースタイム　（著者69歳）

☆2009.12/12-13

（メンバー；小林康男、鈴木貫太、熊倉隆夫、玉田やい子、岡田孝子、土井均、小林伸吉、南礼子、町田廣光、佐藤美穂子、二宮敬幸、郡市悦子、石川明美）

12日　松戸6:30＝銀山平10:25/10:45ー一の鳥居11:50/12:15ー庚申山荘14:00

13日　庚申山荘8:00ー庚申山10:05/10:40ー山荘12:15/13:00ー銀山平15:15

初日に銀山平まで車で入り庚申山荘に入る。途中から積雪があり、山荘周辺は一〇センチ余りあった。無人のログハウス調の大きな山荘で寝具があるが、外にあるバイオトイレは、冬季で鍵がかかっていた。他に登山者がないので、広い山荘を自由に使って、担ぎ上げた食材で忘年宴会となった。

翌朝、庚申山を目指すと次第に雪が深くなる。岩壁の裾を巻いて登ると深い樹林帯で、積雪は五〇センチに近い。至る所に鹿の足跡があった。頂上で三角点の標柱を確認するが、樹林帯で展望がない。少し先に行くと前方が切れ、絶好の展望台。皇海山・鋸山・袈裟丸山までの連山や日光の山々が指呼できた。

お山めぐりコースは積雪があり、初心者もいるので危険と判断して、割愛した。

☆庚申山―皇海山

参考コースタイム　（著者57歳）

☆1998.5/30-31

(メンバー；鈴木貫太、山岸美和子、嶋田邦子、長谷美圭子)

30日　北千住6:51＝通洞10:07(タクシー)＝銀山平10:40ー庚申山荘14:00

31日　庚申山荘3:25ー庚申山4:50/5:00ー鋸山7:20/7:30ー皇海山9:00/9:15ー鋸山10:20/10:40ー六林班峠11:25ー庚申山荘13:20/13:45ー銀山平15:25（入浴後タクシー）＝通洞16:40＝北千住20:33

初日は庚申山荘に入り、余分な荷物をデポして真っ暗な道を登った。庚申山の展望台からは、皇海山から袈裟丸山にかけて樹海に覆われた広大な山々が一望できた。鋸岳にかけては灌木の多いアップダウンのあるガレた痩せ尾根で、一部に崩壊地や鎖場もあるが、ガイドブックは明らかに誇大宣伝で特に危険なところはなかった。

鋸岳は展望の良い静かな山頂だった。ここから三五〇メートル下り五〇〇メートル登り返すと皇海山だが、下りが急で足場が悪い。鞍部に下りると、不動沢から登ってきた登山者で深山のイ

庚申山から日光白根山（2009.12.13）

皇海山山頂近くの立ち枯れ（1998.5.31）

メージが一気に失せた。立ち枯れの目立つ急斜面を登ると皇海山の山頂だが、展望がない。鋸山に戻り、六林班峠に下る道は笹原とダケカンバの広くて明るい尾根で新緑も美しい。このコースは心が和む最も素晴らしいところだと感じた。

峠に袈裟丸方面の指導標があり、ほとんど踏まれていない道があった。六林班峠から山腹を忠実に巻く長いトラバース状の道を庚申山荘に戻って、デポした荷物を回収し銀山平に下った。

この山塊は、皇海山ではなく庚申山のお山めぐりから鋸岳に登り六林班峠から戻るのがベストと感じた。

12 大菩薩嶺

中央沿線人気NO.1のアクセス容易な山

大菩薩嶺（二〇五七㍍）は中央沿線人気NO.1の山で、たくさんの登山者で賑わっている。中里介山の小説「大菩薩峠」で一躍有名になり、名称が魅力的である。アクセスが容易な首都圏の二〇〇〇㍍級の山で、特に危険がなく展望に優れている。近くの乾徳山《けんとくさん》の賑わいが薄れているのにこの山の登山者は少なくなる気配がない。

しかし、私にはそれが実物を上回る名声に思えて仕方がない。登山の魅力では乾徳山が勝り、伸びやかで展望の良い稜線なら近くに並ぶ山も多い。人気の秘密は、気軽さと「大菩薩峠」という名声かも知れない。

大菩薩嶺周辺は、メインコースの賑わいに比べて静寂な大菩薩連嶺の山々がある。山頂反対側の丸川峠は展望の良い草原で、木彫りの作品を陳列してある質素な「丸川荘」がある。峠から小管への道は甲州街道の裏街道として歩かれたが、登山者が稀だった。峠から丹波への道は長い雑木林の道だった。

大菩薩峠稜線（2013・11・9）

☆丸川峠―丹波（山のトイレ談義）

参考コースタイム
（著者58歳）

☆1999.1/16-17
（メンバー；大木孝子、鈴木貫太）
16日　松戸＝塩山＝大菩薩峠登山口12:10－丸川峠14:40（丸川荘泊）
17日　丸川荘6:20－大菩薩嶺7:40/7:45－大菩薩峠8:20/8:50－小管分岐9:25－丹波13:10＝奥多摩駅

初日は丸川峠にある丸川荘に泊まり、只木さんのトイレを見せてもらい話を聞いた。日没時には宿泊者を連れて裏の高台に登ってくれ、南アルプスに沈む夕日と、日没後も金色に輝く雲を見せてくれた。

二日目は大菩薩嶺に登り峠から丹波への道を下った。この道は長く踏み跡もかすかで、落葉のラッセルをするようで、登山者で賑わう大菩薩のイメージとはかけ離れていた。

二年前に開発した丹波の湯は素朴だが、身体が暖まり肌もツルツルになって気持ちが良かった（丹波の湯はその後に観光用に作り変えられた）。

只木さんのトイレ対策は、利用者の協力を得ながら自然の浄化力を活用した簡易な処理で、無臭化やハエ対策にも成功している。独自の工夫では、トイレを大小に分け、使用後の紙は焼却処分。汚物はバクテリアと木酢液を振りかけて浄化させるだけで、季節ごとに回数を変えている。〝小〟は、落葉を敷き詰めた上に小石を敷き、その上に底抜けにしたヤクルトの容器を積み上げて、バクテリアで処理させた後に土壌に浸透させる。〝大〟は落葉とサンドイッチにして埋めたが、掘り起こしてみたら黒土になっていた。ハエはペットボトルの底部を熱で穴をあけ、木酢液で誘導し一網打尽。これで窓を開けることができた。

私もトイレを利用してみたが、臭気がなくまずまずだった。ぼくとつとした只木さんのトイレ談義は、自然を汚したくないという気持ちと、費用をかけずに身近な廃棄物を利用するという創意工夫に満ちていた。

山の環境問題はゴミと踏み荒らしとトイレ。ゴミは持ち帰り運動で克服しつつあり、踏み荒らしも木道などで改善し、課題はトイレ問題。人が山でウンコするのは自然な行為である。動物の排泄物と同じようにある程度までは問題が起こらないが、環境容量を超えるとか、排泄処理を誤ると、「美観を損う、臭気源となる、水質を汚染する、生態系を破壊する」などの問題を起こす。登山文化の継承発展にはトイレ問題が大きくかかわる。最近では登山者のマナー向上や浄化対策の導入などでトイレ問題は大きく改善されてきた。

☆上日川峠―大菩薩嶺（公募山行）

参考コースタイム
（著者73歳）

☆2013.11/9
（メンバー;一般参加者20人、会員15人）
松戸(電車)＝甲斐大和（バス）＝上日川峠10：30ー大菩薩峠10：40/11：50ー大菩薩嶺12：45/12：50ー上日川峠14：40＝バスで甲斐大和

会員と市民が一緒に山を楽しむ恒例の山行で「広報まつど」や口コミで公募。最近は参加者が少なかったが、今回は季節的に遅かったにもかかわらず一般参加者が多かった。理由は大菩薩峠の知名度なのだろう。

上日川峠からよく踏まれた道を石丸峠まで登る。ここから大菩薩峠を経て大菩薩嶺までは広い冬枯れの草原。名物の富士山の展望がなく、風が強くて寒いが、大勢の登山者がいた。展望もなく寒いので早々に引き返し、唐松尾根から登山口に戻った。

山コラム　松戸の山は居酒屋発

松戸には坂があっても登山の対象になる山はない。千葉県にも房総に山岳地帯があるが、遠くて低山しかないので、松戸から登りに行く人は稀である。因みに、千葉県の最高峰は愛宕山の四〇八㍍で都道府県最低である。それでも松戸では登山愛好者が多く、幾つもの山岳団体が松戸を拠点に活動している。

山の仲間が松戸市内で活動するのは、情報交換や山の打合せなどのためであるが、その流れで居酒屋に行くことが多い。語られるのはもっぱら山の話で集会よりも盛り上がる。この場で登りたい山が話題となりメンバーを募って登った山が少なくない。松戸からの登山は居酒屋発が多い。

近くに山の仲間がいるのは素晴らしいことだ。都市化は近隣住民とのお付き合いをよそよそしくし、年を重ねると人間関係が希薄になり、孤立化が避けられない。これに対し山の仲間は、老若男女が山をネタに集い、助け合い励まし合って感動を共にする。地域で杯を交わし、実生活でも親しく交流することで生活を豊かにしている。

かくしてあれこれ口実をつけて居酒屋に通うことが多くなり、出費と酒の量が増えたが、「濡れ落ち葉よりまし」と賢明な妻が評価してくれた。いや、「亭主元気で留守がいい」かな。

13 乾徳山《けんとくさん》

乾徳山頂から黒金山方面（2012.6.17）

スリリングで変化に富んだ山

超満員の夜行列車で塩山に着くと、十代から二十代前半の登山客がドッと降り、接続する大菩薩と乾徳山、西沢渓谷行のバス停に競って向かった。大菩薩行のバスに並ぶ人が多かったが、乾徳山行の人も多かった。終点の徳和で降りると、茶店で朝食をとる人がいたが、多くはまだ薄暗い登山道を列になって登った。山頂に着くと大勢の登山者で、休む場を探すのに苦労した。私が山に登り出したころの日曜日の乾徳山はいつもこんなだったが、今は登る人が少なくなり、登山口の徳和も閑散とし茶店もなくなった。

乾徳山（二〇三一㍍）は、奥秩父連

峰から派生した尾根の末端にある山で、スリリングで変化に富んだ山なので若者に人気があった。登山者層が変わり、登山者が分散するようになったが、乾徳山の魅力は変わらない。

☆乾徳山・徳和コース

参考コースタイム

（著者72歳）

☆2012. 6/17

（メンバー；町田廣光、鈴木貫太、石川明美、二宮恵子、門田さやか）

松戸5:45＝前宮神社先駐車場9:10－登山口9:40－錦晶水11:15－国師ヶ原分岐11:30－月見岩「扇平」12:00/12:10－山頂13:40/14:00－月見岩14:40/14:45－国師ヶ原分岐15:15－登山口16:05－駐車場16:25

車で徳和から前宮神社の先まで入り、ガタガタの林道を登山口まで登る。そこから植林地の急登で、銀晶水に着くとホッとした。国師ヶ原まで登ると明るい草原で、シャクナゲやコナシの花が見られた。この草原は牧場だったところで、高原ハウスには売店があり、新鮮な牛乳を飲んだ記憶がある。樹木で隠れそうになったそのハウスは避難小屋となっているが、荒れて廃墟のようだった。灌木が成長した草原の急坂を登ると扇平《おうぎだいら》で、休憩に適した月見岩があった。

樹林帯の尾根道を登ると岩場が多くなり、縫うようにして登る。乾徳山最大の難所であり、楽しみなのは天狗岩という鎖場。岩場の苦手な初心者がいたのでザイルで確保した。そこを登りきると山頂の一角。花崗岩を積み上げたような山頂で、ガスっていたら三〇〇〇《メートル》級の頂の雰囲気である。深い森に覆われた奥秩父の山々が見渡せた。

乾徳山からは黒金山を経て大ダオから徳和に戻る道がある。黒金山は森の中だが、大ダオ方面に下ると展望の良い笹原や草原がある。この尾根は奥秩父主脈の国師岳に至る。黒金山から西沢渓谷に下る道にはシャクナゲの多いところがある。これらの道を歩く人は少ないようだ。

山頂から黒金山方面に少し行くと、ガイドブックに下山道と書かれた道がある。岩場での交差対策で作った道だと思われるが、今はあまり通られていないようだ。十年前に下りたときには歩きにくく時間がかかるだけだった。扇平から道満山《どうまんやま》経由の下山路もあるが、車に戻るのが遠くなるので往路を下った。

☆乾徳山—黒金山

夜行電車で塩山まで行き、接続するバスで徳和に入る。乾徳山頂にはたくさんの登山者が休憩しており、足元にはゴミが散乱していた。黒金山への道に入ると苔むした倒木の多い原生林の尾根で、登山者がほとんどいない。黒金山は展望のない山だが、北面が伐採され奥秩父方面が見えた。大ダオに下る道には気持ちのよい草原があった。大ダオでは閉ざされていた視界が開け、雄大な富士山が目に入った。下山路はあまり整備されていなかった（現在は乾徳山頂付近にゴミはほとんどない。大ダオを通る道はかなり荒れていると思われる）。

乾徳山・天狗岩（2012.6.17）

参考コースタイム

（著者24歳）

☆1964.10/11単独

塩山＝徳和4:55－銀晶水6:10－乾徳山8:00/9:15－黒金山10:15/10:30－（昼寝1時間半）－大ダオ13:00/13:30－徳和16:30

二子山から両神山稜線（2011.12.4）

14 両神山《りょうがみやま》

鋸歯状の稜線とヤシオツツジで人気

両神山（一七二三㍍）は鋸歯状の尾根とヤシオツツジで人気がある。対峙する二子山も、低いが特異な双耳の岩峰で登高意欲をそそる。両神山は電車・バスで行くと不便だが、車だと行きやすくなった。

いつも利用している「両神山荘」は、温泉はないが食事が良く、餅つきまでやらせてくれるので忘年山行でよく利用した。当初は初日に短時間で登れる二子山に登り、二日目に両神山に登ることが多かったが、最近は両神山荘が主目的で短時間で楽しめる二子山しか登らないことが多くなった。

両神山に最も登りやすいのは日向大谷からであり、困難な岩場がないので初心者でも登れる。山麓を早立ちすれば日帰り可能だが、両神山荘か清滝小屋を利用すればゆっくりできる。岩場の好きな人は清滝小屋を利用すれば八丁峠まで縦走し坂本まで下るのも時間的に無理がない。岩場訓練で八丁峠の登山口で仮眠して日帰りで往復したことがあったが、岩稜歩きの連続する往復になるので初心者にはきつかったようだ。

☆日向大谷コース

参考コースタイム
（著者67歳）

☆2007.12/16
（メンバー；鈴木貫太、小林康男、熊倉隆夫、玉田やい子、塩田節子、小林伸吉）
両神山荘6:35－清滝小屋8:50/9:05－神社10:00/10:10－山頂10:35/10:40－神社11:05/11:10－清滝小屋11:50/12:10－両神山荘13:45

　前日は二子山に登り、両神山荘で餅つきを楽しんで忘年会。飲んだ後で少しだるかったが予定通り登り出す。山荘の飼い犬のポチが道案内に同行する。以前は親のモコと一緒だったが二年前に死んだ。ポチは四年前に山頂まで一緒に登ったのに、三十分も歩かないところで山腹を駆け上がって戻ってこなかった。

　会所まではダラダラした登りだが、そのあたりから急になる。両斜面の落葉の広大な林床が美しい。高度が上がるとうっすらと積もった雪が見られるようになった。清滝小屋前で休むがとにかく寒い。粉雪が舞うようになり、登山道にほんの少し雪が積もっていた。

　両神神社は反対側からの風で寒々としており、防寒具を着こんで山頂に向かった。山頂への道は尾根通しで気持ち良かったが、今は右側斜面に無理やり道を作って登れるようにしている。清滝小屋から南に白井差から登る道があったが、ここが私有地だったので、環境整備費を巡って行政側と対立し、結果的に所有者が入山禁止にした。稜線を通る道も私有地になるところを避けるために迂回路を作った。現在、白井差登山道は土地所有者が人数を制限し、環境整備費を徴収して通れるようにしているという。ともあれ、新しい道は不毛な対立の結果で、痛々しく空しく感じた。

　岩場を少し登ると吹きさらしの山頂で、寒くて写真を撮っただけですぐ下山した。晴れていれば北アルプスの峰々まで見渡せるのに、展望もなく陰険な寒気に満ちているだけだった。両神神社の近くには「のぞき岩」という名所がある。絶壁上の展望台なので立ち寄ろうと思ったが寒くて割愛し、最短コースの往路を下った。平行している七滝コースは上級コースとなっているが、以前に下ったときには時間がかかるだけで特に危険なところがない静かな道だった。

　両神山荘に戻るとダイコンや白菜、柚子の蜂蜜漬けと熱いお茶を出してくれた。両神山荘でゆっくりと休んで、途中で温泉に浸かり今年の山を締めくくった。

☆八丁峠コース往復

参考コースタイム　（著者69歳）

☆2009.7/11
（メンバー;鈴木貫太、熊倉隆夫、小林康男、渡辺美里、西久美子、岡田孝子、土井均、佐藤美穂子、町田廣光、二宮敬幸、橘田規子）
松戸21:00＝八丁トンネル入口0:15/（仮眠）/6:45－八丁峠7:45/7:55－西岳8:05/8:20－東岳9:30/9:50－両神山10:30/11:00－東岳11:35/11:45－西岳13:05/13:15－八丁峠14:35/14:50―登山口15:20

夏山を前に岩場の歩き方に慣れておくために計画したもので、八丁峠から山頂を往復し訓練した。

日帰りでは時間的に困難なので、前夜のうちに登山口まで入る。現地までは距離的には短いが、高速道路を降りてから長く、小鹿野町からの山道も悪路で長く感じた。登山口に割と広い駐車場があり、あずまやとトイレがあったが水場がない。軽く懇親しテントと車で仮眠。

朝食後にテントをたたみ登山開始。いきなりの急登でクサリ場もある。樹林帯の深いガスで陰気なせいか八丁峠までが長く感じられた。次第にクサリ場が多くなり西岳。ここから大きく下って東岳まで登り返すまでがクサリ場の連続で、コースの核心部。大部分のメンバーは技術的に問題がなく岩場を楽しんだ。体力に自信のなかった人、岩場の苦手な人、腰痛の新人等もいたが、サポートしながら登ったので、特に遅れるとか、弱音を吐く人はいなかった。

いつの間にかガスが切れ、青空ものぞくようになる。左右の豊かな樹海や、アップダウンの激しい縦走路にガスが去来し幻想的な光景となる。鞍部に下ると涼風のサービス。

両神山 八丁峠からの縦走路（2009.7.11）

次々と出てくるクサリ場ややせた岩稜を楽しみながら登っていくが、多すぎるクサリ場にうんざりしたころに東岳。ここからはアップダウンの少ない平凡な道で、急なクサリ場を登ると両神山の山頂。他に登山者がいなくて貸切り。全員で登りきったことを喜び合うが、疲れた身体で同じコースを戻らなければならない。

　東岳まで戻ったところで、この山行で初めて会った単独の登山者と言葉を交わす。クサリ場で二人のパーティーや単独行者と会った。その後に岩場を駆け足のように登ってくる人に、中高年の単独の登山者に会わなかったかと聞かれた。携帯電話で道に迷ったという連絡があったので、捜索に駆けつけた山岳警備隊だった。途中で会った登山者のことを話し、特に道に迷った様子の人には会わなかったと伝えた。その後にも捜索隊が登ってきた。八丁峠で遅れているメンバーを待っていたら、救助隊が元気な遭難者と一緒に降りてきた。なんと東岳で会った人だった。道に迷ったと救助を求めながらなぜ無事で自力下山できると連絡しなかったのだろうかと、無責任な言動に怒りを覚えた。

☆日向大谷—八丁峠

参考コースタイム　（著者52歳）

☆1993.5/22-23

（メンバー；坂本多鶴、鈴木貫太、佐藤幸子、吉沢芳子、関根和恵、大竹定男、竜口春代、坂本文）

22日　池袋7:48＝西武秩父9:31/（タクシー）9:55＝日向大谷10:45/10:50ー清滝小屋13:55

23日　清滝小屋6:00ーのぞき岩7:15ー両神山7:55/8:30ー東岳9:10/9:20ー西岳10:55/11:00ー八丁峠12:00/12:35ー坂本15:00

岩場歩きに向かないメンバーだったが、ヤシオツツジに誘われて怖いもの知らずの計画だった。初日は西武秩父駅の仲見世で買物し、タクシーで日向大谷に入る。清滝小屋までニリンソウの群落が見事だった。夕食後は管理人のハーモニカでミニコンサート。夜は仏法僧の声を聴きながら寝る（清滝小屋は現在無人）。

　翌朝、一位ガタワ経由でのぞき岩に立ち寄る。絶壁の下に広がる新緑と名残の桜が美しい。富士山が見下ろした感じで見えた。両神山山頂付近はピンクのヤシオツツジのトンネルだった。東岳からは鋸のような岩場の連続。前を行くパーティーとはトコロテンのように進むが反対側から来るパーティーと交差するのが大変だった。八丁峠からは単調な道を坂本に下り、バスで西武秩父に戻る。

坂本から二子山（2011.12.4）

15 西上州・二子山

短時間で登れるスリルに富んだ快適な岩稜

両神山に登ると真っ先に目に飛び込むのが二子山（一一六六㍍）である。特異な双耳の岩峰で登高意欲をそそる。この山は西上州の山であるが、両神山に近く短時間で登れる快適でスリルに富んだ山で、一泊すれば両神山と二子山に登ることができる。両神山荘は食事が良く、餅つきをさせてくれるので忘年宴会に適していて何回か利用した。

☆二子山

前日は両神山荘で餅つきと忘年宴会。翌朝、車で坂本から登山口に入る。登り始めは急な展望のない植林地だが、やがて頭上に圧倒的な岩峰が見えてきて、「エッ！　あそこに登るの」の声。登山口から一時間で股峠。峠の反対側に駐車場があって何台か駐車していた。二子山に登るだけならここまで車で入り一時間半

参考コースタイム
（著者71歳）

☆2011.12/ 4

（メンバー；鈴木貫太、熊倉隆夫、町田廣光、小林康男、岡田孝子、土井均、小林伸吉、南礼子、佐藤美穂子、二宮敬幸、椿健一、堀田裕一、遠藤敦子、高橋夕子）

両神山荘7:00＝登山口8:00ー股峠9:00ー東岳9:50/10:00ー股峠10:30ー西岳11:50/12:00ー登山口15:10

ほどで往復できそうだ。

　ここから全員で東岳に登る。登りは次第に急になりやがて急な岩場のトラバース気味の鎖場。難しそうなのでザイルをフィックスして登るが、ここで二人が戻ることになった。三十分の予定を一時間かけて登頂。ここから見た西岳の岩峰が見事だ。両神山から北アルプスの白い峰々も見えた。

　股峠から西岳に登るには直登コースと迂回コースがある。直登コースは切り立った岩壁を登るものだが、一部の登山者から鎖が不要だとのクレームがあり撤去したとの標識があった。ここで五人が直登コース、残りが迂回コースを登った。

　私は直登コースを登った。急だがホールド・スタンスがしっかりしており、特に鎖が必要なところではない。ただ必死に登るだけで、四年前に登った迂回コースのほうが変化に富んで展望も良いと思われた。山頂に達したのはほぼ同じ時間だった。

　西岳山頂の展望は素晴らしい。近くにロッククライミング用のボルトがあるので見下ろすと、はるか下にクライマーが取りついていた。二子山はクライマーの絶好のゲレンデになっているようだ。問題はここからの縦走路、左右にスッパリ切れ落ちたアップダウンのある狭い岩稜が、続いている。立ちすくんで戻ると言い出したメンバーもいたが、これらの人を前後からサポートして縦走開始。石灰岩特有の浸食で手がかりも足場もしっかりしている。岩場歩きの練習になる楽しめる縦走路だ。途中から前方に見える叶山は石灰石採掘で、四年前に比べると明らかに低くなっていた。二子山や両神山も石灰岩の山なので、こんな山にしたくないと思った。

　最後は岩稜から下りる垂直な鎖場。ここで三人にハーネスを着けザイルで確保し安全を期した。そこからは伐採地のなだらかな尾根で、二子山の岩稜がよく見える。よくあんなところを歩いたものだと振り返っていた。最後は樹林帯の道だが、厚く落葉が積もり、時折落葉に隠れた窪みに足を取られながら賑やかに下った。

東岳から西岳（2011.12.4）

砂払いの頭付近から金峰山（2003.11.24）

金峰山、瑞牆山、甲武信岳、飛龍山

特異な岩峰と漆黒の森林の奥秩父連峰

奥秩父連峰は、一般的には金峰山（二五九八㍍）から雲取山（二〇一七㍍）まで続く長大な連嶺を指すが、雲取山は奥多摩の山としても扱われている。瑞牆山《みずがきやま》（二二三〇㍍）や乾徳山、西沢渓谷も奥秩父の一部である。奥秩父の山というと、山容が対照的な金峰山や甲武信岳（二四七五㍍）をイメージするが、古の登山者が称えた奥秩父の特徴は、大部分を占める漆黒の樹林帯である。

金峰山は樹海から数多くの花崗岩の岩頭を突き出す岩峰の山で、山頂近くの五丈岩が遠くからでもよく分かり、山座同定しやすい。奇岩・巨岩で知られる瑞牆山も深田百名山の一つになっているが、金峰山の一部のような存在。奥秩父西端の小川山の山麓には花崗岩の岩頭が多いので、ロッククライミングのゲレンデとして知られている。

甲武信岳は山頂近くまで深い森に覆われている。雲取山まで続く奥秩父の稜線も大部分が深い樹林帯で、縦走中にたまに笹原や草原があると嬉しくなる。豊かな森の山が美しい渓谷を作り、本格的な沢登りの場となってきた。しかし、最近は奥深くまで林道が作られ伐採が進んでいる。林道を利用することで核心部まで容易に登れるようになり、古の登山者が好んだ重厚な山とは違ってきたようだ。笠取山から雲取山にかけては東京の水源林として保護され、水源林管理用に整備された道なので歩きやすい。

奥秩父で私の好きな山はアルペン的な金峰山である。甲武信岳は山頂近くまで樹林帯で特に魅力を感じないのに山頂近くの小屋が混んでいる。私は雁坂小屋に泊まったことがあるが深山の趣のある小屋だった。ここから飛龍山までは、深い樹林帯の整備された縦走路で静かな登山が味わえた。奥秩父は降雪が少ないので晩秋まで登れ、春も連休ごろから登れるが、樹林帯の下や吹き溜まりになるところに残雪があるのでそれなりの準備が必要である。

☆金峰山・富士見平口コース

瑞牆山荘前の駐車場からシラカバやカラマツの中を登り、樹間に瑞牆山の岩峰が見えてくるようになると富士見小屋。なぜか若い登山客が多かった。ここは瑞牆山の分岐で、この山に登って帰る人も多いが、ここに泊り金峰山と両方登ることもできる。

以前、私は初冬に富士見小屋に泊まり初日に瑞牆山、二日目に金峰山に登って帰ったことがあった。ここから瑞牆山には二時間余りで登れる。登り始めは緩やかだが、急で幾つかの大きな岩壁の下を巻くように登る。山頂は大きな一枚岩の花崗岩で展望が良かった。見た目ほど難しくない楽しい山だった。

大日岩までは針葉樹林帯で下生えにシャクナゲが多いが、花がほとんどついていなかった。大日岩を過ぎ砂払いの頭に達すると岩稜になり、楽しくなった。千代の吹上の断崖絶

> **参考コースタイム**　（著者71歳）
>
> ☆2012. 6/2-3
> （メンバー；町田廣光、鈴木貫太、河合亮子、遠藤敦子、堀田裕一）
>
> **2日**　松戸6:00＝瑞牆山荘前駐車場9:50/10:10－富士見平小屋10:55/11:10－大日小屋12:00－大日岩12:40－砂払いの頭14:20/14:30－金峰山15:30/15:55－金峰山小屋14:10
>
> **3日**　小屋6:10－砂払いの頭6:40/6:50－大日岩8:15/9:00－大日小屋9:15－富士見平10:00－駐車場10:30

古礼山（2006.11.4）

壁からは、富士山や南アルプス、八ヶ岳等が見えた。山頂近くには金峰山のシンボル五丈岩が大きい。金峰山頂から東を眺めると、すぐ先が樹林帯の尾根で、その先に奥秩父の山々が連なっていた。すぐ先の大弛峠《おおだるみ》には峰越えの林道があり、車で入れば二時間くらいで登れるが、これでは金峰山の良さが分からないと思った。

山頂から金峰山小屋へ。混んでいると聞かされていたがそれほどでなかった。この山は日帰り可能なので大混雑が避けられているようだ。

翌朝はトラバースルートで稜線に戻り往路を下る。時間に余裕があったので、付近の岩峰で遊びながら下れた。大日岩は見事な花崗岩の岩頭で、頂部まで登って岩登りの感触と展望を楽しんだ。金峰山の広大な斜面は樹海に覆われているが、ところどころに花崗岩の岩頭が突き出ている。その大きなのが瑞牆山なのだと思われた。下山後に「ラジウム温泉増富」で汗を流し帰松した。

☆雁坂峠―飛龍山

参考コースタイム　（著者66歳）

☆2006.11/3-5

（メンバー；鈴木貫太、佐々木亜由子）

3日　新宿7:30＝雁坂峠入口10:05/10:30ー林道終点11:40/12:00ー雁坂峠14:40/14:50ー雁坂小屋15:00

4日　雁坂小屋6:05ー水晶山6:50/6:55ー古礼山7:20/7:25ー雁峠8:40/9:00ー笠取山9:45/10:00ー黒えんじゅ分岐11:30ー山ノ神13:25ー将監小屋13:45

5日　将監小屋5:10(道迷いロス20分)ー将監峠5:40ーはげ岩(飛龍山分岐)8:00/9:10(飛龍山往復40分)ー熊倉山10:45/11:00ーサオウラ峠11:45/11:50ー丹波13:10

雁坂小屋は樹林帯の中の質素な小屋で空いていた。満員の甲武信小屋から流れてきた登山者もいた。縦走路は深い森だが、古礼山を過ぎると、ところどころ笹原が混じり、風の通り道になっていた。

笠取小屋と縦走路の分岐近くには多摩川、荒川、富士川の分水嶺の標識。笠取山にかけて、防火のため伐採された草原だ。笠取山は一九五三㍍と低いが、珍しく展望のある頂であり、そこからは水源管理用の道で歩きやすい。将監小屋は和名倉山を往復する十九人のツアー客で混んでいた。

ここからも稜線を通らない水平でよく整備された道で歩きやすい。分岐から飛竜山を往復する。台地状の樹林帯の頂で展望はないが、六月初めに登った会員の話ではシャクナゲが見事だったという。分岐近くのハゲ岩は絶好の展望台だった。そこから丹波までの一四〇〇㍍の下りが長かった。

☆徳ちゃん新道—甲武信岳—雁坂峠

一八〇〇㍍付近からシャクナゲが見ごろだった。甲武信小屋のテント場にテントを張り、甲武信岳を往復。甲武信岳は山頂付近が岩場で樹林帯から頭を出しており、展望が開けた。近くの三宝山のほうが高いが、ガレた稜線で往復する魅力を感じなくて、テント場に戻って宴会。翌日は雁坂峠を目指す。奥秩父の縦走路は鬱蒼たる樹林帯を辿るのが魅力だが、オオシラビソが広範囲に立ち枯れていた。

参考コースタイム　（著者69歳）

☆2010.6/4-5

（メンバー；熊倉隆夫、小林康男、小林伸吉、町田廣光、鈴木貫太）

4日　松戸21:00＝道の駅「みとみ」24:00（テント）/6:05－徳ちゃん新道登山口6:35－合流部9:15/9:25－木賊山11:40/11:45－甲武信小屋12:05/12:30－甲武信岳12:50/13:00－甲武信小屋13:15（テント）

5日　テント場5:00－破不山避難小屋6:10/6:25－破風山7:10/7:25－東破風山7:55－雁坂嶺8:55/9:10－雁坂峠9:40/10:00－沓切沢橋11:55－道の駅12:40

17

八ヶ岳・硫黄岳

八ヶ岳核心部の赤岳・硫黄岳稜線

赤岳、硫黄岳

八ヶ岳は三〇〇〇㍍に欠けるが、日本有数の高山である。首都圏から近く交通が便利なこと、北アルプスのように積雪量が多くないこと、冬季にも営業している小屋があることなどから登りやすく、四季を通じて数多く登ってきた。三〇〇〇㍍級の山で厳冬期に山小屋を利用して登れる山は他にない。

八ヶ岳は南の網笠山から北の双子山までの山域だが、隣接する蓼科山を含めることがある。夏沢峠から南を南八ヶ岳、北を北八ヶ岳と区分しているが、単に八ヶ岳というと南八ヶ岳を指すことがある。南八ヶ岳は岩峰が多くアルペン的であるのに対し、北八ヶ岳は森と湖が多く静寂なのが特徴である。

八ヶ岳の核心部で多くの人に登られているのが赤岳（二八九九㍍）と硫黄岳（二七六〇㍍）である。赤岳はピラミダルな岩峰だが、硫黄岳は爆裂火口壁のある

硫黄岳山頂付近。背景は赤岳と阿弥陀岳（2010.2.14）

台地状の山で、その間にある横岳は鋭い岩稜である。赤岳から横岳の稜線は、赤岳鉱泉から見上げると屏風のような絶壁で迫力がある。これらの山は峻嶮に見えるが登山道がしっかりしており、危険個所には鎖や梯子が取り付けられているので、初心者でもリーダーの適切なアドバイスがあれば登れる。

最も登りやすいのが硫黄岳で、広い山頂からは八ヶ岳連峰だけでなく、北アルプスや南アルプスの山々を展望できる。硫黄岳ら夏沢峠を経て稲子湯に下るとか、天狗岳に縦走し渋の湯に下るコースも岩場がない。最近は夏沢鉱泉の送迎を利用して登る人が多くなった。赤岳に登りやすいのは文三郎道と地蔵尾根である。どちらも上部が急でクサリ場になるが、見た目より容易に登れる。この山域で難しいのは横岳の通過なので、赤岳から硫黄岳に縦走する場合には岩場の歩き方に慣れておく必要がある。他に真教寺尾根や県界尾根、杣添《そまぞえ》尾根、御小屋尾根などがあるが、登る人が少ないので、静かな山が楽しめるだろう。八ヶ岳はアクセスが容易なアルペン的な山なので数多く登ってきたが、最近は冬季に山小屋を利用して登ることが多くなった。

☆赤岳—硫黄岳

参考コースタイム
(著者49歳)

☆1990.6/2-3
(メンバー;鈴木貫太、桑原素子、坂本多鶴、佐藤幸子)
2日　新宿＝茅野＝美濃戸口6:50—美濃戸7:30/8:30—行者小屋11:15/12:35—展望荘14:25/16:00—赤岳山頂16:30
3日　展望荘5:25—横岳7:20/7:40—硫黄岳山荘8:20/9:05—硫黄岳9:20/9:35—夏沢峠10:05/10:10—本沢温泉10:45/10:55—シラビソ小屋11:55/12:10—稲子湯13:10

茅野からバスで美濃戸に入り、柳川南沢ルートを登って行者小屋。正面に赤岳や横岳の西壁、右に阿弥陀岳北壁が迫ってきた。ここから地蔵尾根を登るが、樹林帯には残雪があった。クサリのある急な岩稜を登り、主稜線を右に行くと赤岳展望荘。少し休んで赤岳に登ると雲が切れて、三六〇度の大展望が得られた。

翌日は小屋の窓からご来光を眺めた。横岳への道は高度感のある痩せた岩稜で、一部に残雪がありクサリが埋まっているところがあった。横岳山頂からクサリ場を下り硫黄岳山荘。付近はお花畑だが、花には早かった。なだらかな硫黄岳山頂からは横岳から赤岳、阿弥陀岳の大パノラマの展望。夏沢峠には大きな火口壁を見ながら下った。そこからは樹林帯の道を稲子湯に下った。

☆硫黄岳、赤岳

> **参考コースタイム**　（著者64歳）
>
> **☆2004.1/10-12（赤岳鉱泉から）**
> （メンバー；鈴木貫太、沢田正義、土屋美佐子、亀野甲羅、鈴木由香、大塚由美子、石塚千代、佐々木亜由子、末木崇）
>
> **10日** 美濃戸口8:45ー美濃戸9:45ー赤岳鉱泉12:55
>
> **11日** 鉱泉7:00ー硫黄岳9:30/10:00ージョウゴ沢12:00/13:15ー赤岳鉱泉13:30
>
> **12日** 鉱泉6:40ー行者小屋7:40ー赤岳9:55/10:35ー行者小屋12:05/12:55ー美濃戸口16:00

初日に赤岳鉱泉に入り、中山展望台まで登りピッケルやアイゼンの使い方を練習。翌日は硫黄岳に登る。樹林帯から稜線に出ると風が強く寒かったが、横岳から赤岳、阿弥陀岳の大展望が得られた。樹林帯に戻ったところで遊びながらラッセル訓練。この日の寒さは著しく、ザックに入ったペットボトルの水がカチンカチンに凍っていた。その後、氷瀑を見るためにジョウゴ沢に入った。簡単な氷の滝を登るとＦ１の大滝。凍結した氷瀑では大勢のクライマーが挑戦していた。有志が簡単なところで挑戦するが、アイゼンだけでは歯が立たなかった。

三日目は行者小屋まで登り、余分な荷物をデポして文三郎道から赤岳に登る。急な尾根道で雪が少ないところは、鉄製の階段にアイゼンが引っかかり登りにくい。風が弱く快晴だが、気温はマイナス一八度。阿弥陀岳からの尾根と合流すると、やがてトラバース気味に登る鎖場となる。見た目には悪相を極めるが、鎖が露出し手摺のように使えるので登りやすい。主稜線に出て岩場を越すと山頂で、三六〇度の大展望。往路を下って行者小屋で荷物を回収。アイゼンや防寒具をとって身軽になり、南沢の道を美濃戸に下る。

☆本沢温泉―硫黄岳―赤岳鉱泉

> **参考コースタイム**　（著者69歳）
>
> **☆2010.2/13-14**
> (メンバー；鈴木貫太、町田廣光、小林伸吉)
>
> **13日**　稲子湯10:10ーシラビソ小屋12:00/12:20ー本沢温泉14:00
>
> **14日**　本沢温泉7:20ー夏沢峠8:40/9:00ー硫黄岳10:25/10:40ージョウゴ沢12:30/13:15ー赤岳鉱泉13:30/13:40ー美濃戸14:20/15:00ー美濃戸口15:40

松原湖からタクシーで稲子湯に入り、シラビソ小屋を経て本沢温泉。河原の露天風呂に急斜面をラッセルして下りたが、露天の脱衣場で小雪が舞う寒さにめげて、手だけを湯船に浸け引き返し、小屋の近くの素朴（粗末？）な温泉で我慢した。

翌日は絶好の天気。夏沢峠まで登ると霧氷が見事で、展望も素晴らしかった。ここでアイゼンを着ける。樹林帯を越えると吹きさらしの凍結した斜面で、次第に風が強くなり、雪煙が顔に突き刺さり痛い。しばしば耐風のために立ち止まるなど、風と格闘しながらの登りだった。山頂は広く三六〇度の大展望。標識や岩に風雪を物語るシュカブラがこびりつき真っ白な世界。硫黄岳から赤岳鉱泉下降点までの稜線の岩稜も、見事に化粧して素晴らしい。樹林帯まで下ると、穏やかで霧氷がキラキラと輝いていた。赤岳鉱泉の手前でジョウゴ沢の氷瀑を見るため立ち寄るが、氷が貧弱で登攀者がいなかった。美濃戸の近くで、すぐ近くに我々をジッと見つめ逃げようとしないカモシカを見た。

☆夏沢鉱泉―硫黄岳

茅野駅から送迎車一時間あまりで夏沢鉱泉に入る。宿泊料は高いが、硫黄岳に登るには最短ルートなので利用者が多いようだ。雪が思ったより少なかったが、樹林帯に入るとそれなりにあった。オーレン小屋から夏沢峠の道と分かれて箕冠山に向かう。深い樹林帯で展望のない退屈な道だが、よく踏まれていた。

箕冠山から少し下って登り返したところにガレた根石岳が見え、その背後に天狗岳が大きく見えた。根石岳までの予定だったが、鞍部に下ると西風が強く吹き、倒される人も出たので引き返した。この鞍部に樹木がないのは風の通り道だからのようだ。箕冠山からは夏沢峠経由で帰る。この尾根は展望が良い。夏沢峠からの下りも緩やかで凍結したところがなかったので、この日はアイゼンを必要とするところはなかった。

参考コースタイム　（著者73歳）

☆2013.1/12-13

（メンバー；町田廣光、小林伸吉、鈴木貫太、二宮敬幸、小林康男、石川明美、高橋和子、森川香代子）

12日　夏沢鉱泉11:05－オーレン小屋12:00－蓑冠山13:30/（根石岳鞍部）13:55－夏沢峠14:30－夏沢鉱泉15:30

13日　夏沢鉱泉6:50－夏沢峠8:30/8:50－硫黄岳10:00/10:15－夏沢峠10:45/11:00－夏沢鉱泉12:10

赤岳のクサリ場（2001.1.21）

硫黄岳・赤岳鉱泉下降点（2010.2.14）

二日目は絶好の天気で、夏沢峠に登り返す。ここからは急斜面なのでアイゼンを着ける。登り始めると間もなく樹林帯を抜けるが、雪が少ないので歩きにくい。登るにつれて風が強くなるが、危険な状態ではない。山頂に達すると大パノラマが目に飛び込む。しかし、積雪は少なくガレキの頂で、ケルンや標識にもエビのしっぽが付いていない。風が強いだけで迫力がなかった。宿に戻り茅野駅まで送ってもらって帰松する。

18 権現岳

権現岳、網笠山

赤岳と対峙する八ヶ岳南部の岩峰

赤岳の南には大きなキレットがあり、その先の鋭利な権現岳（二七〇四㍍）が登高欲をそそる。赤岳からだと、約四五〇㍍のガレた急斜面の下りがあり、二五〇㍍の登り返しには長い梯子があるので、ダイナミックな縦走ができる。権現岳は赤岳のように登山者が多くないのが良い。この山に直接登るには、観音平から網笠山（二五二四㍍）を越えて登る。網笠山にはトラバースルートがあり、多くの人は山頂をパスするが、巨岩を積み上げたような山頂も趣がある。権現岳には天女山から登るコースがあり、積雪期に利用されているようだ。

赤岳から権現岳・遠景は北岳・甲斐駒・千丈岳（2003.1.13）

参考コースタイム

（著者 56 歳）

☆ **1996.8/30-9/1**
（メンバー；鈴木貫太、大悟法雄作、長嶋正浩、桑原年一、桑原裕子、山岸美和子、山岸忠司、石田喜八郎、石田ノリ子、山本尚徳）

30日　新宿 8:00 ＝観音平 10:45/11:05 ー押手川 12:55/13:55 ー網笠山 15:35/16:00 ー青年小屋 16:25

31日　小屋 4:40 ー権現岳 6:15/6:30 ーキレット 8:35 ー赤岳 10:45/12:10 ー行者小屋 13:50 ー赤岳鉱泉 14:35

1日　赤岳鉱泉 7:30 ー美濃戸口 10:40 ＝樅ノ湯入浴後、松戸

☆網笠山―赤岳（千葉県連30周年集中登山）

小淵沢からタクシーで観音平。静かな樹林帯の道を登って押手川。沢らしきところがあるが水はない。トラバースルートもあるが山頂を踏むことにする。途中でショウゲンジというキノコを狩りながら登るが、カラマツ林に何とマツタケを数本見つけて狂喜した。

山頂付近は巨岩を積み上げたような岩場で歩きにくい。青年小屋でキノコを調理してもらえなかったので、マツタケだけを持って帰った。

急な稜線を登ると権現岳。雲海の上に南アルプスや富士山が見られた。これから行く赤岳が圧巻。キレット小屋を過ぎると、咲き残っているコマクサがチラホラ見られた。ガレ場の急登では、喘ぐメンバーを叱咤激励し赤岳山頂。地蔵尾根を下って、赤岳鉱泉で仲間の拍手で合流した。

☆南八ヶ岳縦走・渋の湯―小淵沢

参考コースタイム
（著者25歳）
☆1966.5/1-3　単独
1日　渋の湯8:30－黒百合平11:30/12:30－東天狗岳13:30－夏沢峠15:00－硫黄岳16:00－硫黄石室16:30
2日　硫黄石室6:45－赤岳9:25/10:30－キレット11:30－権現岳13:50－青年小屋14:35
3日　青年小屋7:10－網笠山7:30－小淵沢10:10

〈1日〉残雪のある伐採地で道を誤り、一時間ほどロス。黒百合平では樹木の下がほとんど雪だった。中山峠からは稜線となり展望が良くなる。稜線の左側に吹き溜まりの雪が残っており、岩肌とのコントラストが美しい。蓑冠山で直角に左折し夏沢峠。急登で硫黄岳。硫黄石室は深い雪に埋もれていた。

〈2日〉横岳を通過するころに快晴となり、アルプスや富士山がきれいに見えた。赤岳鉱泉のテント村が可愛い。荒々しく彫の深い岩稜に感動しながら快適に通過する。

赤岳山頂では天気が良いので、のんびり大休止するが、ガスが出てきたら急に寒くなった。ほとんどの人は赤岳鉱泉や真教寺尾根から清里に下ったので、ただ一人でキレットに下る。この大下りは急で、踏跡さえはっきりしないガレた道で心細かった。鞍部には残雪が多かった。

強風とガスになり、ツルネの登りあたりから雨になる。旭岳の登りでは残雪があった。風雨が一段と強くなり、精神的に追い込まれ、長い鉄梯子の途中であえいだ。権現岳山頂からギボシにかけては飛ばされないように必死。樹林帯に入り、切り開きのところに青年小屋があった。

〈3日〉網笠山を下るころには、ガスの切れ間に残雪に輝く南アルプス連峰が見られるようになった。これから下る広大な裾野が見える。

カラマツ林が下るにつれて冬枯れから新緑に変わっていく。最後の一時間ほどのところをパトロールの車に乗せてもらったので、予定より早く小淵沢に着いた。小淵沢から権現岳に登るのは容易でなかったが現在、観音平まで車が入れるようになり、登りやすくなった。

19 八ヶ岳・天狗岳

天狗岳、縞枯山、蓼科山

樹海と湖沼の北八ヶ岳

天狗岳から蓼科山方面（2001.11.23）

高見石から白駒池（2001.11.24）

北八ヶ岳と聞くとメルヘンチックなイメージが浮かぶ。南八ヶ岳が荒々しい岩峰なのに対し、深い針葉樹に覆われ、湖沼が点在する山域だからだろう。北八ヶ岳はなだらかな山が多く、縞枯山《しまがれやま》、北横岳、双子山など山頂付近まで深い樹木に覆われているが、天狗岳だけは南八ヶ岳の風貌で目立っている。

冬季にも営業している山小屋が多いので、四季を通じて登りやすいのも特徴である。気になるのは峰越えの車道で、登山口として利用されているが観光地化されていないのが救いである。

北八ヶ岳の玄関口になっているのが渋の湯で、中山峠に登ると黒百合ヒュッテがあり、そこをベースに天狗岳（二六四六㍍）に登る人が多い。もう一つの玄関口になっているのがピラタスロープウェイであり、付近の山に登るとか、縦走や湖沼めぐりの起点になっている。中山峠の反対側の稲子湯も玄関口になっているが登山者は少ない。

北八ヶ岳はなだらかな山が多く、積雪量もそれほど多くなく、天気も比較的良いので冬季の登山に適している。冬季の黒百合ヒュッテはいつも人で溢れ、多くの人が天狗岳に登っている。最近はピラタスロープウェイで登ってスノーシューやクロカンを楽しむ人が多いようだ。静かなシラビソ小屋の評判が良い。玄関口の渋の湯温泉がホテル並みの建物になって、気軽に立ち寄れなくなったのが惜しまれる。

蓼科山（二五三一㍍）は北八ヶ岳と峰続きであるが、少し離れた独立峰のようなので遠くからでもよく目立つ。山腹は樹海で、巨石を積み上げた台地状の山頂だ。北八ヶ岳から大河原峠を経て縦走できるが、女神茶屋から登る人が多いようだ。女神茶屋からのコースは概ね樹林帯なので冬季でも登りやすい。

☆北八ヶ岳縦走（天狗岳—縞枯山）

参考コースタイム
（著者61歳）
☆2001.11/23-24
（メンバー；鈴木貫太、影山郁夫、沢田正義、山口静子、安藤正雄、井手橋紀恵、米沢滋、石原伸恵）
23日　松戸5:30＝渋の湯10:50/11:10ー黒百合ヒュッテ14:00/14:15ー天狗岳15:15/15:35ーヒュッテ16:30
24日 ヒュッテ6:50ー高見石9:00/9:30ー麦草峠10:25/10:40ー茶臼岳11:50/12:30ーロープウェイ駅14:00

初冬に無理なく登れる山として北八ヶ岳を計画した。登山道に大きな霜柱があったが、雪はところどころに見られるだけでほとんどなかった。夜の外気温はマイナス一一度だったが、黒百合ヒュッテの中は暖かくて快適だった。高見石で白駒池が見えた。峰越えの車道のある麦草ヒュッテは閑散としていた。

茶臼岳展望台からは、北アルプス、南八ヶ岳から南アルプス、中央アルプスの大パノラマ。茶臼岳から縞枯山にかけての階段状の縞枯れ現象が顕著で、枯死したシラビソの木の下に幼木が密生していた。縞枯山の下りでは新雪が凍結し、滑って歩きにくかった。

☆稲子湯―天狗岳―夏沢峠

参考コースタイム　（著者61歳）

☆2002.2/23-24

(メンバー；鈴木貫太、沢田正義、影山郁夫、佐藤安行、下紀子)

23日 松戸4:00＝稲子湯9:50ーシラビソ小屋12：00/12：45ー中山峠15：00ー黒百合ヒュッテ15：15

24日 ヒュッテ7:30ー東天狗岳8:55ー西天狗岳9：35ー根石岳10：50ー夏沢峠12：00ー本沢温泉12：35/14：10ーシラビソ小屋15：15ー稲子湯16：30

登山口からのトレースはしっかりしていた。シラビソ小屋に着いたら、みどり池の先に天狗岳の雄姿が飛込む。中山峠への最後の登りが急で、アイゼンを着けた。中山峠からの展望が素晴らしい。登りではほとんど登山者がいなかったが、反対側から登ってきた登山者で黒百合ヒュッテは混んでいた。

翌日は快晴で、登るにつれて展望が良くなり、東天狗岳では大展望に酔いしれた。ここから西天狗岳に登る。東天狗岳と違って広い頂。鞍部に下るときは豪快なシリセード（雪面に尻餅をついたまま、ピッケルで制動をかけながら滑り降りる）が楽しめた。鞍部からは雪が安定しているので、東天狗岳に登り返さないでトラバースし、夏沢峠に下る。ただしこのコースは、根石山荘付近が北風の通り道なので注意を要する。二〇一三年一月に逆コースから根石山に登ろうとしたときには、強風に阻まれ撤退した。

本沢温泉の近くの河原に露天風呂を見つけ、斜面を駆け下り入浴を楽しむ。びっしりと雪に囲まれているが温かい。本沢温泉からシラビソ小屋に戻り、稲子湯に下った。

☆天狗岳―高見石

参考コースタイム

（著者67歳）

☆2007.2/10-11

(メンバー；鈴木貫太、末木崇、熊倉隆夫、西久美子、大南敏和、玉田やい子)

10日 松戸6:00＝渋の湯11:05ー黒百合ヒュッテ13:25/14:15ー東天狗岳15:30/15:35ー黒百合ヒュッテ16:30

11日 ヒュッテ7:15ー高見石9:00/9:30ー渋の湯10:42/11:10＝河原の湯11:40/13:15=松戸16:55

冬山初体験者を中心にした山行。道路は渋滞気味で、渋の湯の駐車場もいっぱいだった。天気は順調に回復し、黒百合ヒュッテに着いたころには青空も見えてきた。空身で天狗岳に登るが、中山峠からはトレースもしっかりしておりアイゼンがよく利いて登りやすかった。背後に縞枯山から蓼科山がよく見えていた。山頂近くになると急になり、雪が硬く岩も出ているので緊張した。

黒百合ヒュッテは二枚の布団に三人位の混みようだったが、予測よりましだった。小屋は古いのに、トイレはソーラーパネルを電源にした水洗のバイオトイレで暖房までしてあって快適だった。

翌朝は、ガスが深く細かい雪が降っていたが、高見石まで行けると判断し出発した。昨夜からの新雪が一〇センチ余り。トレースを追って中山山頂を過ぎたころ、単独行者が吹きさらしのところで道が分からなくなったと引き返してきた。地図と磁石で方向を確認し手分けして道を探したら切り開きが見つかった。下り始めたら高見石からきたパーティーと遭遇した。

単調な樹林帯を下ると高見石の小屋。テラスで休んでいると麦草峠からスノーシューを着けた登山者が次々と登ってきた。麦草峠の小屋がスノーシューやクロカンのベースになっていると聞いていたがそのようだ。昨日ロープウェイで登り、麦草峠まで縦走し登ってきた人もいた。

高見石からの下山路は樹林帯を抜けると賽の河原で、西風をもろに受けて寒かった。トレースも消えていたので赤布を慎重に探しながら下ったが、雪が少ないので岩の隙間を踏み抜きそうになったところがあった。再び樹林帯に入ると穏やかになり、渋の湯へ。

天狗岳（2001.11.23）

☆蓼科山（女神茶屋コース）

マイクロバスで女神茶屋に着くと予測どおり雪だったが、風が弱くて登れない天気ではない。登山口周辺は南側斜面なので積雪量の少ないところだが、昨夜からの積雪が一五センチ

天狗岳の登り（2007.2.10）

程度あった。他に登山者がなく、静かに降り積もる雪の中を歩くのもムードがある。ワカンをつけた四人を先頭に、樹林帯の中のかすかなトレースを追う。傾斜が急になると、古い雪が凍って歩きにくくなる。全員がアイゼンを付け一人がワカンを立木にデポ（荷物や装備を置いておくこと）する。

　やや傾斜のきつくなった斜面を登ると二一二〇メートル標識のある平坦地で、その先が再び急坂になる。新たに積もった雪は三〇センチを越えていたが、雪が軽いのでラッセルの苦労はない。森林限界を抜けると、岩塊の累積する吹きさらしの斜面。岩に付着した雪が凍っていたので、六本爪アイゼンの人は怖そうだった。ポールに導かれて登りきったところが広大な山頂台地の一角で、頂上の標識があった。雪は止んでいたが展望はなかった。

　下りはアイゼンを外してシリセード。途中から晴れてきたが、八ヶ岳の稜線には雲がかかっていた。平坦になると散策する人が多いらしく、たくさんの踏み跡があった。ところがデポしたワカンがなくなっていた。持ち去る人もさることながら、目に付きやすい道端にデポしたのがまずかった。

参考コースタイム　（著者66歳）

☆2007.2/18

（メンバー；西村善三郎、他まつど遠足クラブ9人、鈴木貫太、岳人あびこ1人、計12人）

新松戸(マイクロバス)24:00＝女神茶屋登山口5:45/6:50－2120m標識8:55/9：10－森林限界11:20－頂上11:40/12:15－登山口13:55＝入浴後、松戸19:00頃

山コラム

お天気女と雨男・山は天気次第

山で良い天気に恵まれると女性メンバーから「私がきたから」と晴女ぶりが吹聴される。逆に雨になると「あんたが雨男だから」と揶揄される。こんな時に私は「晴女でなくお天気女じゃないの」と言って返す。どんな山でも、どの季節でも天気が良いと素晴らしい。天気が悪いときの山は惨めであり危険である。

二〇〇六年十月七日、私は唐松岳の山頂小屋で風雪のため二日間閉じこめられた。紅葉最盛期で、高気圧の張り出しで晴れるという天気予報で、紅葉を楽しみながら登ったが、雲行が怪しくなりミゾレになってきた。そこで五竜小屋までの予定を変え、超満員の唐松小屋に泊まることにした。その夜から風雪が強まり翌日も真冬のような天気で下山できない。各地で遭難事故の報道。しかし三日目には見事な晴天で、純白の北アルプスの大展望を楽しみながら下山できた。

例年は雪の心配のない山でも山の天気は予測困難。万が一の天気を想定し冬山装備で登れば安全だが荷物が重くなる。自然相手の山はまさに天気次第。天気が良ければ展望と紅葉を楽しめる登山だが、一たび荒れると悲惨な気象遭難に見舞われる例である。山に登るには天気判断と安全対策が欠かせない。

誰でも「お天気マーク」や温度・風のなど天気予報を気にしている。これでその日や翌日のおおよその天気は分かる。しかし、登山にはその先の天気予測や変化の程度を判断して行動することが求められるので、これだけでは物足りない。山の天気は予測困難なようだが、天気図や上空の寒気情報、地域的な気象特性を知っていれば、どのように行動するかの判断に役立つ。このためには、天気図で天気判断し、実際の天気と比較する習慣を身につけたい。

天気は海や山、陽射し、高度の影響を強く受けるので地域特性を学び、何故そうなるかを考えるようになると天気判断が楽しくなり、快適な山行や安全登山に役立つ。

II　上信越の山

豪雪が織りなす岩壁と草原

守門黒姫から守門岳方面（2015.3.28）

この山域は二〇〇〇㍍級なのに急峻な岩壁、広大な草原や湿原、遅くまで雪渓を残した山が多い。世界有数の豪雪が刻んだ地形や植生で、登山者の心を引き付けてやまない。比較的近く交通の便が良くて高い山がないので身近に感じる。関東とは違う雰囲気で、延々と続く長大な山脈とブナの樹海、笹原の稜線、見事な紅葉、特に豊かな残雪が魅力である。

20 谷川岳

四季を通じて楽しめる豪雪と岩壁の殿堂

谷川岳（一九七七㍍）はアクセスが容易なのに、四季を通じてハイキングから本格的な登山まで楽しめ、北アルプス級の大自然を満喫できるのが魅力である。私は山を始めたころに谷川岳を憧憬の山として足繁く登った。最近ではロープウェイを利用して公募山行や講座の適地として利用するとか、雪山を楽しむために登ることが多くなった。

谷川岳と聞くと危険を連想する人が多い。これまでの遭難事故死者は八百人にもなり、世界一遭難事故の多い山だからである。事故の主な理由は、この山が日本有数の豪雪と峻険な岩場なのに首都圏に近いので、アルピニストの絶好の対象になってきたからある。休暇の少ないアルピニストが夜行日帰りで、一ノ倉沢などの困難な岩場に挑戦し、数多く死んだ。局地的で予測困難な気象変化がこれを助長した。しかし、この山の一般的な登山道は、季節や天候の判断を誤らなければ特に危険はない。

天神平から谷川岳（2015・5・17）

谷川岳に登る最も優しいコースは、天神平ロープウェイを利用して往復することである。五時間程度で往復できるのに、展望に優れ谷川岳の全貌を見渡すことができる。ロープウェイは冬季も運転しているので、冬山の入門的な登山や雪洞体験の場にもなっている。本格的な登山コースとしては、西黒尾根や厳剛《がんごう》新道がある。今は登る人が少なくなった中ゴー尾根も魅力的である。山頂から戻らないで、茂倉岳《しげくらだけ》か蓬峠《よもぎとうげ》から土樽駅に下るコースも人が少なくなった。縦走コースとしては、谷川岳から平標山への県界尾根コース、白毛門への馬蹄形コースがある。

谷川岳から爼嵓方面（2015.5.17）

☆天神尾根・登山教室

　二十一日に岩場の歩き方と雪渓の歩き方を学び、翌日、天神尾根と西黒尾根に分かれて谷川岳に登る計画で入山した。しかし、この日が絶好の天気なのに翌日は下り坂の予報なので、日程を逆にし初日に谷川岳に登ることにした。

　ロープウェイから見下ろす新緑が素晴らしい。天神平まで登ってみると例年になく残雪が多い。熊穴沢避難小屋までトラバース道だと一時間弱で、イワウチワやショウジョウバカマの見られる新緑のトンネル道だが通れそうもない。そこで、スキー場脇の急斜面を登って尾根筋を登るが、ブッシュが出ていたり、高度感のある急斜面のトラバースがあったりで初心者にはきつく、恐怖と悲鳴、そして感動の連続。

　熊穴沢避難小屋まで前年の二倍近い時間を要した。歩きにくい稜線だ

参考コースタイム　（著者64歳）

☆2005.5/21　登山教室

(メンバー；鈴木貫太、寺沢房子、村田友子、太田敬子、渡辺美里、小林康男、時谷昌秀、別コース5人)

上野5:43＝水上8:48/9:00＝ロープウェイ乗場9:20＝天神尾根ロープウェイ上10:00/10:10－熊穴沢避難小屋11:40/11:55－谷川岳13:30/14:00－熊穴沢避難小屋15:00/15:15－ロープウェイ16:30　土合山の家（泊）

が、芽吹いたばかりのブナの樹間から見上げる谷川岳が大きい。タムシバが青い空に映えて見事だった。

避難小屋から急になるが夏道が出ている。絶好の好天で、谷川岳の山頂から俎嵓《まないたぐら》の眺めが圧巻。ブッシュの中にはカタクリやシャクナゲの花がチラホラ。休憩ポイントの岩頭から上部になると、傾斜が緩くなり残雪の尾根。右に西黒沢上部の白い大斜面があり、西黒尾根がよく見えた。肩の小屋直下は急なのでザイルを用意してきたが、ロープが張られていた。山頂のトマの耳では三六〇度の大パノラマ。近くのオキの耳にも登りたかったが時間的に無理で、西黒尾根上部を登っている別パーティーと連絡を取り、先に下ることにした。

下りでは、初心者も雪に慣れ快調に下っていたが、急斜面になると途端に足が止まった。登りで手こずった急斜面のトラバースは雪が緩んでよく踏まれていたので楽に通過できた。天神平の斜面を下っているときに別パーティーが追い付き、一緒に下って土合山の家に泊り懇親した。

翌日は、天気が大きく崩れることがなかったので、全員で前日予定していた岩場と雪渓の歩き方の講習会。新緑と残雪が眩しい。マチガ沢出合の岩場で、一般の登山道で岩場になったときに必要な基礎的な技術・三点確保や鎖場の登り方、斜面に垂直に立つ訓練。その後に一ノ倉沢出合に移動して、雪渓の歩き方の基本であるキックステップによる登下降の訓練。

この場所を選んだのは手頃な場所があるからであるが、マチガ沢や一ノ倉沢の圧倒的な岩壁の見学も目的の一つだった。ここから湯檜曽《ゆびそ》川に下りて、春の渓谷沿いに土合まで歩くのも趣があるが、帰りを急ぐメンバーがいたので車道を引き返した。

☆雪洞と天神尾根

この時期は谷川岳天神尾根で雪洞を楽しむ登山者が多い。私たちのパーティーも雪洞《せつどう》体験を目的にし、条件が許せば谷川岳に登ることで計画した。

参考コースタイム
（著者 71 歳）

☆2012.3/10-11
(メンバー；熊倉隆夫、鈴木貫太、小林伸吉、南礼子、遠藤敦子)
10日　松戸(車)22:00＝谷川岳指導センター1:00（仮眠）/ロープウェイ乗場8:30＝天神平9:00ー天神尾根10:00
11日　雪洞7:30ー谷川岳9:50/10:00ー雪洞11:30/12:00ー天神平12:30＝ロープウェイ駐車場13:20

天神尾根を登る（2002.3.17）

初日はロープウェイで天神平に登り、天神尾根を少し登ると左側が切れた斜面になる。雪洞銀座とも言われる適地で、毎年この時期にたくさんの雪洞が掘られるところだ。

前回は雪洞を完成させるのに数時間かかったので、そのつもりで準備してきたが、新雪に半ば埋もれた雪洞の入り口が見つかった。除雪して中を調べたら七、八人は泊まれる立派な雪洞跡だったので、これに手を加えて利用することにした。

時間的に余裕ができたので、雪上訓練や雪のテーブルを囲んで懇親し、時間を潰した。近くには次々と雪洞を掘る登山者がやってきて、懸命に作業をしていた。ヤドカリ雪洞は風もなく快適だった。

翌日は荷物を雪洞に残して谷川岳をめざす。降雪の後なので、雪面が凍結していることもなく登りやすい。新雪のおかげで急斜面の鞍部も難なく通過できた。熊穴沢避難小屋のポールが一㍍ほどしか出ていない。積雪量は四㍍余りありそうだ。

そこから急斜面になるが、湿雪のためアイゼン団子ができて歩きにくい。俎嵓尾根に日がさし絶景、一瞬雲が切れ苗場山が確認できた。肩の小屋を経て山頂。下りは凍結気味で危険なので慎重に下った。

☆谷川岳から西黒沢滑降

参考コースタイム
（著者57歳）

☆1998.3/14
（メンバー；鈴木貫太、西村善三郎）
松戸4:00＝ロープウェイ乗場6:50＝天神平8:00－熊穴沢避難小屋9:50－肩の小屋(頂上往復)11:35/12:30－避難小屋13:00－ロープウェイ乗場14:10

天神平からシールを着けて登る。熊穴沢避難小屋からは急な尾根になり、トレースがあるのでスキーを引っ張りツボ足（雪の上を靴だけで歩くこと）。ゲレンデ用スキー靴の西村氏はアイゼンを着けたが、兼用靴の私は必要なかった。

山頂から滑降し、西黒沢上部大斜面から熊穴沢避難小屋に戻る。そこから西黒沢下部に滑り込んでロープウェイ乗場に滑降する。西黒沢下部は左右からの雪崩跡が目につき緊張した。

白毛門を下る。前方は谷川岳（2011.4.24）

21 白毛門《しらがもん》

谷川岳岩壁の絶好の展望台

白毛門、朝日岳

白毛門（一七二〇㍍）は湯檜曽川を挟んで谷川岳と対峙する山で、一ノ倉沢やマチガ沢の大岩壁を正面から眺められる。尾根は朝日岳（一九四五㍍）を経て湯檜曽川を囲むように馬蹄形に谷川岳につながり、平標山《たいらっぴょうやま》まで続いている。これらの二〇〇〇㍍級の山々を谷川連峰と呼んでいる。朝日岳からは遠く越後三山まで二〇〇〇㍍級の尾根がつながっている。谷川連峰と越後三山まで延々と続く尾根は、越後の核心部となる奥深い山々である。

谷川岳本峰が荒々しい岩壁の山なのに対し、白毛門から朝日岳にかけてはたおやかで、朝日岳の山頂付近には広い湿原があり、越後の奥深さを実感できる山である。馬蹄形尾根の中間部の七ツ小屋山から分岐する大源太山《だいげんたやま》はピラミダルで登高意欲をそそる。

白毛門はアクセスが容易で、谷川岳のように登山者が多くないのでトレーニング山行に適している。一般的には土合から往復するが、健脚者は朝日岳を経て蓬峠か清水峠まで行ける。馬蹄形の縦走は、清水峠の避難小屋か蓬ヒュッテに一泊するのが一般的であるが、日帰りで白毛門から谷川岳まで縦走した仲間がいて、驚いたことがあった。大源太山は、七ツ小屋山から往復するか、大源太キャニオンから登るが、山頂近くが岩場で意外と難しい。白毛門から平標山へは、変化と展望に富んだ三日間の本格的な縦走登山が満喫できるだろう。

☆白毛門

参考コースタイム
（著者70歳）

☆2011.4/24
（メンバー；小林伸吉、鈴木貫太、熊倉隆夫、玉田やい子、南礼子、町田廣光）
松戸(車)21:00＝谷川岳登山指導センター0:20/7:00－白毛門11:10/11:15－土合橋登山口14:35

前夜松戸を出て、登山指導センターで仮眠。電気がついておりトイレもある。他の利用者もなく快適に懇親し仮眠できた。翌朝、指導センターから土合橋登山口駐車場へ移動。登山口から橋を渡り、少し進むといきなり樹林帯の急登で一気に暑くなる。一一〇〇㍍を越えたあたりから残雪の登りとなり、樹林帯を抜けると松ノ木沢ノ頭。この辺りから左手に谷川岳の岩壁群が望めるようになる。稜線の残雪が多くなりアルペン的で気持ちが良い。

登りは徐々に急になるが、雪が緩んでいるのでキックステップで十分登れた。山頂近くになると斜面がきつくなり下りのトレースで歩幅が大きくて登りづらいので、キックステップで新ルートを作りながら登った。

絶好の天気で、山頂からは三六〇度の大展望。奥には笠ヶ岳、朝日岳。春の谷川連峰の素晴らしい景色を堪能した。下りはルンルンで早い。特に必要を感じなかったが、ザイルを使って下る訓練をしながら下山した。

☆白毛門—朝日岳—蓬峠—土樽

参考コースタイム
（著者25歳）

☆1966.5/29（単独）
土合3:30－白毛門6:50－笠ヶ岳8:00－朝日岳9:25－清水峠11:00/11:40－蓬峠13:15－土樽駅15:50

夜行列車（今はない）で土合。急な樹林帯の登りは木の根や大きな石で歩きにくい。高度が増すと、新緑の樹間から大岩壁の谷川岳が見えるようになった。谷川岳本峰の残雪は少ないが、七ツ小屋山方面の緩い斜面はまだ真っ白だった。白毛門山頂から霞んでいるが、一ノ倉沢本谷が正面に見えた。その中に昨夜来、衝

白毛門から笠ヶ岳と朝日岳（2011.4.24）

立岩を登って宙づりになったままの二人の登山者がいると思うと複雑な気持ちだった。

笠ヶ岳の登りには大きな雪田。稜線の東側斜面には残雪が多い。朝日岳を越すと、この山域では珍しい大きな湿原の朝日ヶ原だが、まだ残雪に覆われていた。清水峠の避難小屋で送電線管理人のストーブで暖まる。七ツ小屋山は、濃霧の笹原の尾根を越えて蓬峠。残雪で埋まった登山道を探しながら下り土樽に出た。

山コラム

多彩で繊細・日本の山の魅力

最近、海外トレッキングに行く人が増えている。私もインドヒマラヤや天山山脈、パタゴニア等のトレッキングに参加して、日本では味わえない景観や雄大な自然に感動した。そこで改めて感じさせられたのは日本の山々の多様で繊細、変化に富んだ美しさであった。

日本は温帯地域にあり春夏秋冬の季節変化が明瞭である。広大なアジア大陸と太平洋の間に細長く横たわっており性格の違う様々な気団の影響を受けて天気変化が大きく、地域差も著しい。火山が多く地殻変動も活発で地層が複雑。脊梁の山が太平洋側と日本海側の天気をがらりと変えてしまう。このため動植物は、嵐や土石流、噴火に翻弄されるが、変化に富んだ気象や地質に順応した生態系を作り進化してきた。

新緑や花は南から北に、低地から高地に駆け上がり、紅葉や降雪は北から南に、高地から低地に駆け降りる。世界でも有数の豪雪は山を削り、湿原やお花畑を育てる。高地や荒れ地、強風帯はお花畑になった。国境のトンネルをはさんで、厳しい純白の世界とポカポカの陽だまりがある。このため、登山者は季節や天気を選び、場所を選んで自らの登山を楽しむことができる。

日本には世界一繊細で変化に富んだ自然環境があり、多様で変化に富んだ登山が楽しめる国である。

仙ノ倉山と毛渡乗越の滝雲。万太郎山から（2014.10.12）

22

平標山《たいらっぴょうやま》

谷川連峰最高峰を擁するたおやかな山塊

平標山、仙ノ倉山、万太郎山

谷川連峰の最高峰は仙ノ倉山（二〇二六㍍）である。近くに広い尾根で結ばれている平標山（一九八四㍍）があり、谷川連峰の西の端になっている。これらの山は、谷川岳とはまったく異なるたおやかな山塊で、鞍部がガンコウランの絨毯になっている。私が好きなのは、クマザサの斜面に混じるナナカマドやツツジが錦絵のようになる紅葉の時期で、何度も登った。六月上旬に訪れたときは平標山の東斜面がハクサンコザクラのお花畑になっていた。

平標山に登るには元橋から日帰りできるが、平標山の家でのんびりするのも良い。時間があったら三国峠から法師温泉に降りて入浴して帰るのも悪くない。三国峠は江戸と越後を最短で結ぶ街道の難所で、風の通り道なので標高のわりにお花畑が発達している。法師温泉は、かつて国鉄のフルムーンCMの上原謙・高峰三枝子の入浴シーンで一躍有名になったところ。風情のある独特の温泉である。土樽から登るコースは、登山者が少ないので静かな登山が楽しめる。谷川岳からの縦走コースは長いが、万太郎山やエビス大黒の頭あたりがおおらかで良い。営業小屋がないので、水場のある大障子避難小屋を利用する人が多いが、混んでいる。平標山・仙ノ倉山域は見事なスラブ滝の沢が多く、詰めの藪漕ぎが容易なので、初歩的な沢登りを楽しめるところである。

仙ノ倉山と谷川岳の中間にあるのが万太郎山（一九五四㍍）で、訪れる人の少ない静かで威厳に満ちた山である。万太郎山の東側の谷川岳までは伸びやかな稜線で、その先に茂倉岳から巻機山方面に連なっている。西側に毛渡乗越《けとのこし》を挟んで、ピラミダルなエビス大黒の頭から大きな仙ノ倉山があり、深山の雰囲気が満ちている。万太郎山に直接登るコースとして、土樽からの吾策《ごさく》新道があるが、踏み荒らされていないので歩きやすい。

川古温泉からはほとんど登る人がいないようで、標識もマーキングもなく、徒渉《としょう》（川などを歩いてわたること）のある歩きにくいワイルドなコースであった。

☆平標山・元橋コース

> **参考コースタイム**
> （著者67歳）
>
> **☆2007.10/20**
> （メンバー；熊倉隆夫、小林康男、鈴木貫太、玉田やい子、川上邦博、土井均）
> 平標山登山口駐車場8:00ー大鉄塔下9:15/9:25ー松手山10:00/10:20ー平標山11:30/11:50ー平標山の家12:15/10:25ー駐車場14:10

二十日夕方に銀山平に入り、翌日荒沢岳に登る計画だったが、前日に湯沢にある会員の別荘に泊まり、その前に平標山に登ることにした。

元橋の登山口には大きな駐車場があり、トイレもある。登山口から急な樹林帯を登ると大鉄塔、そこからも階段状の急登が続く。松手山からは傾斜が緩くなり、紅葉が見事だった。登山者が多いのか、登山道がよく整備されている。

山頂はガスで視界がなかったが、広い鞍部の先に大きな仙ノ倉山がある。鞍部まで下ると気持ちの良い矮小灌木帯になり、平標山の家に行くトラバース道があったが、今は植生保護で通行禁止になっている。山頂から平標山の家への道はほとんど階段状の木道になっていた。笹尾根で道が掘れてしまったからのようだ。

平標山の家は質素な山小屋だ。ブナ帯の急斜面を下ると立派な車道になり、元橋の駐車場に戻る。下山後銀山平のログハウスの民宿に移動したが、荒沢岳は天気が悪く中止した。

仙ノ倉山から平標山（1967.10.10）

☆谷川岳—平標山

参考コースタイム　（著者63歳）

☆**2004.6/5-6**

（メンバー；鈴木貫太、井手橋紀恵、鈴木由香、稲辺恵子）

5日　上野5:43＝ロープウェイ駅9:20＝天神平9:45/10:00ー肩の小屋13:00/13:45ーオジカ沢の頭15:00

6日　避難小屋3:20ー大障子避難小屋4:10ー万太郎山5:50ー越路避難小屋6:30/7:00ーエビス大黒8:35/8:50ー仙ノ倉山9:55/10:20ー平標山11:10ー元橋13:35

　谷川岳から縦走路に入ると、初夏の花が多かった。先行パーティーが多いのでオジカ沢の頭避難小屋泊とする。水場は近くの雪田。翌朝予定していた大障子避難小屋を覗いてみたら超満員だった。万太郎山は大きくて静かな山だ。ピラミダルなエビス大黒ノ頭、その先の仙ノ倉山が大きい。仙ノ倉山からは登山道が良く整備され多くの登山者がいた。ここからは、平標山の登りはハクサンコザクラなどのお花畑。長い縦走の後だったので、元橋への下りがきつかった。

☆川古温泉—万太郎山—吾策新道

参考コースタイム　（著者74歳）

☆**2014.10.11-12**

(メンバー；鈴木貫太、熊倉隆夫、河合亮子、高橋和子)

11日　松戸21:00＝猿ヶ京0:00(道の駅で仮眠)＝川古温泉6:35ー林道終点7:55/8:05ー徒渉点10:10/10:55ー毛渡乗越14:00/14:10ー越路避難小屋14:40

12日　小屋5:30ー万太郎山6:20/6:35ー井戸小屋沢の頭7:55/8:05ー大ベタテノ頭8:50/9:00ー車道10:30/10:40ー土樽駅11:30/12:16＝水上タクシーで川古温泉)＝猿ヶ京で入浴・食事後に帰松

越路避難小屋（2014.10.11）

　川古温泉まで車で入り、荒れた車道を登る。赤谷川橋は深山のたたずまい。その先の車道は荒れ放題で、猪の〝ぬた場〟が幾つもあった。車道終点からのトラバース道は谷側に傾斜し、滑り落ちそうで歩きにくい。やがて対岸に雄滝と雌滝。落差数百メートルを、何段にもなって赤谷川に落ちていた。

　その先の谷底に降りたところで赤谷川の徒渉。水深はひざ下くらいで流れが穏やかなので、簡単に渡れた。河原からエビス大黒沢の滝を左から巻くように登るところのトレースが、かすかで分かりにくい。反対側には、大きな滝のある赤谷川本谷の深い懸谷が望まれた。

　避難小屋近くには水場がなく、徒渉点から三本目の沢で各自が二リットルの水を背負ったので、ザックが重くなった。稜線が近くなると、傾斜が増してくる。刈払いしただけで足場がないので、ふくらはぎがパンパンになってきつかった。重荷と難路でヘロヘロだったが、毛渡乗越に着いたときは満足感でいっぱいだった。登山口からまったく指導標やマーキングがなく、人の歩いた形跡もない。このコースをトレースする人は稀なようだ。越路避難小屋に着くと先着の二人がおり、やがてもう一人来たので、我々はテントにした。

　翌朝は、薄明るくなると同時に出発。主稜線の南側の雲海から毛渡乗越を越えた滝雲が見事だった。やがて仙ノ倉岳が赤く染まり、荘厳な朝焼け。万太郎山からは越後の山々の大展望。雲海が趣を深くしてくれた。

　吾策新道は上部が痩せた急な岩稜だが、展望が良く気持が良い。大ベタテノ頭付近になると、樹林帯で紅葉が見ごろだった。吾策新道も登山者の稀な道だとあったが、しっかりした歩きやすい登山道で、踏み荒らしがないのが良かった。土樽から登ってくる人が数人いた。地図にある谷川新道分岐らしきところが車道だった。土樽から電車で水上に行き、タクシーで川古温泉に戻って車を回収し、帰松した。

23 巻機山《まきはたやま》

たおやかで広大な草原の山

巻機山（一九六七㍍）という名称は女性的な響きがある。山そのものもたおやかで大きい。山頂付近の割引岳から牛ヶ岳にかけての広大な草原には池塘が点在し、新緑や紅葉が絵にかいたように美しい。特に前巻機山(偽巻機山)から見る山頂付近の広大な草原が圧巻である。雪崩で磨かれスラブ状の沢が美しいことも特筆できる。

巻機山は、谷川岳から越後三山に続く長大な境界稜線の中間にあり、南には柄沢《からさわ》山から檜倉《ひのくら》山を経て谷川連峰の朝日岳、北には本谷山や丹後山を経て越後中ノ岳に達する。巻機山から朝日岳への縦走は、広い稜線にハイマツや笹がかぶって歩きにくいので残雪期が適している。巻機山から丹後山までは、人が歩いた痕跡さえ残っていないブッシュ帯だが、残雪期に辿る人がいる。巻機山は人気があるのに、周辺の二〇〇〇㍍に近い山々はほとんど登られていない。

巻機山の玄関口は清水部落である。井戸尾根から登るの

井戸尾根から天狗尾根（1969.5.3）

が一般的で対岸の岩峰・天狗岩の眺望が見事であり、偽巻機山からの展望に優れている。このルートは登山者が多く登山道の踏み荒らしが目立つが、修復の努力が少しずつ功を奏している。偽巻機山避難小屋には、使用後にペダルで撹拌するバイオトイレがいち早く導入された。

巻機山には、割引沢から天狗尾根やヌクビ沢を登るか、五十沢から裏巻機山を登る一般コースがある。割引沢を登るコースは豪雪で、道が荒れているのに補修が追いつかず、沢登りの経験がないと厳しい。

裏巻機山コースは登る人が稀な長いルートなので容易に登れない。一般コースではないが、井戸尾根の右側にある米子沢は緩やかなスラブ滝が連続しており、沢登りで人気がある。これらのコースを登ることができれば、巻機山の大きさや別の魅力を知ることができるだろう。

☆井戸尾根

ヌクビ沢コースを登る予定で清水の民宿に入り、仮眠。強い寒冷前線が南下しているが、何とか持つだろうと入山したが、翌朝になるとどんよりした天気で、雨になるのは時間の問題。ヌクビ沢は途中で引き返すのが困難なので、井戸尾根を登ることにした。

参考コースタイム
（著者65歳）
☆2005.10/22
(メンバー；鈴木貫太、末木崇、熊倉隆夫、佐々木亜由子)
松戸(車)21:30＝清水・泉屋1:00(仮眠)/5:10＝桜坂駐車場5:40ー五合目6:45/6:55ー偽巻機山9:10ー避難小屋9:20/9:50ー巻機山10:10ー牛ヶ岳10:45ー避難小屋11:30/12:00ー桜坂14:50

偽巻機山から巻機山連（1998.10.11）

桜坂まで入ると高曇で視界があり、紅葉に染まる山々が見渡せた。登るにつれ、ナナカマドの赤い実が目立った。六合目は展望台と言われるだけあってヌクビ沢を挟んで巨大な天狗岩が望め、その先に割引岳を見ることができた。

偽巻機山の急登では、踏み荒らしで荒廃した斜面を多大な手間をかけて復元しようとしているところがあった。偽巻機山まで登ると、巻機山の広大な紅葉した草原の山腹が見られた。避難小屋のバイオトイレはきれいで臭気もなく一同ビックリ。

頂上から牛ヶ岳まで往復するが、主稜線は風が強い。やがて気温が急降下し、ガスが出て雨が降り出した。

牛ヶ岳に行く途中で朝日岳方面の登山道を確認したら、切り開きがあった。牛ヶ岳から越後中ノ岳方面への尾根は深いブッシュで、人の歩いた気配がまったくなかった。下山時には、冷たい雨でツルツル滑って歩きにくかった。

修復中の巻機山登山道（2005.10.22）

☆五十沢渓谷から巻機山

参考コースタイム　（著者58歳）

☆1998.10/10-11
(メンバー；鈴木貫太、佐藤安行、嶋田邦子、川瀬道子、井手橋紀恵、長谷美圭子)
10日　八柱(車)21:00＝清水(桜坂でテント仮眠)＝(バス・タクシー) 五十沢キャンプ場9:00ー調整池10:00ー不動滝12:00ー取水口12:50ー永松沢CS 15:00(幕営)
11日　キャンプ地4:30ー牛ヶ岳10:45ー巻機山11:25/11:45ー清水(桜坂)14:30

車で下山口に入り仮眠、バスとタクシーで登山口にまわる。調整池から取水口までほぼ水平な道で、両岸が迫る見応えのある渓谷。対岸に渡り、急な高巻きコースをヨレヨレのトラロープを頼りにトラバースし、急下降。永松沢は雨で増水し、膝上までの徒渉。河原を整地しテントを張る。

翌未明に、ヘッドランプを頼りに樹林帯の草むらのかすかなトレースを登る。高度を上げると巻機山北面の大樹海だった。八海山が近く、迫力ある岩稜が望めた。上の沢滝の横断に要注意とあったが、特に問題がなかった。この辺りからジグザグの急登となる。笹は刈払われているが、踏まれていないのでステップがなく、不安定できつい。

急斜面を登りつめた所が牛ヶ岳だった。この登りで、登山道の手入れのために下ってきた数名の地元山岳会メンバーと会った。毎年コースの手入れをしているが、登る人が稀だとかで、「登ってくれてありがとう」と言われた。牛ヶ岳まで登ると見事な紅葉の世界だが、急に人っぽくなり、巻機山まで行くと大勢の登山者で賑わっていた。

☆ヌクビ沢コース

参考コースタイム　（著者72歳）

☆2012.10/7
（メンバー；鈴木貫太、町田廣光 、熊倉隆夫、二宮敬幸、渡辺美里、南礼子、高橋和子）
清水の民宿・雲天5:00＝桜坂駐車場5:15/5:30ー巻き道分岐6:00ー吹上の滝6:45/7:00ーアイガメの滝7:30ーヌクビ沢分岐8:20／8:30ー 布干岩8:55ー行者の滝9:30ー稜線13:15/13:20ー御機屋／巻機山山頂13:40/13:45ー避難小屋14:00/14:20ー7合目15:05/15:10ー桜坂17:20

前日夕方に、清水のお気に入りの宿「雲天」に泊る。桜坂駐車場からバンガローのあるところを登ると、増水時巻き道の分岐点。ここから沢沿いに登ると樋状の滝になり、長い草付の岩場をトラバースし、アイガメの滝左側の急なブッシュ。鎖やロープが千切れて難しくなってい

割引沢吹上の滝付近（2012.10.7）

る。二俣には、分岐点の判読困難なペンキマーク。

ヌクビ沢に入るとコースは荒れ放題。左岸の登山道に出ると、右に増水時高巻きコースらしき道が合わさる。沢筋の道は流されてほとんど痕跡がなく、時折あるマーキングが嬉しい。布千岩は傾斜の緩い快適なスラブ滝、行者の滝は下部の鎖場が崩壊しているので、左側のガレ場を登った。

沢筋が狭まり、両岸の切り立ったゴルジュ帯のトラバース道はトラロープが千切れ、足元も不安定で、危険なのでザイルを使った。

ヌクビ沢コースは、整備されることなく荒れ放題だ。一九九七年に二俣から天狗尾根を登ったときは、胸を突く急登だったが、ヌクビ沢のような危険なところはなかった。

24 八海山

新開道から大日岳（2009.10.17）

八海山、越後駒ヶ岳、中ノ岳

豪雪に刻まれた越後三山・スリルに富んだ岩稜

八海山（一七七八㍍）と越後駒ヶ岳（二〇〇三㍍）は、新潟県中央部に屹立し、JRや道路から大きく見える。その奥に中ノ岳（二〇八五㍍）があり、これらを越後三山と呼んでいる。

中ノ岳南部の兎岳からは、東に荒沢岳に続く尾根を分け、南に巻機山から谷川岳まで続く尾根と、平ヶ岳から至仏山方面までの尾根を分ける。これらの尾根は二〇〇〇㍍前後で延々と連なり、越後の山々の核心部になっている。

新潟県は世界でも有数な豪雪地であり、二〇〇〇㍍程度の山々なのに、遅くまで北アルプス並みの残雪をまとっている。この多量の雪が山肌を削って深い谷を刻み、夏まで残る雪が草原や湿原を作る。急峻な山の代表が八海山や越後駒ヶ岳、荒沢岳、谷川岳などで、草原や湿原の山の代表が平ヶ岳や巻機山、平標山である。この山域は積雪が多いので、山頂付近を除いて笹や灌木の背丈が高く、夏は暑さに辟易するが、紅葉や残雪期が素晴らしい。

山麓から見ると、越後三山で最も目立つのが八海山である。標高は最も低いが、鋸歯のような荒々しい岩稜が望める。酒の「八海山」もよく知られている。越後駒ヶ岳は、穏やかそうに見えて山腹には急峻な岩壁がある。中ノ岳は、この山域の盟主で奥深い山だ。荒沢岳は、兎岳から続く稜線がなだらかな藪尾根なのに対し、銀山平から登る道は鎖場の連続で厳しい。兎岳から南下すると利根川水源碑のある大水上山があり、尾根が平ヶ岳方面に分岐しているが登山道はない。巻機山方面の縦走路は丹後山で終わっている。

私がこの山域で最も多く登ってきたのが八海山である。アプローチが容易なのに景観に優れ、八ツ峰の岩稜歩きが楽しめるからである。八ツ峰は鋭い岩峰の連続であるが、一つひとつに石碑があり、修験者の修行の場であったことがしのばれる。縦走路は左右がスッパリと切れ落ちてスリルに富むが、クサリやハシゴがしっかりしている。巻き道があるので高所恐怖症の人でも一緒に行ける。日帰りでも登れるが、山頂付近の千本檜小屋に泊まることが多い。この小屋は宿泊者が少なく、食事も寝具も必要最小限で質素だ。

八海山は大崎または大倉から登るのが歴史的なコースであったが、ロープウェイができてからこれを利用する人が多くなった。南面の山口から修験道として開かれた屏風道は、急な岩場の連続で、景観に優れている。特に紅葉の季節は、岩壁に紅葉が映えて素晴らしい。屏風道と平行する新開道は難所がないので、下山用や初心者用に適している。屏風道を登って八ツ峰を縦走し新開道を下れば、登山口が同じなので車の回収に便利だ。阿寺山コースは、八海山最高峰の入道岳も通る静寂なコースである。

八海山から中ノ岳を経て駒ヶ岳に縦走するコースは、アップダウンの大きな岩稜の連続で、第一級の縦走コースなので、ある程度山を経験したらトレースすることをお勧めする。

☆屏風道—新開道

参考コースタイム
（著者69歳）

☆2009.10/17-18
(メンバー；鈴木貫太、熊倉隆夫、西久美子、町田廣光、土井均)
17日　松戸(車)6:00＝登山口9:45−清滝11:00−五合目11:35/11:45−七合目13:15/13:50−千本檜小屋14:50
18日　小屋6:45−地蔵岳7:00−大日岳8:30/9:00−新開道分岐9:15−稲荷清水11:30/11:45−登山口13:00

二合目の登山口から屏風道に入ると、増水時用の手動式ケーブルのある沢を渡る。植林地を抜けると滝が見え、清滝不動尊のある四合目。ここから二十分ほど登ると、クサリ場の連続。周辺は灌木帯で展望が良くなり、頭上に、最盛期の紅葉に彩られた荒々しい八ツ峰の岩壁が迫ってくる。晴れて風がなく、真夏のような暑さだ。誰かがクサリ場の数を数えていたが、そのうち数が多くて忘れたという。次第に顕著な尾根になり、クサリを握る手に力が入る。

六号目魔利支天で傾斜が緩くなりホッとするが、足元が切れ落ちている。七合目・のぞきの松は小さなピーク、祠があったが、八海山大神の青銅像は倒れていた。日当たりの良い絶景の展望台。ぐるりと囲んだ紅葉の岩壁が天を競っている。脚下に一筋の大滝。凄いところだ。

この先、少し傾斜が緩くなったのもつかの間、微妙なトラバースを経

屏風道登山口から八海山（2009.10.17）

兎岳方面から中ノ岳（左）と駒ヶ岳（右）（2015.6.7）

て、大きな岩場の下のクサリ場と難所が続く。ここでとぐろを巻いて日向ぼっこをしているマムシがいて、ビックリしたことがあった。秋は蛇が日向ぼっこで稜線に登るという。

千本檜小屋のアンテナが見えるようになるとクサリ場が終わる。いつの間にか空はどんよりとして風が強くなり、寒くなってきた。小屋の裏に登りつめると「屏風道は下山禁止」の立て札があった。阿寺山コースは登山道崩壊で通行禁止になっていた。小屋から地蔵岳まで約十分、ここまではクサリ場がない。頂上には二体の地蔵と新しい標識があった。

千本檜小屋は素泊二千円で寝具代千五百円、食事が簡素なので自炊にした。軒を接して避難小屋があり、使用料千円。二人はシュラフを持参したので避難小屋にした。小屋の管理人は人の良さそうな年配のオジサン。建物の劣化が著しく布団もボロボロ。この日は他に十数人の団体が泊まったが、最近はロープウェイを使った登山者が多く、宿泊者が少ないようだ。水場は薬師岳方面に下ったところにあるが、チョロチョロで煮沸しないと飲めない水だった。

翌日は、八ツ峰を縦走し新開道を下る。八ツ峰の始点は地蔵岳、隣の不動岳までは優しいが、その先はやせた岩稜でクサリ場の連続。岩場の苦手な人には迂回路を通ってもらった。信じられないような晴天、越後の山々の展望が開け、八ツ峰に突き上げてくる岩壁にへばりつく紅葉が美しい。

ここからは、山麓から見えるギザギザの岩場の稜線を忠実にアップダウンしながらの縦走。岩場は昨夜の雨で濡れているところがあり、緊張した。最後の大日岳の登りは垂直に近い絶壁で、梯子とクサリで登る。逆コースだと谷底が見えるので怖いところだろう。大日岳を下ったところでやせた岩稜から解放され、迂回路との合流点。

八ツ峰の縦走は足場が細かくクサリが細い。左右の谷底が見えるので高度感もあり、剣岳の岩場より難しいとの声もあった。八海山最高峰の入道岳往復は魅力を感じず割愛。

長く急な梯子の道を下ると新開道の分岐。分岐付近には濡れた岩場のへつりがあったが、紅葉の尾根を見下ろしながらの長閑な尾根道となる。振り返ると、錦秋の衣をまとった八ツ峰の岩峰が見事だった。このルート、簡単に下れると思っていたのに意外と時間がかかった。

☆越後三山縦走　八海山—中ノ岳—駒ヶ岳

参考コースタイム　（著者60歳）

☆ **2000.10/7-9**
（メンバー；鈴木貫太、井手橋紀恵、川瀬道子、湯浅きみ）
7日　屏風道登山口 10:10 −清滝 11:10/11:30 −魔利支天 14:25/14:40 −千本檜小屋 16:20
8日　小屋 5:50 −八ツ峰終了点 7:30 −オカメノゾキ 11:00/11:20 −祓川 15:10/15:30 −中ノ岳避難小屋 16:50
9日　避難小屋 4:50 −駒ヶ岳 10:00/10:20 −小倉山 12:00/12:15 −駒ノ湯 15:10

寝具、食糧を持っての屏風道は予想外の時間がかかった。中ノ岳には六〇〇㍍下って九〇〇㍍登り返すだけと思っていたが、アップダウンの多い岩場の連続で、時間と体力を消耗した。御月山を越えたところが最後の水場で、水の重さが加わり、疲れた身体に三〇〇㍍の登りがこたえた。薄暗くなって避難小屋に着いたが、三連休で満員だった。中ノ岳から駒ヶ岳縦走路は雨だったが、左右の斜面で紅葉の色が違い見応えがあった。

☆越後駒ヶ岳　駒ノ湯から往復

参考コースタイム　（著者59歳）

☆ **2000.5/27-28**
（メンバー；鈴木貫太、井手橋紀恵）
27日　駒ノ湯 5:50 −小倉山 10:20/10:50 −駒ノ小屋 13:20/14:00 −駒ヶ岳 14:20/14:30 −駒ノ小屋 14:40
28日　駒ノ小屋 5:40 −小倉山 6:50/7:15 −駒ノ湯 10:00

小倉山の登りから残雪の世界。駒の小屋直下が急斜面で緊張する。下りはザイルで確保する。小屋は管理人がいるが素泊まりなので寝具と食糧で荷が多くなった。

25 丹後山

丹後山、大水上山、兎岳

利根川源流の静かな高原状の笹原の山

丹後山（一八〇九㍍）は、中ノ岳（二〇八五㍍）の南にある目立たない高原状の笹原の山で、メルヘンチックな避難小屋がある。近くの大水上山には利根川水源碑がある。越後三山がアルペン的で賑わっているのに対し、たおやかで静かなのが良い。

この山は、十字峡の登山口から日帰りでも可能だが、山頂の避難小屋を利用して中ノ岳まで縦走し、静かな山旅を楽しむのに適している。利根川水源碑は広大で平凡な笹原であるが、首都圏の水源になっていることに思いを馳せると感慨深い。

私は残雪期のこの山域が好きで、四回縦走を試みているが、登山口や稜線の険悪な残雪をトレースしたり、雄大な景観や春の花々に歓迎され、変化と冒険に富み楽しかった。

中ノ岳と越後駒ヶ岳を背景に大水上山の利根川水源碑（2015.6.7）

丹後山から巻機山の稜線には登山道はないが、残雪期なら歩ける。また大水上山からは、平ヶ岳に尾根が分岐しているが、残雪期には歩けそうだ。丹後山避難小屋は、残雪期にこれらのルートをトレースする重要な中継ポイントになることを、避難小屋のノートで確認した。

☆丹後山―中ノ岳

> **参考コースタイム**　(著者66歳)
>
> **☆2007.5/26-27**
> (メンバー；鈴木貫太、末木崇、熊倉隆夫、大南敏和)
> **26日**　松戸0:30＝十字峡4:00/6:10－栃ノ木橋6:55/7:10－二合目8:20/8:40－ジャコの峰10:40－丹後山12:05
> **27日**　丹後山4:50－大水上山5:25－兎岳6:00/6:10－中ノ岳8:40/8:50－日向山10:55/11:20－十字峡13:20

林道から登山道に入ると泥んこ道。アブの大群に歓迎され、イワウチワの大群落に癒される。シシ岩上部から残雪があり、山頂付近の湿原は雪に埋まっていた。丹後山からは、巻機山から平ヶ岳、荒沢岳、中ノ岳までがパノラマのように見渡せた。

中ノ岳避難小屋まで遠いので、時間は早いが予定通り丹後山避難小屋泊とする。小屋は貸し切り、他の登山者と会うこともなく我々だけの世界で盛り上がる。持ち上げた飲み物は早々になくなり、西日を受けながらシュラフに潜り込むことになった。

中ノ岳への縦走路は残雪が多い。利根川水源碑を過ぎると、雪のないところには、足の置き場に困るほどカタクリの花が咲いていた。やがてガスが出てきて、ホワイトアウト状態になりルートを選ぶのに気を使った。中ノ岳の登りになると傾斜がきつくなるが、キックステップで登れた。日向山への下降点を探しながら登るが、確認できないままに中ノ岳の山頂に着いてしまった。小屋を探したが、ガスで確認できなかった。

日向山への分岐は雪田とブッシュの境を下り、夏道らしき切り開きを見つけて下った。しかし、広い雪田の尾根になるとホワイトアウトで、再びルートが分からなくなった。地図と睨めっこしながらルートを探していたら、遠くから「オーイ」と叫ぶ声。たまたま登ってきた人が我々のトレースを見て、右に行き過ぎているので誘導してくれた。ありがたかった。

小天上まで下るとガスが切れ、「天

の声」の主のトレースを辿って日向山。そこからはタムシバやイワウチワを楽しみながら十字峡に下った。

☆中ノ岳—丹後山

参考コースタイム
（著者58歳）

☆1999.5.22-23
(メンバー；鈴木貫太、大木孝子、嶋田邦子、佐藤安行)
22日；十字峡8:00－千本松原10:15－日向山14:05－小天上15:15－中ノ岳避難小屋17:30
23日；避難小屋5:00－小兎岳8:00－兎岳9:45－丹後山10:30－十字峡14:00

日向山はほぼ雪の斜面。中ノ岳避難小屋は深い雪の中で建物との隙間を降りて入った。

縦走路はほぼ残雪の上で、急斜面ではザイルで安全を期した。丹後山からは夏道が出ていた。丹後山近くでは何と、朝日岳から単独で縦走してきた登山者に会って感動した。三国川の車道には残雪があったが、特に問題なかった。

丹後山—中ノ岳縦走路（2015.6.7）

丹後山—中ノ岳縦走路（2007.5.28）

26 荒沢岳

男性的で豪快な奥只見の秘峰

中ノ岳に登ると兎岳から続く尾根の先に、一際目立つピラミダルな荒沢岳が望める。登高意欲を掻き立てるが、アプローチが不便で登りにくく秘峰のイメージが強かった。しかし、シルバーラインができて、銀山平温泉が観光地化され便利になった。銀山平方面から見上げる荒沢岳は、コウモリが羽を広げたような絶壁の山で荒々しい。

銀山平温泉は最近開発されたところで、周辺にあった数軒の宿がここに移り、ログハウス調の建物に揃えて建てかえた。各宿は別館があるので、人数がまとまると貸し切りで利用できる。荒沢岳に登るには、これらの宿から往復するのが便利である。荒沢岳には兎岳からの縦走ルートもあるが、トレースする人は稀である。

因みに、銀山平の宿に泊まると一般車の入れない平ヶ岳裏ルートの登山口まで送迎してくれるので、利用者が多い。一泊して二つの山に登ることも可能であるが、どちらも長いコースで慌ただしい。

銀山平には一般的に新潟県の小出方面から入るが、桧枝岐から尾瀬の御池を経て奥只見湖畔からも入れる。

荒沢岳前嵓（2008.10.18）

☆荒沢岳・銀山平コース

参考コースタイム
（著者68歳）
☆2008.10/18
(メンバー；熊倉隆夫、鈴木貫太、小林康男、西久美子、大南敏和、玉田やい子)
松戸23:00＝銀山平2:30/6:15－前山7:05/7:10－前嵓下8:50/9:00－前嵓9:40/9:55－荒沢岳11:30/12:00－前嵓13:25－前嵓下14:05－前山15:35－銀山平16:15

　登山口から前山までは急であるが、緩やかな稜線歩きで最盛期の紅葉が素晴らしい。前山からは右に駒ヶ岳、左に荒沢岳が望めた。やがて前嵓《まえぐら》が大きく立ちはだかり、左側を巻くようにして登ると、長い長いクサリ場になった。前嵓近くまで登ると、草付のクサリ場のトラバースで気が抜けない。特に難しくはないが、登るにつれて高度感が出てくる。

　荒沢岳には七年前の五月下旬に登ろうとしたが、前嵓の岩場のクサリがなくて引き返したことがあった。雪害防止で冬季に外されていたことを知らずに登ったからであった。

　クサリ場が終わると鋭利な稜線の急登。振り返ると登ってきた稜線がカッコ良い。特に紅葉に彩られた前嵓が見事だった。足元に奥只見湖が見え、荒沢岳主稜線の絶壁が迫り、気分が高揚した。

　主稜線に出て痩せた稜線を登ると、狭い岩峰の山頂だった。奥只見湖方面には鋭い稜線が続いているが、登山道はない。兎岳方面に登山道があったが、あまり歩かれていないようだった。以前ここから中ノ岳に縦走したが、背丈の高い笹や藪で大変だった。唯一の水場は灰ノ又山近くにあり、テント場にしたが泥で汚れた水しかなかった。

　下りは、紅葉と展望を楽しみながら往路を下った。宿泊は戸建てのログハウスで貸し切り。翌日の登山は中止したので、のんびり・たっぷりと温泉と夕食を楽しみ、遅くまでワイワイ余韻を楽しんだ。翌日は枝折峠で駒ヶ岳を見て帰松した。

荒沢岳を下る。前方は花降岳（2008.10.18）

27 平ケ岳

奥深い高層湿原の山

平ヶ岳（二一四一㍍）は、尾瀬の北西に位置する利根川源流部の最高峰で奥深い。ドーム状の山で、山頂付近が広大な高層湿原となっており、特に池ノ岳付近から玉子石にかけての湿原が見事である。登山道は只見川沿いの鷹ノ巣口からで、アプローチが長いだけでなく、山頂まで時間がかかる。前夜登山口まで入り、超早立ちするか、テントを持参し山頂付近で一泊するしかないので登りにくい山だった。

最近は銀山平の宿に泊り、地元関係者だけしか入れない車で中ノ岐林道終点まで送迎してもらって登る人が多くなった。一九八六年に皇太子が登るときに、突貫工事で便宜を図ったルートである。今は林道がガタガタで登山道も荒れているが、百名山ブームで賑わっている。私は両方のルートから登ったが、鷹ノ巣口から往復したときのほうの感動が大きかった。

玉子石にて（2003.10.4）

☆鷹ノ巣口―平ヶ岳

参考コースタイム　（著者59歳）

☆1999.7/17－18
(メンバー；鈴木貫太、渡部秀美、井手橋紀恵、吉川さとみ)

17日　松戸(車)21:00＝登山口6:10－下台倉山9:40－台倉清水11:15/11:45－白沢清水13:00/13:15－姫の池15:15/15:30－テント場15:40

18日　テント場5:45－頂上6:15/6:25－姫の池6:45－白沢清水8:45/9:00－下台倉山10:20－登山口12:30

　尾瀬登山口の御池で仮眠し、鷹ノ巣の登山口に移動。雨模様だったが次第に天気が良くなる。いきなりザレ気味な岩稜の八〇〇㍍の急登だが、視界があるので救われた。台倉山からはアップダウンのある広くなだらかな稜線となるが、泥んこ道が続きうんざりする。台倉清水は下るのが面倒なのでパスするが、白沢清水は道端にありうまい。この辺りに少し木道があり助かる。

　ここから三五〇㍍の急登で池ノ岳。台地状の湿原で姫ノ池などの池塘があり、ワタスゲが風に揺れ、トンボが群れて楽園のようだった。足元を見るとモウセンゴケが密生し、トンボがつかまりもがいていた。心やさしいI嬢はかわいそうだと涙ぐんで放してやろうとしたが、これが自然の摂理だと説得してやめさせた。

池ノ岳の山頂湿原。遠景は平ヶ岳山頂（2003.10.4）

　そこから迂回ルートを山頂方面に下ると水場があり、木の板が敷き詰めてあったところにテントを張った。休憩用に作られたものだが、湿原を痛めつけないでテントを張れるように配慮したものと思われた。このようなところが二ヵ所だけだったので、後から来た二パーティーは土の上だった。夜には雨になった。

　翌朝は弱い雨だったが風がない。灌木帯を登ると広い湿原の台地。花期を過ぎたチングルマが群生していたが、他に目立った花はなかった。山頂は灌木の中で、尾瀬方面に湿原が続いているのが見えた。下りは雨で泥んこ道がさらに凄まじくなり、避けて歩くのが難しくなって、泥沼になった道を泥まみれで歩いた。

☆中の岐林道―平ヶ岳

参考コースタイム　（著者63歳）

☆2003.10/4

（メンバー；鈴木貫太、井手橋紀恵、土屋美佐子、亀野甲羅、大塚由美子、石田美寿子、志尾悦子、村田友子、小野田靖男）

松戸21:15＝銀山平1:00/4:00（送迎バス）＝中ノ岐川登山口5:25/5:40－玉子石稜線8:40－頂上9:45/10:05－姫の池10:30/10:40－玉子石11:00/11:10－登山口12:50/13:10＝銀山平14:30（泊）

その日泊まるということで、宿泊者しか乗せない送迎バスに乗せてもらった。ゲートから先は荒れるに任せた林道。登山道は補修された形跡がなく荒れていた。

玉子石分岐まで登ると台地状で木道になるが、数センチの積雪があり、滑って転ぶ人続出。玉子石まで登ると平ヶ岳随一の絶景。案内では登り三時間、下り二時間とあり、十二時三十分までに下りてくるように言われたが、少し遅れて下山し朝から待機していたバスに乗った。

山コラム　冬山・厳しいが純白の別世界

冬山の魅力は純白の世界である。綿帽子を被った樹木、キラキラ輝く霧氷や立ち並ぶ樹氷のモンスターは異次元の世界のようである。岩や指導標、樹木に張り付くエビノシッポや尾根筋に波打つシュカブラ、雪原にできる風紋などは自然が織りなす壮大な芸術作品である。雪は白い泥んこみたいなもので戯れるのも楽しい。スキーもパウダースノーを楽しめるので厳冬期が最適である。

厳冬期の雪山は厳しい。ほとんどの山小屋が閉鎖され、アプローチが遠くなる。装備が多くなり、ラッセルがきつい。厳冬期の登山はその厳しさへの挑戦であるが、厳しい寒気と風雪が容赦なく襲いかかり、雪崩の危険もある。最近はこのような登山者が少なくなり、アプローチが容易で山小屋が営業している山が賑わっている。その代表が八ヶ岳や安達太良山である。冬は首都圏の低山でも冬枯れで展望が良くなり、晴れた日に霜柱や消え残った新雪を踏みながら歩くのが楽しい。富士山には北アルプスや上信越、東北の山と違って雲がかかることが少ないので、白富士展望の好機である。

厳冬期はそれなりの装備と心構えで登るが、怖いのは表層雪崩で、冬山遭難の最大の原因になっている。予測困難である程度の傾斜があると、音もなく一気に襲いかかるので避けようがない。最近は雪崩対策でビーコンやゾンデ棒、スコップ等の携帯が進んできた。ホワイトアウトによる道迷いや豪雪で動けなくなるのも怖い。

尾瀬ヶ原から至仏山（2007.10.13）

28

尾瀬・皿伏山《さらぶせやま》

皿伏山、燧ヶ岳、至仏山

高層湿原の景勝地・自然保護で先駆的な尾瀬

尾瀬は日本一の高層湿原を有し、高山植物や紅葉などが魅力である。この優れた景観が観光開発のターゲットにされ、豊かな水が電源開発や水源として狙われてきた。自然保護でこれほど話題になってきた山域は少ない。この尾瀬の自然を守るために、多くの登山者や自然愛好者、山小屋関係者が保護活動に携わってきた。今では当たり前のゴミ持ち帰り運動の、先駆的な役割を果たしたのも尾瀬であった。

尾瀬の魅力は湿原であるが、景観を際立てているのが、尾瀬ヶ原を挟んで対峙する燧ヶ岳《ひうちがたけ》（二三五六メートル）と至仏山《しぶつさん》（二二二八メートル）である。燧ヶ岳は颯爽として威厳があり、高いところまで樹木に覆われている。燧ヶ岳の噴火で只見川の源流部が堰き止められ、尾瀬沼や尾瀬ヶ原ができた。至仏山はゆったりとした山容で優しく、森林限界（高木が生育できなくなる限界高度のこと）が低いので、高山植物の宝庫になっている。

尾瀬は登山者の多い山だが、沼山峠や鳩待峠に車で入れるようになって、オーバーユースを触発させた。かつては一泊で登る人が多かったが、今は山麓のホテルから核心部まで日帰りで、気軽に往復する人が多い。

特に入山者が多いのは、ミズバショウやニッコウキスゲ、紅葉の時期で、特定のコースに集中していることも課題である。

　尾瀬に入る最も簡単なルートは鳩待峠からで、一時間で尾瀬ヶ原の一角に着ける。沼山峠も一時間余りで尾瀬沼に着く。シーズン中は東京からのバスが出ているので、登山口まで容易に入れる。夜行で行けばこれらの登山口を利用し、尾瀬核心部を一日で縦断することも可能だが、山小屋に一泊して三条ノ滝に足を伸ばすとか、燧ヶ岳か至仏山に登って尾瀬の良さをじっくり探勝したいものだ。

　鳩待峠まで車で入れるようになるまでは、大清水がメインの登山口であったが、今は入山者がわずかになってしまった。富士見峠から入山する人も多かった。メインコースは木道などで過剰なほどに整備されているが、登山者の少ないコースが整備されずに荒れてしまうようにもなった。

　登山コースとしては至仏山と燧ヶ岳がある。至仏山は鳩待峠から登って山ノ鼻に下りるのが、尾瀬探勝にも都合がよいが、踏み荒らし対策で山ノ鼻への下山が禁止になっているので、山ノ鼻から登るか、鳩待峠から往復するしかない。燧ヶ岳に登るには五つのコースがあるので、日程に合わせて選べる。どのコースも樹林帯の急登であるが、御池からのコースがいくつか湿原があって楽しい。ナデックボコースは急で、遅くまで雪渓があり、下りで滑落したことがあった。いつか景鶴山《けいづるやま》に登ってみたいと思っていたが、入山禁止になってしまった。

　尾瀬に入山できるのは、一般的にはゴールデンウイークのころから十月中旬頃までである。五月上旬までは残雪が多く、踏み荒らしを気にしないで自由に歩ける。至仏山の豪快なスキーが楽しめるのもこの時期である。十月の中旬を過ぎても、池塘の点在する草紅葉が素晴らしいが、降雪のこともある。十一月上旬まで鳩待峠まで車で入れるので、新雪の湿原を楽しむことができる。

　私は何回も尾瀬を訪ねているが、最も印象的だったのは、辿る人の稀な皿伏山。樹木に囲まれ展望はないが、粗末な山頂標識が忘れられない。途中にある大清水平も、広い湿原だが尾瀬とは信じられない静寂さだった。

☆皿伏山―アヤメ平

参考コースタイム

（著者65歳）

☆2005.7/3

（メンバー；鈴木貫太、熊倉隆夫、小林康男、玉田やい子）

長蔵小屋6:50―沼畔分岐7:50/8:00―皿伏山8:55/9:05―白尾山10:40/11:00―富士見小屋11:50―アヤメ平12:05/12:30―鳩待峠13:50

尾瀬と聞くと自然保護が話題となり、特にオーバーユースの問題がかまびすしい。私は日本勤労者山岳連盟の自然保護憲章制定に携わったが、話題になったのが、登山者が百名山や著名な特定ルートに集中していることであった。

一方で、登山者の少なくなった多くの登山道が廃道化されている。登山が没個性的になり、衰退しているという指摘もあった。尾瀬もメインルートは過剰なほど整備されているが、ほとんど登られないルートもある。このため、以前から気になっていた皿伏山を通り、踏み荒らしで荒れたアヤメ平の復元状況を見たくて、登山者の集中する時期を避けてこのルートを計画した。

前日は御池から燧ヶ岳に登り、長蔵小屋泊。翌日は尾瀬沼畔を時計回りに半周して、皿伏山の道に入った。皿伏山ルートは歩く人が稀で廃道に近いと思っていたが、予想に反してトレースがしっかりしていた。やがて一気に展望が開け、静寂な大清水平。大きな湿原だが誰もいなくて静まり返り、朽ちた木道に風情があった。草原の背丈が低いので、背丈の小さい初夏の花、タテヤマリンドウやヒメシャクナゲ、ワタスゲ、チングルマ等が目立った。

そこから深いコメツガの樹林帯を辿ると、ひっそりと朽ちた皿伏山の標識があった。展望はないが心癒される頂だった。さらに緩いアップダウンを繰り返して白尾山。踏み荒らされていないので泥んこでなくフカフカの道、足に優しく気持が良い。ここが尾瀬だとは信じられないようなところだった。

白尾山山頂付近のこじんまりした湿原も印象的だった。ここは人の来るところではないと、虫の大群が自爆テロのように攻撃してきたのには参った。廃道化し、泥んこの縦走を覚悟してきたが、必要最小限に整備され保全されていることにホッとした。白尾山の先にマイクロウェーブ中継の鉄塔があり、車道になってしまったのが興ざめだった。

富士見峠は登山者が少なくなり、峠の大きな小屋が存廃の危機にあると聞いたことがあったが、思いのほか登山者が多かった。ここからは立派な木道で、行き交う登山者が多くなってアヤメ平。

四十年前に訪れたときは木道がなく、池塘の周りまで踏み荒らされて裸地化し、惨憺たるものだったが、三十年余りの復元工事で大きく変わっていた。木道や復元工事の効果が大きいが、利用者のモラル向上効果もあったからだと思われる。

池塘に燧ヶ岳や至仏山が影を落として、雄大な展望を楽しめた。鳩待峠への道も木道化され歩きやすくなった。登山者が多くなったのはこのためだろう。

皿伏山標識（2005.7.3）

☆御池―燧ヶ岳―尾瀬沼

急な樹林帯を登ると広沢田代で、タテヤマリンドウやヒメシャクナゲ、ワタスゲ、チングルマ等の群落に覆われていた。他の植物がまだ小さいのでよく目立つ。熊沢田代も同じような湿原。ガスで視界がなかったので、長い雪渓ではトレースが消えて不安なところがあった。上部の灌木帯を抜けると俎嵓《まないたぐら》の頂上。尾瀬沼方面の展望が良い。燧ヶ岳は双耳峰で五〇㍍位下りて登り返すと柴安嵓。ここからは尾瀬ヶ原方面の展望が抜群だった。俎嵓では人が多かったが、柴安嵓まで足を伸ばす人はわずかだった。

長英新道は簡単に下れると思っていたが長かった。上部では沢のように水が流れ、下部では泥沼のような道、展望のない樹林帯で辟易した。予定時間を一時間もオーバーしてやっと木道に着いた。尾瀬沼周辺を辿る木道は歩きやすく華やかだっ

参考コースタイム
（著者65歳）

☆2005.7/3

(メンバー；鈴木貫太、熊倉隆夫、小林康男、玉田やい子)

北千住0:08（尾瀬夜行）＝御池5:40/6:15-広沢田代7:40/7:55-熊沢田代8:50/9:05－俎嵓10:50（柴安嵓往復）/12:50－長蔵小屋15:40

た。宿は長蔵小屋、トイレがウォシュレットなのに驚いたが、汚水処理が可能になったので紙の量を少なくするのに合理的だと思った。

☆至仏山—尾瀬沼

参考コースタイム　（著者45歳）

☆1986.5/3-5
(メンバー；鈴木貫太、夏井治夫、福寿勝子、戸谷経二、米倉一代)
3日　上野8:07＝沼田(タクシー)＝鳩待峠12:15/13:30ー山ノ鼻14:30(幕営)
4日　テント7:00ー至仏山10:15/10:45ーテント12:45（テント撤収）/14:30ー竜宮小屋16:25ー十字路17:10(幕営)
5日　十字路6:00ー沼尻8:10/8:25ー三平峠下9:15/10:20ー一ノ瀬11:45-大清水12:55

初日に山ノ鼻まで入りテント。翌朝、至仏山に登る。私だけはスキーを引っ張って登った。約一時間で森林限界。尾瀬ヶ原を挟んだ燧ヶ岳が素晴らしい。一部に低木が露出しているが、純白の大斜面。急だが、雪が腐っているので不安なく登れた。山頂近くで夏道の出ているところもあったが、直下まで雪の上を歩くことができた。反対側斜面は荒々しく、ほとんど雪がついていなかった。

下りはワイワイと賑やかに、広大な斜面の好きなところを一気だった。テントを撤収し、下田代十字路テント場に移動。残雪で木道が分からないところが多く、グズグズの雪で潜り、時折踏み抜いて疲労困憊。スキーだと踏み抜かないが、雪のないところで外さなければならなかった。最終日は湖面が一部しか出ていない尾瀬沼湖畔を反時計回りに行くが、凍結した沼の上を歩けるところが多かったので時間を稼げた。三平峠からは雪が多かった。

☆尾瀬縦断(自然保護調査山行)

参考コースタイム
（著者67歳）

☆2007.7/7-8
(メンバー；　鈴木貫太、佐々木亜由子、小林康男、参加者38人)
7日　池袋7:15（貸切バス）＝鳩待峠10:40/11:30ー山の鼻12:30（講座13:00ー14:15）/14:30ー見晴16:30
8日　見晴4:50ー沼尻6:30/7:00ー長蔵小屋7:50／8:15ー三平峠8:55･9:15ー大清水10:45

山の鼻のビジターセンターで一時間余り「汚水処理」「クマとシカ対策」の話を聞く。尾瀬では山小屋や公衆トイレから出る汚水をすべて処理して、処理水は系外まで導水し放流、汚泥は地域外に搬出。クマ対策は駆除でなく、遭遇事故対策で、クマには人間の恐ろしさを覚えさせ近づけさせない対策とのこと。

山の鼻から見晴までは平坦な木道

歩き。至仏山や燧ヶ岳は雲の中だが、広大な湿原を歩くのは気分が良い。ニッコウキスゲには少し早いが、この時期にしか見られない可憐な花が多い。時期的に人が少ないのも良い。

沼尻への道は、樹林帯なのに木道で整備されていた。沼尻近くの小さな湿原で、尾瀬特有の朝霧。長蔵小屋から三平下に向かう頃、尾瀬沼越しに燧ヶ岳が望めた。三平峠からの下りは意外と長く感じた。

尾瀬のメインコースを歩いて感じたことは、過剰なまでの木道整備。観光気分で入山する人が多いのでやむを得ないかもしれないが、それでも前年の入山者は三十四万人で、十年前の六十五万人からすると減少傾向にあるようだ。山小屋のトイレや公衆トイレの整備も驚くほどだった。

☆ 尾瀬ヶ原散策

> **参考コースタイム**
> （著者70歳）
> **☆2010.11/3**
> （メンバー；町田廣光、鈴木貫太、石川明美、椿健一）
> 松戸6:00＝鳩待峠10:00ー山の鼻11:00/11:05ー牛首分岐手前11:45ー山の鼻12:20/12:50ー鳩待峠14:00

鳩待峠に十一月上旬まで車で入れるので、初冬の尾瀬ヶ原散策目的の山行。関東平野は見事な冬晴れだったが、鳩待峠では数㌢の積雪。数台の車が駐車してあり山荘も営業していたが、閑散としていた。

峠からの道は樹木に新雪が乗ってきれいだった。木道に雪が積もっているが凍っていないので滑らず歩きやすかった。山ノ鼻でも山小屋に人の気配がする。ヨッピ川の橋のところで橋架け替えのため木杭を打っていた。山麓は紅葉の最盛期だった。

新雪の尾瀬ヶ原（2010・11・3）

前岳からの浅草岳山頂（2008.10.12）

29

浅草岳

豊かな残雪と鮮やかな紅葉・素朴な人情

浅草岳（一五八五㍍）は山麓からは目立たないが、登ってみると守門岳（一五三七㍍）と対峙し、鬼ケ面《おにがつら》山を従えた大きな山であることが分かる。山頂付近はなだらかで草原やお花畑がある。ヒメサユリで知られるが花の数は多くない。山腹はおおむねブナ林に被われており、福島県側には手付かずの巨木の原生林が多い。

　この山域は、日本有数の豪雪で冬季は風雪の日が続くが、三月になると雪が締まって登れるようになる。私はこの時期の浅草岳が好きで、守門岳と合わせて二十年近く毎年のように登っている。

　いつも利用しているのが五味沢の音松荘で、この山域の開拓者である「浅井乙一」さんが、登山者の便宜を図るために作ったものである。乙一さんはぼくとつだが、山の話になると目が輝き、残雪期の浅草岳や守門岳のルートを教えてくれた。しかし、二〇〇〇年六月に、立入禁止の危険区域で山菜採りをしていた人の遭難救助で、ブロック雪崩に巻き込まれて死亡した。享年七十三歳。山荘は娘夫婦によって引き継がれている。

カヘヨボッチ付近・遠景は守門岳（2013.3.16）

浅草岳や守門岳は登山口がよく整備されているが、周辺の地域おこしの施設が相次いで閉鎖された。JR只見線が水害で崩壊したのを期に、一部が廃線にされようとしている。大原スキー場も廃止の危機にある。山麓の疲弊は著しく、住民の危機感が増している。二〇〇四年十月二十三日の「中越大地震」のときは、風評被害でほとんどの予約がキャンセルされたという。豊かな自然と登山文化を継承したい山域である。

浅草岳に登るには、五味沢口、田子倉口、入叶津口《いりかのうづ》、鬼ヶ面山縦走コースがある。五味沢からのコースはネズミモチ平まで立派な車道があるので、大部分の登山者はここから往復している。最短コースは急で道が悪いが、車道を桜ゾネ広場まで行くと歩きやすい道がある。前岳まで登ると草原になり、展望が開け、山頂まで木道が整備された気分の良いところである。山頂付近から鬼ヶ面山東面の大岩壁が圧巻だ。

田子倉駅から直接登る中先尾根は、鬼ヶ面山の大岩壁を見ながらで素晴らしいが、登山口の田子倉駅に電車が止まらなくなった。入叶津コースは登山口まで遠いが、巨木のブナ原生林帯と広い湿原（天狗の庭）を通る。ヒメサユリが多いのはこのコースの山頂近くであった。他のコースを登ったときでも、余裕があったら大草原の碑まで下ってみることをお勧めする。鬼ヶ面山からの縦走コースはブッシュの廊下のようなアップダウンのある長いコースで、たまに絶壁を見下ろすだけで期待外れだった。残雪期にはヤジマナ沢からの尾根を登る人が多くなったが、古典的なムジナ沢ルートが変化に富んでいる。残雪期の浅草岳は積雪の質感が圧倒的で、山頂近くのカヘヨボッチ付近や鬼ヶ面山の景観が素晴らしい。

☆田子倉コース

参考コースタイム
（著者68歳）

☆2008.10/13
（メンバー；鈴木貫太、熊倉隆夫、小林伸吉）
音松荘6:25＝大白川駅6:35/6:44(JR)＝田子倉7:07ー大久保沢8:00/8：10ー田子倉眺メ8：45/8:50ー剣ヶ峰9:35ー浅草岳11:00/11:35ー前岳11:45/12:00ーネズモチ平13:40ー駐車場13:50＝音松荘14:15

前日は守門岳に登って音松荘泊。大白川駅まで車で送ってもらい、電車で登山口の田子倉駅。大久保沢までは巨木のブナ帯。そこから急な尾根となる。これ以上は望めない晴天。鬼ヶ面山の岩壁が見えはじめ、うれしくなる。振り返ると田子倉湖、湖面が見えるのはほんの一部で、朝霧の雲海に覆われ風情があった。

尾根は次第に細くなり岩稜となる。鮮やかな赤や黄色の紅葉越しに、鬼ヶ面山の岩壁が一段と映え、前方には大きな浅草岳の斜面。これ以上の贅沢は望めない絶景にしびれる。

気分の良い岩稜は、剣ヶ峰の先まで続いていた。山頂から下ってくる登山者もチラホラ。歩く人は稀なコースだと思っていたが、多くなったと感じた。音松荘の主人は、紅葉情報が流れて登山者が多くなっているからだと言っていた。

剣ヶ峰を越えると、黄葉したブナ帯。急なブッシュ帯を詰めると、登山者が見られるようになり頂上。前夜、音松荘で一緒だったパーティーと会う。宿の車でネズモチ平まで迎えに来てもらうと言うので、一緒に乗せてもらうことにした。

山頂から前岳にかけては、草原の広がる長閑な稜線。カヘヨボッチを見下ろすと平凡なブッシュの稜線だったが、四月に登ったときには見事な雪稜のピークになっていた。ネズモチ平への下りは急で泥んこ、滑って難渋した。車道に出て靴を洗って、マイクロバスに乗り込んだときはホッとした。下まで歩かないでよかった。

このコースは、只見線の早朝の電車がなくなり田子倉駅に停車しなくなったのでアクセスに工夫を要する。

☆入叶津コース（ヒメサユリ観賞）

参考コースタイム　（著者71歳）

☆2011.7/9
（メンバー;鈴木貫太、町田廣光 、石川明美、椿健一）
音松荘（宿の車）6:20＝大白川駅 6:44 ＝只見駅 7:16（タクシー） 15分＝入叶津登山口 7:40/7:45 －山神の杉 9:00/9:10 －沼の平入口 10:40/10:45 －すだれの岩 11:05 －水場 12:05/12:30 －大草原 13:00 －浅草岳 13:15/13:25 －前岳 13:45/13:55 －桜ゾネ広場 15:25 －ネズミモチ平 16:05（宿の車）＝音松荘 16:20

前日二十一時に松戸を出て音松荘で仮眠。大白川駅からＪＲで只見駅、タクシーで入叶津登山口へ。ブナの巨木を縫う道は圧巻で、上部には浅草岳随一の大草原・天狗の庭がある。

山頂近くになるとヒメサユリが目立った。例年だと花が終わっている時期だが、今年はほぼ最盛期。頂上付近に達したころから雲行が怪しくなる。最短コースは急な泥んこ道なので桜ゾネ尾根を下るが、よく整備されていて歩きやすかった。途中から豪雨と雷鳴。桜ゾネ広場から車道は、山側の斜面から水があふれ出て水浸しで、沢の水が流れ込むところは膝上の徒渉を余儀なくされた。

途中に浅井乙一さんの慰霊碑があった。ネズモチ平から宿の車で音松荘へ。（注　只見線の一番列車は八時四十五分になった）

☆入叶津―浅草岳―田子倉

松戸を二十一時に出て音松荘に入り仮眠。宿のマイクロバスと二台の車（帰り用に田子倉下山口まで）で登山口に向かう。紅葉には早かったが、他に登山者の姿はなく、ガスで巨木のブナ林が森閑としていた。

大草原まで登ると広大な草紅葉。山頂から大草原の碑までは十分程度なので、往復する登山者がチラホラ。山頂は大勢の登山者で賑わっていた。中先尾根は紅葉に早く、曇って展望もイマイチだったが、紅葉の名所を期待した登山者が多かった。

下山口で二台の車で音松荘に帰り懇親。この日は天気がイマイチだったが、浅草岳のブナ原生林と大草原

参考コースタイム
（著者73歳）

☆2013.10/19-20
（メンバー；鈴木貫太、熊倉隆夫、町田廣光、小林康男、渡辺美里、南礼子、遠藤敦子、河合亮子、高橋和子）
音松荘6:00＝入叶津7:20－沼ノ平分岐8:25/8:35－平石山9:10/9:20－水場11:05/11:15－大草原の碑11:30/11:40－山頂11:50/12:30－剣ヶ峰14:10/14:20－田子倉登山口16:15

の草紅葉を堪能できるコースであり、音松荘の助力で計画できた。

☆ムジナ沢ルート

> **参考コースタイム**
> （著者 72 歳）
>
> ☆**2013.3.16**
> （メンバー；熊倉隆夫、鈴木貫太、南礼子、高橋和子、椿健一、河合亮子、遠藤敦子）
> 音松荘6:15ームジナ沢7:30ー大滝ーカヘヨボッチ11:00ー浅草岳11:35/12;00ー大滝ー音松荘泊

スキー二人とツボ足五人。雪が硬く締まっており、潜らない。ムジナ沢に入るまで分かりにくかったが、台地状の杉林を適当に登り、ムジナ沢に下りて沢筋を忠実に登る。他にトレースがなく、カモシカやウサギの足跡が多かった。

大滝を右から巻き、対岸の急斜面を登る。沢筋に下りないでそのまま登れば鬼ヶ面山だ。ツボ足組はキックステップがきついので、アイゼンを着けた。主稜線まで登ると視界が大きく開けたが、北風が冷たい。カヘヨボッチは雪が多く、見事なスカイラインを描いていた。

入叶津コースの大草原（2011.7.9）

前岳まで登ると、鬼ヶ面山の白い壮絶な絶壁が見られた。右に鬼ヶ面岩壁を見ながらの、なだらかな雪原のような稜線歩きが楽しい。貸し切りの山頂は気分が良いが、気温は氷点下だった。大滝まで下ると雪面は緩んでグズグズ。歩き組はアイゼンを外し、ワカンで下った。歩き組は汗だくで懸命だったが、スキー組は待ち時間が長くて寒さに震えた。

30 守門岳

新潟平野に君臨する日本一の雪庇のできる山

新潟県は世界でも有数な豪雪地であるが、とりわけこの山域は雪が多い。守門岳（一五三七㍍）は一五〇〇㍍あまりしかないが、新潟平野から目立つ大きな山塊で、袴岳（守門岳）を盟主に北西に青雲岳《あおくも》、大岳、東に袴腰、駒ノ神、黒姫、南に小烏帽子、藤平山と、大きな翼のような山を従えている。守門岳から大岳の稜線は、日本一の雪庇ができるところとして知られている。守門岳には数多くの登山道がある。主に登られているのは二口からであるが、保久礼《ほっきゅうれ》小屋まで立派な道路ができたので、大岳経由で登る人が多くなった。大白川コースは短いが急で、栃尾コースは車道歩きが長い。この山は、夏は暑くて辟易するが、ブナの紅葉や山頂付近の草紅葉が見事である。

守門岳はなだらかで積雪が多いので、低木が雪に埋まり巨大な純白の山となり、山スキーに適している。残雪期だとどこでも登れるので、夏道のない東側の袴腰、駒ノ神、黒姫もターゲットになっている。

参考コースタイム
（著者68歳）

☆2008.10/12
(メンバー；鈴木貫太、熊倉隆夫、小林伸吉)
松戸0:00＝二口登山口猿倉橋3:30/6:40－滝身台8:35/8:45－大岳分岐9:50－青雲岳10:15－守門岳10:30/10:40－大岳12:20－保久礼小屋13:40/二口登山口14:30＝音松荘(泊)

☆守門岳—大岳二口コース

登山口の猿倉橋はトイレ付の駐車場。小さいがきれいなブナ帯の急斜面を登ると、傾斜のないやせた稜線となり、展望が開ける。山全体が色付き始めている。左の沢の滝が見え隠れするのを見ながら登ると滝見台。右の沢にも大きな滝が見られた。

再びブナ帯の急斜面。主稜線に出ると紅葉の最盛期で、一気に展望が開けた。大岳方面から大勢の登山者が登ってきていた。そこからガスに見え隠れする守門連山の展望を楽しみながらの、気分の良い縦走路を辿って袴岳（守門岳頂上）。

守門岳山頂から大岳方面（2012.4.21）

反対側は、浅草岳から見ると双耳峰のような袴腰、その先に大きな黒姫のピークも眺められたが、この方面は密生した灌木帯で歩いた形跡がない。大白川コースも、残雪期の純白の稜線からは想像できない灌木帯の道だった。十月に登ったときは背が高い灌木で展望もよくなかった。

主稜線のビューポイントは草紅葉の青雲岳付近で、引き返すときにのんびりするが、北風の冷たさに震えた。分岐点からさらに下って大岳に登り返す。大岳から守門岳までの北東側は日本一の雪庇ができるところだが、雪がないと低木の茂る平凡な斜面にすぎない。

大岳山頂は広い台地で、背の高いブッシュで展望がよくない。ここから保久礼への急な下り。保久礼には大きな駐車場があり、多くの登山者が守門岳の登山に利用しているようだった。そこから登山道を下って車道に出て猿倉橋に戻り、音松荘に泊り翌日は浅草岳に登った。

☆残雪期大原スキー場コース

> **参考コースタイム**
>
> （著者 71 歳）
>
> **☆2012.4.21**
>
> (メンバー；鈴木貫太、熊倉隆夫、町田廣光、南礼子、遠藤敦子)
>
> 松戸5:00＝大原スキー場駐車場9:00＝スキー場上9:50－主稜線12:50/13:10－守門岳14:50/15:10－主稜線分岐16:00－リフト上17:20－大原スキー場駐車場17:40＝音松荘（泊）

スキー二人、歩き三人。胸を突くような急斜面を登りつめると純白の主稜線。左斜面はなだらかだが、右斜面は雪庇があり、切れている。頂上からは、大岳にかけての大雪庇が眺められた。

苗場山山頂湿原（2010.10.16）

31 苗場山

広大な湿原のテーブルマウンテン

苗場山（二一四五㍍）の特徴は、山頂付近が広大な湿原になっていることで、夏はお花畑、秋は草紅葉に大小無数の池塘が映える。この広大な山頂湿原は、積雪期に見渡す限りの大雪原となる。

苗場山は、谷川連峰西端の平標山と清津川を挟んだ台形の山で、南には佐武流《さぶりゅう》山から白砂山、北には神楽ヶ峰を経て小松原湿原がある。秋山郷を挟んだ対岸には岩峰の鳥甲《とりかぶと》山があり、その奥に志賀の山々が控えている。

苗場山で最も多く登られているのは、アクセスの容易な和田小屋のある祓川コースである。ここはスキー場として一八〇〇㍍あまりまでゲレンデになっているが、登山道はゲレンデを避けて登れるようになっている。

稜線近くまで登ると小松原湿原方面の分岐。神楽ヶ峰に立つと、巨大な苗場山本峰と対峙する。少し下ったところに雷清水があり、水量が多くおいしい。絶壁状の斜面をジグザグに登ると、山頂湿原の一角で頂上が近い。頂上にあった小屋は解体された。

次いで登られているのが小赤沢コースで、登山口まで遠いが三合目まで車で入れる。苗場山に登る最短コースで広大な山頂湿原を縦断する。秋山郷でのんびりするとか、鳥甲山と合わせて登るのに適している。

赤湯コースは足の便が悪く、辿る人が少ないが清津川の清流、ランプの宿・赤湯が魅力で、山に登らないのに訪れる人がいるようだ。小松原湿原は、オオシラビソに囲まれて苗場山頂とは違う風情であるが、アクセスが悪く訪れる人が少ない。津南から林道がかなり深く入っており許可を得れば入れるので、登る人が多くなっていると聞く。

苗場山は積雪期に周囲が急な雪壁で取り囲まれ、頂に立つのが容易でない。私は十二年前の四月下旬に思いつきで、前年秋に登った小赤沢コースから登頂を試みて登ることができた。以降、トレースのまったくない山頂雪原に感動し、何回も登るようになったが、今でもこの時期に登る人はほとんどいない。定宿にしているのが小赤沢の民宿「えーのかみ」で、小さな宿であるがこだわりの山菜料理が素晴らしく、これだけでも訪れる価値がある。

苗場山の前衛峰である神楽峰は山スキーのメッカである。山腹には「みつまた」「かぐら」スキー場があり、これを利用すると二時間足らずで登れ、広大な斜面を自由に滑降できるので、毎年のように登っている。

☆小赤沢コース（公募登山）

参考コースタイム
（著者70歳）
☆2010.10/17
(メンバー；会員11人、一般7人)
三合目5:55－六合目7:40－坪場8:25/8:35－山頂9:45/10:15－坪場10:50/11:15－三合目13:20/16:00

前日松戸を出て秋山郷を散策し、小赤沢の自炊専用のふるさとの家に泊まる。現地で手に入れた、最盛期の原木ナメコやナラタケのみそ汁が美味しかった。

翌朝、車で三合目に登り、三つの班に分かれて登り始める。水場のある四合目付近までが紅葉の盛りで、左右の山腹も賑やかで明るく感じた。傾斜が緩いところはぬかるんでいたが、滑り止めをつけた鍋蓋のような輪切りの丸太が、丁寧に敷き詰められている。コメツガやオオシラビソ帯を抜けるとダケカンバ帯で、残雪期に登ったときは顕著な雪原だったので「カンバ平」と名付けたが、その面影がない。この付近の紅葉は季節的に遅かった。ここから急になり、足もとが泥んこで辛い。

　登りきったところが湿原のある坪場。雲が切れ、一気に展望が開け、佐武流山から岩菅山、北アルプスの山々まで見渡せた。風が冷たいので防寒用に雨具を着け、山頂を目指す。坪場からの登りは、池塘の多いまとまった湿原で気分が良い。その先が一部樹林帯で、荒れた泥んこ道で歩きにくいが、抜けると山頂にかけて広大な湿原。最近整備された佐武流山方面への木道を少し行くと、尾根状の樹林帯の中に小さな苗場山神社があり、その先の広い湿原には、地元の自然保護団体が要望した通り迂回するように木道が作られていた。

　山頂ヒュッテは営業していたが、頂上の標識の近くにある遊仙閣は閉鎖されており、その後に解体された。四月末にきたときは屋根まで雪があったので、多いときは六㍍を超す積雪だったろう。こんな豪雪と、台地状の地形がこの広い広い湿原を作らせているのだ。

　木道の下りは快適だったが、急斜面の下りは滑って歩きにくかった。四合目から下は明るくなって紅葉も映えていた。下山後、鳥甲山の眺められる「のよさの里」で入浴。宿に戻って荷物を回収し帰松した。

☆残雪期小赤沢コース

参考コースタイム
（著者69歳）

☆2010.4/25

(メンバー；鈴木貫太、町田廣光、小林康男、南礼子)
小赤沢＝三合目7:00/7:40－カンバ平9:20/9:40－坪場11:50/12:00－山頂12:45/13:00－坪場13:40/13:50－カンバ平14:25/14:35－三合目15:15

　前夜二十時頃に松戸を出て、二十四時ごろ、小赤沢の「えーのかみ」に入って暖かい布団で仮眠。予定では一合目まで車で入り、登ることにしていたが、夏の登山口である三合目まで除雪してあるというので車で入る。三合目の駐車場近くの凍った道で動けなくなったので、やむなくそこに車を残して登ることにした。これで登り一時間半、下り四十分歩かなくて済んだので、体力的には楽になった。

　夏道は尾根筋だが、まだ残雪で歩きやすい右側のカイデ沢から登る。広くなだらかな樹林帯を登るルートで、五㌢ほどの新雪で眩いばかり。カモシカやウサギの足跡が幾つもあるが、人の歩いた様子がなく静かだ。ブナ帯からオオシラビソ帯を経てダケカンバ帯になるとカンバ平。

苗場山坪場への最後の登り（2010.4.25）

ここからUターンするようにトラバース気味に右手の斜面を登り、沢筋に入る。ここから坪場近くに突き上げる標高差二〇〇㍍あまりの急登が、この登山の核心部。新雪の下の雪が固いので、アイゼンを着ける。私の四本爪ではほとんど役立たずなので、ピッケルで足場を切りながらキックステップで登る。六本爪も利かなかったようだ。ハアハアゼイゼイ、ピッチが上がらない。立ち木のあるところで木につかまりながら何回も休んだ。

坪場は頂上台地の一角で、一気に展望が開ける。樹氷や霧氷が空の青さに映えて、四月下旬だとは思えない光景だ。雪が解けると湿原になる人跡のない広大な雪原を、ルンルンの気分で頂上へ。

神楽峰から霧ノ塔、小松原湿原の稜線が間近に見えた。頂上にある遊仙閣の屋根まで積雪があり、屋根に座って休む。積雪は四㍍ほどだろう。（この小屋は最近解体されたので、積雪期に頂上を確認するのが難しくなりそうだ）

坪場からの急な下りは、登りよりも緊張した。一歩一歩足場を固めながら慎重に下るが、下るにつれて雪が緩み、楽になった。途中からシリセード（お尻ですべる）を交えて一気に下るが、標高が下がるにつれて雪が腐って、潜るようになった。車に戻ったら、道の氷がすっかり解けて難なく脱出できた。

山頂付近。建物は２階建ての山頂ヒュッテ(2010.4.25)

えーのかみに戻って、赤い温泉「楽養館」で入浴。夕食は豪華山菜料理尽くしの夕食を楽しんだ。米もミソも白酒も自家製、保存した山菜や野菜、時期的に早いのは下から手に入れた食材のオンパレード。

☆祓川―苗場山―赤湯

> 参考コースタイム
> （著者59歳）
> ☆1999.6/26-27
> (メンバー；鈴木貫太、井手橋紀恵、川瀬道子)
> **26日**　湯沢(JR夜行)5:26＝登山口(タクシー)7:00－神楽峰10:10/10:20－苗場山11:45/12:35－赤湯16:40
> **27日**　赤湯7:55－車道9:40（同宿者の車に便乗）＝湯沢

山頂付近は残雪が多く花には早かったが、少し下るとチングルマの群落が目立った。台地からの下降点にはスノーブリッジがあり、その下を潜る。赤湯への道は踏み荒らしもなく気持良いが、アップダウンがあり長かった。赤湯はランプの宿で、宿泊者は十人程度。清津川の流れが大きく変わり、河原の露天風呂が消えていた。

赤湯の山口館に三十年前に訪れたとき、元気なオバさんが「苗場山一帯のスキー場開発の一環として、すべての山小屋の買収計画があった。和田小屋や遊仙閣は買収されたが、ここは秘湯を守りたいと応じなかったのでランプの宿を守れた」と話してくれたが、今も元気にランプの宿を切り盛りしていた。

赤湯から元橋までは四時間かかるが、二時間ほど歩いて林道に出たところで、富山から来た赤湯ファンの同宿者の車に湯沢まで便乗させてもらった。

富士見平から火打山（右）と焼山（左）（2013.5.24）

32

火打山

火打山、妙高山、戸隠山

花の山と岩峰のイメージを併せ持つ妙高・戸隠山塊

妙高・戸隠山域はたおやかな花の山と岩峰や岩壁の山のイメージを併せ持つ。目立つのが妙高山（二四五四㍍）、火打山（二四六二㍍）、焼山（二四〇〇㍍）の頸城《くびき》三山。その先に雨飾山がある。対峙するのが高妻山（二三五九㍍）と乙妻山の稜線で、岩稜の戸隠山（一九〇〇㍍）を従える。日本海に近く世界有数の多雪地帯で、遅くまで残る雪が湿原を作り、雪崩に山肌が削られ岩壁が発達した。高山植物が美しい山の代表が火打山で、特に高谷池から天狗ノ庭は池塘が多く絶景。岩峰の代表が妙高山や高妻山で山容が気高く、遠くからでもよく分かる。岩壁の代表が戸隠山で、屏風のような絶壁が発達している。

妙高山や火打山に何度か登ったが、縦走路には快適な高谷池ヒュッテや黒沢池ヒュッテがあるので、容易に縦走できた。山麓の温泉が豊富なので、疲れを癒してくれた。火打山は、残雪期にも山頂近くの小屋が営業しているので登りやすい。冬季も赤倉スキー場や、杉の原スキー場からスキー登山が楽しめるエリアだ。この山域は北アルプスより遠いので、登る機会が少ないが、四座が深田百名山になっていることからわかるように名山が多い。戸隠山の蟻の戸渡りを除けば特に難しいところがなく、穏やかな気持ちで登れる。

☆火打山―妙高山

参考コースタイム　（著者51歳）

☆1991.7/20-21

(メンバー；鈴木貫太、春原英子、日下和子、奥山千枝子、西田貞子、宮沢純子、桑原素子)

20日　上野23:58＝妙高高原5:26(タクシー)＝笹ヶ峰登山口7:15－黒沢8:25－十二曲9:15－富士見平10:30－高谷池ヒュッテ11:20/12:15－火打山13:40/13:50－高谷池15:00/15:10－黒沢池ヒュッテ16:15(泊)

21日　ヒュッテ6:15－燕新道分岐7:40－妙高山9:05/10:00－天狗平11:25－地獄谷分岐12:30－燕温泉14:00

黒沢までは雨で沢状の道。十二曲の急登から高谷池までは花が多く、慰められた。高谷池ヒュッテから火打山を往復する。高谷池にはモウセンゴケが多い。天狗ノ庭は池塘のある湿原で、さまざまな花が咲き乱れていた。振り返ると、雨に煙る高谷池湿原の先に、三角屋根のヒュッテのある景観が絵のようで美しい。山頂付近の湿地にはハクサンコザクラの群落があった。

高谷池ヒュッテ（1991.7.20）

雨で展望がないので早々に下山し、高谷池に戻り宿泊地の黒沢池ヒュッテまで縦走する。ヒュッテは球状の青い屋根でメルヘン風。団体客が多く、雨でテントから避難してきた登山者もあり超満員だった。翌日は快晴で、雨で樹木が洗われて清々しい。大倉乗越まで登ると大きな岩峰・妙高山が目に飛び込んだ。眼下には長之助池が輝いており、残雪も見られた。トラバース気味に下ると、燕新道の分岐。ここから本格的な急登になる。

妙高山からは三六〇度の展望で、北アルプスの山々から富士山まで見えた。下りはゴロゴロした岩場で鎖場もあるが、特に難しいところはない。火打山はなだらかな花の山だが、妙高山はゴツゴツした岩峰だった。

☆火打山・笹ヶ峰コース

参考コースタイム　（著者72歳）

☆**2013.5/24-25**
(メンバー；鈴木貫太、南礼子、河合亮子、高橋和子)
24日　新宿23:30(高速バス)＝長野5:30/6:31＝妙高高原7:12(タクシー)＝笹ヶ峰8:00－黒沢9:00/9:10－十二曲上10:20/10:30－富士見平11:50/12:10－高谷池ヒュッテ13:00/14:00－火打山15:55/16:10－高谷池ヒュッテ17:30
25日　高谷池6:40－大倉乗越8:15/8:30－黒沢池ヒュッテ8:50/9:00－十二曲上11:00/11:10－笹ヶ峰12:30

富士見平付近から上部は、連休時と比べほとんど変らない残雪の世界で展望抜群だが、雪が硬くトレースがないので登りにくかった。火打山はブッシュで尾根コースに出られなくて直登するが、片斜面で緊張した。高谷池ヒュッテは他に一パーティーのみ、炊事具があるので食材のみでよかった。

大倉乗越から見た妙高山は、急な雪壁の下りと険悪な登りがあって登れそうになかったが、残雪期には、大倉乗越を下って鞍部を大谷ヒュッテに抜けられると聞いた。黒沢からの下りは樹林帯のトラバースが長かった。

☆戸隠山・蟻の戸渡り

参考コースタイム　（著者72歳）

☆**2012.9/22**
(メンバー；鈴木貫太、熊倉隆夫、町田廣光、小林伸吉、南礼子、小林康男、遠藤敦子、石川明美、高橋和子、向山一男)
戸隠キャンプ場6:20＝奥社入口6:40－奥社7:20/7:35－五十間長屋8:20/8:30－蟻ノ戸渡り9:30/9:40－八方睨10:30/11:00－不動避難小屋13:20/13:30－キャンプ場15:20

前夜戸隠キャンプ場バンガローに入り、車で奥社入口まで移動。奥社参道は杉の巨木の並木で壮観。奥社からは樹林帯の急登。五十間長屋まで登ると、右手真近に屏風のような岩壁の連なる戸隠山が見えた。大きな岩壁の下を通る百間長屋を過ぎると、急な鎖場の連続になり楽しめた。

これらをクリアすると、いよいよ蟻ノ戸渡の難所。両側が垂直に切れ落ちた幅五〇センチほどの、二〇メートル余りのほぼ水平なナイフリッジ。巻き道に鎖があるが、ナイフリッジには鎖がない。先行パーティーが通過中で、馬乗りになっている人もいた。ホールド・スタンスが豊富で技術的には難しくないが、高度感が凄い。岩場が苦手だとか経験の浅い人もいたので、安全のためにザイルをセットし、ワイワイ言いながら登り切った。

蟻ノ戸渡を通過すると、間もなく主稜線の八方睨。ここで〝ヤッター！〟とハイタッチ。名前の通りここからの展望が良く、高妻山が大きい。戸隠連峰は険悪な岩稜で、東側がスッパリ切れ落ちている。最高峰の西岳方面への道はトレースがかすかだったが、行ってみたいなーというメンバーの声も聞こえた。ここから岩壁の縁を辿る一不動への稜線も展望が良かった。

難所を登り切った安堵感からか、一不動までの道が長く感じた。一不動避難小屋は質素。ここからは単純な下りだと思ったが、鎖場があり、沢を何回も横断するので雨の日は注意を要するようだ。キャンプ場までも意外と時間がかかった。

翌日は大雨の予報なので、予定していた高妻山は中止と決め、温泉に行き、宴会グッズを買い出しして、のんびりした。

☆三田原山スキー滑降

> **参考コースタイム**
> （著者 57 歳）
>
> **☆ 1998.3/2**
> （メンバー;鈴木貫太、吉田年江、堀口佳子）
> 杉ノ原スキー場民宿 8:00 ＝第３高速リフト上（1850m）9:20 ー三田原山稜線（2100 m）13:50 ー三田原山頂（2300m）13:10/13:30 ー第３高速リフト上 14:35/15:00 ー宿 15:25

八人のゲレンデスキー組と杉ノ原の民宿に泊まり三人で三田原山に登った。

リフト終点でシールをつけ登るが、昨日までの豪雪でラッセルがきつい。一昨年雪崩事故のあったシブタミ沢の横断は、間隔をあけて通過するが緊張した。斜面がきつくなったのでジグザグに登るが、後続の七人パーティーが追い付き交互にラッセルをしたので少し楽になった。

高度があがると雪が締まってラッセルが楽になるが風が強くなる。三田原山は妙高山を囲むような外輪山で、妙高山本峰が圧倒的で迫力があった。南には高妻・乙妻山群が大きい。

滑降は前年（一九九七年三月八日）と同じ池ノ峰近くの林道を予定していたが、降雪量が多く不安定なので、安全を期して尾根筋の往路を戻ることにした。

なお前年は、第三リフトが停まっていて歩いて登ったので遅くなり、二一五〇㍍付近までしか登れなかったが、一時間二十分で林道まで滑降し、杉ノ原の宿にはさらに四十分で着いた。

III 東北の山

豊かな自然と温泉、素朴な人情

小白森（乳頭山の北西）の山頂湿原（2008.6.26）

東北の山と聞くと郷愁にかられる。特に高い山はないが、広大なブナやアオモリトドマツの樹海、点在するお花畑や湖沼、湿原、温泉に圧倒される。避難山小屋や登山道が良く整備され地元の思い入れが伝わってくる。長閑で瑞々しい田園風景や素朴な人情が嬉しい。同じ東北の山でも、日本海側の山ほど残雪が多く、湿原やお花畑が発達している。

33 秋田駒ヶ岳

秋田駒ヶ岳、乳頭山《にゅうとうさん》、大白森

たおやかな山脈と広大な湿原・ブナ原生林

秋田駒ヶ岳（一六三七㍍）は故郷の山である。秋田駒ヶ岳から八幡平、岩手山は尾根続きになっている一つの山域なので、学生時代の帰省時によく登った。山に登り始めたころで、ほとんどが単独でひたすら歩いた。私の登山の原点のような山域である。しばらく訪れる機会がなかったが、最近、温泉宿を利用して再び登って、この山域の素朴な魅力を実感した。

秋田駒ヶ岳から乳頭山、大白森、大深岳《おおふかだけ》、八幡平まで続く長大な稜線は奥羽山脈の脊梁であり、秋田・岩手の県界尾根である。大深岳からは岩手山に続く尾根が派生している。秋田駒ヶ岳の南に和賀岳や真昼山が続いており、八幡平の西に焼山があり、玉川温泉の先に森吉山がある。

秋田駒ヶ岳は活火山であるが、火山特有の壮絶さがない。幾つものピークがあり、その鞍部には広大な湿原や湖沼、お花畑があり桃源郷のようである。秋田駒ヶ岳から乳頭山はなだらかな稜線でつながっており、湿原が点在している。

大白森から秋田駒ヶ岳（2008.6.26）

乳頭山（一四七八㍍）は岩手県側で烏帽子《えぼし》岳とも呼んでいるように、特異な岩峰のピークであるが、山域は概ねなだらかでお花畑や湿原が広がっている。私の好きなのは、駒ヶ岳と乳頭山縦走路から少し下ったところにある千沼ヶ原。アオモリトドマツの樹海の中にある無数の池塘を有する広い湿原で、森閑とした佇まいが素晴らしい。乳頭山から大深岳方面の県界尾根にある大白森の山頂付近は広大な湿原であるが、訪れる人は稀である。乳頭温泉郷から登ると、山腹を覆うブナの大樹海にも感動する。

この山域は地元の思い入れが大きく、登山道がよく整備され、立派な無人小屋があり、ストーブと薪が用意されている。山麓には湯量の豊富な乳頭温泉郷がある。この山域では、無人小屋でのんびりするのもいいし、美味しい食事と豊かな温泉、素朴な人情の温泉宿から往復するのも好きである。

☆秋田駒ヶ岳―乳頭山

参考コースタイム

（著者64歳）

★2005.6/11　単独

浜松町(高速バス)22:35＝田沢湖駅7:45/8:15＝駒ヶ岳八合目9:15/9:25－阿弥陀池10:30/(女目岳往復)11:15－湯森山12:20/12:30－笊森山13:35/13:45－乳頭山14:50/15:00－孫六温泉16:25（泊）

同窓会の帰省時に秋田駒ヶ岳から乳頭山を縦走することにした。夜行バスで田沢湖駅まで行き、余分な荷物をコインロッカーに預け、登山バスで駒ヶ岳八合目まで登る。登山シーズンには早く、天気も良くないので登山者が少ない。見上げる駒ヶ岳の斜面には残雪が多く縦走を懸念するが、登ってみることにした。

八合目は既に灌木帯で、矮小化した鮮やかなピンク色のヤマザクラが一斉に開花していた。樹間にミヤマキンバイが咲き乱れ、高度が高くなるとコケモモの花の最盛期だった。阿弥陀池池畔の小屋に入ると数人が休んでいたが、二階には宿泊している大パーティーがいた。

阿弥陀池周辺はチングルマの多いところでお花畑を期待したが、一帯は残雪に覆われていた。そこから駒ヶ岳最高峰の女目《おなめ》岳を往復するが、よく整備された広い道で、登山者の多いことがうかがえた。以前、隣の男《お》岳に登ったことがあるが、こちらのほうが登る人が少ないので清楚な雰囲気でよかった。横岳周辺は火山礫で、コマクサの多いところであるが花には早かった。

縦走路に入ると人影がない。ヤマザクラの花の多い灌木帯の縦走路。湯森山を越えると広い雪田があり、その先に点在する湿原があった。ミズバショウが咲き、ガスが去来し幻想的な雰囲気だが、行き交う人がなく不安でもあった。

笊森《ざるもり》山は地を這うハイマツ帯で雨の中でも気分が良い。頂上付近で濃霧の中からいきなり単独行の女性と遭遇し、お互いにビックリするが情報を交換できた。

笊森山から少し下ったところの分岐から、木道を千沼ヶ原《せんしょうがはら》に下る。やがて大きな雪田に阻まれ、視界がないので無理と判断しあきらめた。笊森山分岐まで戻ることも考えたが、雪田の縁を辿って乳頭山方面から来る道に出て、縦走路に戻った。

一瞬ガスが切れて、大きな雪田の先にたくさんの池塘（高層湿原に点在する小さな池）のある千沼ヶ原が眺められた。視界があれば行けたのにと無念に思った。縦走路周辺には小さな池塘が点在しており、振り返るとたくさんの雪をつけた駒ヶ岳が垣間見られた。乳頭山の象徴的な岩峰にはミヤマキンバイ群落がしがみついていた。

少し下ったところにある田代岱の小屋を覗くと大パーティーが小屋を占拠し、賑やかで入れない。地元の単独行の登山者が「大勢でタダで泊まりやがって！」とブツブツ言っていた。同感である。これでは他の登山者が気軽に利用できない。懇親目

乳頭山（2005.6.11）

大白森登山道のブナ原生林（2008.6.26）

的なら山麓の小屋でやってもらいたいと思った。

　田代岱から乳頭温泉・孫六温泉への下りは静かなブナ帯で、タケノコを取りながら下った。孫六温泉に着いたら採りたての太いタケノコがどっさり置いてあり、下山路で採ってきたのをそっと捨てた。孫六温泉は車が入れない場所にある簡素な宿であり、湯量が豊富でタケノコ主役の食事が良かった。

☆鶴巻温泉―大白森

参考コースタイム
（著者68歳）

★2008.6/26　単独
鶴の湯7:45－主稜線
9:10/9:20－小白森
9:45/9:50－大白森
10:25/10:45－分岐
11:45－鶴の湯12:40

　家族旅行で八幡平から後生掛温泉に入り、前日に焼山から玉川温泉を経て乳頭温泉郷の鶴の湯に宿泊した。この日は田沢湖を経て森吉山山麓まで行く予定だが、その前に四十三年前トレースした大白森に一人で登ることにした。

　鶴の湯は大白森の登山口だが登る人が稀なので、宿の人も秋田駒か乳頭山でないことに驚いていた。怖いのは熊とマムシ。宿で鈴を買い、登山口で棒切れを拾って登った。

　ブナの巨木を縫う急な登山道。豊かなブナの樹海越しに秋田駒が大きい。主稜線に出ると乳頭山方面の分岐だが、踏み跡がかすか。主稜線を辿ると数人のタケノコ採りがいた。登山者が少ないのによく踏まれているのはこのためのようだ。

　緩い稜線を辿ると小白森の山頂湿

原。小さいがアオモリトドマツに囲まれた池塘があり、ミツガシワやワタスゲ、ニッコウキスゲ、レンゲツツジが咲いており、庭園のようにまとまっている。

少し下って登り返すと大白森の広大な湿原台地。緩い傾斜があるので池塘は少ないが、草原全体にヒメシャクナゲが咲いていた。他の草が伸びる前に一斉に咲いているヒメシャクナゲは、地味だが壮観。見渡すと八幡平から岩手山に続く稜線、秋田駒から乳頭山に続く稜線が展望できた。

山腹はブナの大樹海。なんと奥深い、なんと緑豊かな山並みだろうと一人悦に入った。かつては朽ちた木道だったが、立派な木道が敷かれていた。この先の大深岳に続く長い稜線の道がどうなっているか分からないが、この辺りまでは歩く人が多くなっていると感じた。

一人だと足が速くなる。ほとんど休まずに鶴の湯に戻り、露天風呂で汗を流し次の目的地に向かった。

大白森山頂（2008.6.26）

八幡平八幡沼俯瞰（2012.8.30）

34 八幡平　八幡平、焼山

アオモリトドマツ樹海・高層湿原・温泉の宝庫

八幡平（一六一三㍍）から大深岳（一六一三㍍）、秋田駒ヶ岳までは奥羽山脈の脊梁の県界尾根であるが、一緒に登られることが少ない。岩手山から八幡平までの山々を裏岩手連峰と呼んでいるが、大深岳から岩手山までは脊梁山脈から派生した尾根である。八幡平から西には焼山、玉川温泉を経て森吉山があり、東には茶臼岳、安比スキー場がある。

この山域の魅力は、深い森に覆われたなだらかな山稜に点在する湿原や湖沼、お花畑である。山麓の温泉は多彩で湯量が多い。山域は概ねなだらかで、主稜線付近はアオモリトドマツ（オオシラビソ）の樹海、山麓はブナの原生林が圧倒的である。

稜線には立派な避難小屋が多いが、営業小屋はない。避難小屋利用の縦走が可能だが、山麓の温泉宿をつないでの縦走もできる。

この山域で気軽に高層湿原とお花畑を楽しめるのは八幡平山頂付近。アスピーテラインを利用すれば山頂近くまで行けるので、観光地化している。玉川温泉と後生掛《ごしょうがけ》温泉の間にある焼山は、壮絶な火山地獄が見られる。岩盤浴で有名な玉川温泉、オンドル小屋のある後生掛や蒸ノ湯《ふけのゆ》、標高が高く天然露天風呂の藤七温泉、地熱発電があるもののひっそりとした松川温泉や滝の上温泉、仙女の湯のある網張《あみはり》温泉など、この山域の温泉はどれも湯量が豊富で個性的であり、素朴なもてなしと食事も魅力的である。大深岳から乳頭山までの縦走路は長くて、営業小屋もないので辿る人が稀であるが、三ッ石岳から滝ノ上温泉に下って乳頭山に登り返せば、温泉宿を利用して二つの山域を歩ける。

なお、八幡平には冬季に広大な樹氷原ができる。積雪期はアスピーテラインが閉鎖されているが、八幡平スキー場や蒸ノ湯からツアーコースになっている。ここの樹氷は蔵王のように大きくないが、数が圧倒的に多いので壮観である。特に岩手山を背にした景観が素晴らしい。

☆八幡平―焼山

参考コースタイム

（著者68歳）

★2008.6/24-25

（メンバー；鈴木貫太、鈴木信子）

24日　新八柱6:19＝盛岡9:22/9:47＝八幡平頂上11:37/15:24（約1.5時間；頂上付近散策）＝後生掛温泉15:24

25日　後生掛7:50－毛せん峠9:30－焼山避難小屋10:00/10:45－玉川温泉12:50/13:25＝田沢湖畔14:31

黒谷地で降りて二時間余り歩く予定だったが、風雨が強いのでバスで八幡平頂上近くのレストハウスに入り、荷物をデポし雨具だけで八幡沼から山頂を一周した。駐車場は吹きさらしだが、登山道に入ると穏やかだった。登山道は石畳状でよく整備されている。

見返峠から八幡沼を左回りで辿り、八幡平頂上に登った。沼周辺の散策路は二条の木道で整備され、ヒナザクラやチングルマ、ショウジョウバカマなどの最盛期で、咲き遅れのミズバショウも見られた。頂上はアオモリトドマツ帯になっており、展望台が作られていたが、ガスで展望がなかった。石畳の道を下ってレストハウスに戻った。

その後（二〇一二年八月末）に黒谷地から登ったときは、源太森で八幡平方面の展望が開け、広い湿原の草紅葉が始まり、特別の趣であった。左には大きな八幡沼があり、岸辺に避難小屋・陵雲荘がある。山頂に登る途中からの湿原と八幡沼の展望が良く、陵雲荘が平坦な地形に変化をつけ、絵になっていた。山頂の展望台からは樹木が邪魔して展望がよくなかった。

八幡平の頂上を初めて踏んだのは一九六四年七月で、滝の上温泉を中継地にして秋田駒ヶ岳から縦走した。翌年八月には玉川温泉から蒸の湯を中継して登り、松川温泉から岩手山に登り、大深岳を経て秋田駒ヶ岳まで縦走した。

その後、八幡平には反対運動を押し切って観光道路・アスピーテラインが作られた。展望の良い見返り峠付近にレストハウスと駐車場が作られ、アー、やっぱりと思ったが、八幡沼の湿原は散策路として整備され、うまく保存されていると感じた。観光道路も湿原を傷めないよう樹林帯に作られていた。

レストハウスからは田沢湖駅行きのバスで後生掛温泉に移動する。ここでは泥火山の記憶が鮮明だったが、かつての勢いがなく、すごいと思っていた紺野地獄もたいしたことなかった。温泉宿も近代的で昔の風情はなかった。宿の人も昔の面影がなくなったと言っていたが、湯量は豊かで温泉は素朴である。

翌日は、宿の裏から焼山に登った。深いブナの原生林の道で登る人が少ないらしく森閑としていた。ひたすら高度を稼ぐ。突然、密生したネマガリダケの中からガソゴソと動き回る音。一瞬熊だと思って大声を出したら竹薮の中から「すみません。タケノコとりです」。タケノコ採りの季節は終わったが、一〇〇〇㍍を越

焼山のイソツツジ（2008・6・25）

すところではまだあるとのことだ。

樹林帯を出たところが毛せん峠で、イソツツジの大群落に圧倒された。この花は噴気のある焼山のガレ場まで続いていた。図鑑で調べたら北海道の山に多く、硫黄性の噴気孔の近くに生育できるとあった。雨模様だったので、避難小屋でゆっくりと休んだ。立派で手入れも行き届いている。反対側から単独行の男性が登ってきたのが、この日出会った唯一の登山者だった。

小屋からひと登りすると焼山の核心部。鬼が城という景勝地だがガスに隠れていた。ガレ場を横断するようにして名残峠。こんなところにもイソツツジの他にイワカガミの群落が目立った。再びブナ帯を下ると、玉川温泉の大きな噴気帯が見下ろせるようになった。

玉川温泉の噴気帯の河原は広くて、至る所から噴煙が噴き出し壮観だった。雨模様なのにたくさんの人がゴザを敷いて寝転んでいた。手をあてると暖かくて気持ちがいい。日本一の湧出地である三㍍の幅の湯の川を見ながら、玉川温泉のバス停に下りた。のんびり留まりたいところだが、この日のうちに乳頭温泉鶴の湯に入るので、早々にバスに乗った。

☆秋田駒ヶ岳―滝の上温泉―八幡平

参考コースタイム
（著者24歳）
☆1964.7/16-17単独
16日　上野から夜行で生保内駅(現；田沢湖駅)＝駒ヶ岳八合目ー駒ヶ岳ー笊森山ー千沼ヶ原ー乳頭山ー滝の上温泉(泊)
17日　滝の上温泉ー三石山ー大深岳ー八幡平ー八幡平ユースホステル(泊)

駒ヶ岳山頂一帯はチングルマの群落だった。縦走路に入ると女性二人組だけ。千沼ヶ原は森閑として幻想的だった。乳頭山に登り返して滝の上温泉への下りで時間がかかり暗くなって着いた。温泉プールのような滝壺がある静かな温泉宿だったが、一九七四年八月に千沼ヶ原から下った時は、地熱発電の開発で荒廃した感じだった。

滝の上温泉からの登りは何人かいたが、三石山からは誰もいない。八幡平まではアップダウンのある長い縦走路。振り返ると岩手山の展望が素晴らしい。八幡沼や広い湿原も見事だった。

茶臼岳、大黒森を経て八幡平スキー場のリフト脇を下って、ユースホステルに泊まった。

☆玉川温泉—八幡平—岩手山—大深岳—大白森—秋田駒ヶ岳

参考コースタイム　（著者25歳）

☆**1965.8/16-21　単独**

16日　上野21:00＝盛岡6:22＝八幡平8:05＝玉川温泉9:30/9:45－焼山12:00－焼山ヒュッテ12:30/13:45－後生掛温泉15:30/17:00－蒸ノ湯17:45(泊)

17日　蒸ノ湯7:20－八幡平9:30/12:30－茶臼岳14:10/15:00－松尾鉱山16:30

18日　松尾鉱山8:45＝松川温泉9:30/9:40－姥倉山12:20/13:10－不動平17:00－17:15観測小屋(泊)

19日　小屋6:45－岩手山－不動平7:45－黒倉岳鞍部10:05－犬倉山11:30－三ッ石山荘13:15/14:00－小畚岳15:20－大深岳16:30－大深山荘17:00(泊)

20日　大深山荘7:00－分岐7:45－大場谷地9:35－八瀬森9:55－曲埼山10:55/11:30－岩谷山山荘11:55－大沢森12:25－大白森山荘13:35－大白森14:25/14:40－小白森15:05－田代岱山荘17:40(泊)

21日　山荘6:45－乳頭山7:20－千沼ヶ原8:10/9:15－笊森山9:40－湯森山雪渓10:20/10:45－秋田駒ヶ岳12:10/15:15－登山口17:40

六日間で八幡平から岩手山、秋田駒ヶ岳を単独縦走する。初日に玉川温泉から入山し、焼山を越え蒸ノ湯。二日目に八幡平を越え松尾鉱山。三日目に松川温泉までバスで移動し岩手山、四日目に大深山荘、五日目に乳頭山・田代岱、六日目に秋田駒を経て下山。初日と二日目は宿泊施設だったが、以降は避難小屋。

☆八幡平スキーツアー

参考コースタイム

（著者28歳）

☆**1969.3/24-25　単独**

24日　八幡平スキー場10:30－茶臼山荘11:50/12:20－陵雲荘14:30/16:00－藤七温泉16:30(泊)

25日　藤七温泉8:15－陵雲荘9:45－黒谷地10:10/10:25－茶臼山荘10:55/11:30－観光ホテル12:05

第一リフトの動くのを待って、五十人余りの人が一斉に八幡平に向かった。茶臼岳でシールを外し、黒谷地まで滑降。源太森からは岩手山と一体となった景観が見事だ。竹竿のマーキングに導かれて山頂。蒸ノ湯方面には、三角の旗をつけた竿竹が延々と続いており、そこを下る人が多かった。陵雲荘に戻り、トレースのない大斜面を気持ちよく藤七温泉に滑り降りた。宿泊者は数人。連休には百人の予約があったが、天気が悪くてすべてキャンセルになったと聞いた。翌日はたった一人で八幡平に登り返し、登山口に滑り降りた。

35 岩手山

切通しより岩手山（2012.9.1）

岩手山、三ッ石山、大深岳

東北では鳥海山に次ぐ高峰の片富士

岩手山（二〇三八㍍）は、東北では鳥海山と並ぶ存在感のある山である。県界尾根から派生した尾根の末端にありながら、鳥海山（二二三六㍍）に次ぐ高山で、岩稜とコマクサの大群落で知られている。東側が円錐形のきれいな裾野で平野に没しているのに、西側は荒々しい火口壁の稜線で、裏岩手連峰につながっている。このため地元では南部片富士と呼ばれ親しまれている。

この山には最短距離の馬返しから往復する人が多いが、網張温泉からリフトを利用して登る人も多い。大地獄谷や焼走り溶岩流を通るコースもあり、まったく趣が違う。

八幡平まで続く裏岩手連峰は、アオモリトドマツの樹海に湿原や湖沼が点在する長い縦走路で、地味だが味わいがある。

☆八幡平―岩手山

参考コースタイム　（著者72歳）

☆2012.8/30-9/1

(メンバー；鈴木貫太、町田廣光 、石川明美、向山一男)

30日　盛岡＝黒谷地11:50－源太森12:50/13:00－八幡平山頂13:40/13:45－レストハウス14:05＝藤七温泉

31日　藤七温泉3:50－畚岳4:45/5:05－諸桧岳6:05/6:25－嶮岨森8:00/8:10－大深山荘8:45/9:20－大深岳10:00－小畚岳11:20/11:30－三ッ石山荘12:45/13:05－犬倉分岐15:15－網張温泉16:30

1日　網張温泉7:00＝リフト上7:35－分岐7:50－姥倉山分岐8:50－切通し9:45/10:00－不動平12:25/12:40－岩手山頂13:30－平笠不動小屋14:05/14:15－第二噴出口跡16:05－焼走り登山口17:30

〈30日〉黒谷地は湿原の入口。源太森で八幡平方面の展望が開けた。山頂に登る途中からの湿原と八幡沼の展望が良い。山頂展望台の展望はイマイチだ。レストハウスから迎えの車で藤七温泉。地面から湧き出している温泉の周りに石を積んだ天然露天風呂群は、景色も抜群。山菜料理のバイキングに舌鼓を打った。

〈31日〉畚岳《もっこだけ》山頂からたどる長い縦走路の先に岩手山が大きい。諸桧岳《もろびだけ》はシラビソの密生した大きな山。嶮岨森《けんそもり》付近からは、左右に幾つもの沼や湿原が見下ろせた。大深山荘は立派で綺麗、そこから水場に下りていくと、湿原の中に手の切れるような冷たい水が滔々と湧き出していた。

大深岳から分岐する乳頭山に至る県界尾根の道は、相変わらず笹が被っていたが、道形がはっきりしているので通れると思われた。小畚岳から三ッ石山までは、背丈の低いハイマツや笹原の気持ちの良い稜線。犬倉山からリフトがあるが、休日しか運転してないので、急斜面を歩いて下った。網張温泉も山菜料理の多いバイキングの夕食で、満足した。

〈1日〉リフトで犬倉山に登る。姥倉山近くからは火山性のガレ場となり、地熱注意の標識があった。黒倉山は岩手山の火口壁の一部で懸崖。切通しに下り鬼ヶ城コースを登る。展望の良い岩稜で、名称ほどの難所もなく不動平に着く。避難小屋があり、多くの登山者で賑わっていた。近くに大きな八合目の避難小屋が見えた。そこの水場の水が今年は枯れているとの標識があった。

見上げると、累々たる火山礫の岩手山が大きい。コマクサ群生地だが強風と濃霧で楽しむ余裕がない。山

岩手山鬼ヶ城コース（2012.9.1）

頂から焼走りコースに下ると灌木帯の急なガレ場の道で、登山者の姿がなくなった。平笠不動小屋は、静かでホッとするところで、まったく印象の違う大きな岩手山を見上げた。

樹林帯をしばらく下ると、火山礫の斜面で灌木や草が進出しているが、コマクサが群生する大斜面があり、杭とロープで整備してあった。他に数多くのコマクサ畑を見てきたが、これだけ広範囲なのは初めてである。こんなところがあることを知っただけで、このコースを歩いた価値があると思った。

溶岩噴出口らしきところに立つと焼走り溶岩流の台地が見えた。傾斜が緩くなると溶岩流の端の樹林帯の道となる。溶岩流に登ってみると黒い岩が累々と重なる長い斜面で、その上に岩手山がそびえていた。二百数十年を経てなお、植物の進出を拒絶している溶岩流は迫力があった。

36 真昼岳《まひるだけ》

幼少期に毎日眺めた故郷の山

私は幼少期に戦禍を逃れて母の郷里に疎開し、小中学生時代は秋田県の仙北平野の奥羽山麓で育てられた。当時は長信田《ながしだ》村という数千人の村であったが、今は合併で大仙市になっている。この村は、真木川と川口川に挟まれた扇状地の純農村で、毎日奥羽山脈を眺めて暮らした。長信田村を代表する山は、よく見える大台山（八一四・二㍍）だが、その奥の岩手県境に高い山があると聞いていた。それが和賀岳（一四四〇・二㍍）であることを知ったのは、山に登るようになってからである。目立っていたのは隣村の真昼岳（一〇五九・九㍍）である。三つのコブのある端正な山で、どこからでもよく見えた。この山が見えると故郷に帰ってきたように感じる山だった。

故郷・長信田村の最も高い山の和賀岳と、少年のころ毎日眺めていた真昼岳にはいつか登りたいと思っていたが、アクセスが不便だとか、ローカル的で一緒に行く仲

音動岳から真昼岳（2009.6.25）

間がいなかったので、機会を逸していた。二〇〇九年六月に、長信田中学校の同期生で旧長信田村にある奥羽山荘で同窓会が開かれることになった。奥羽山荘では登山の便宜を図ってくれることが分かったので、これを機会に念願だった二つの山に登ることができた。奥羽山荘では、たった一人なのにこれらの山の送迎をしてくれた。

☆真昼岳

参考コースタイム
（著者69歳）

☆2009.6/25　単独
奥羽山荘6：45＝峰越口7:45/8:00－音動岳9:00/9:15－赤倉口分岐9:30－真昼岳山頂9:50/10:10－分岐10:50－車道12:15－赤倉の鳥居12:30＝奥羽山荘13:00

奥羽山荘の車で県境の登山口・峰越口まで送ってもらった。山麓を南下し真昼川を渡ったところから、岩手県に抜ける峰越林道に入る。未舗装の道路で標識もないガタガタの道だった。峰越口は標高九〇〇㍍だが、森林限界の上で、笹と灌木の混じる展望の良い主稜線。南にはこれから登る真昼岳、北には明日登る予定の和賀岳が望めた。和賀岳に続く稜線には、かすかなトレースがあった。

運転手と下山時のピックアップ地点を打合せ、誰もいない真昼岳への道を辿る。なだらかな尾根道を登り、音動岳《いするぎ》を越えると赤倉登山口の分岐。道端にはハクサンフウロやイブキトラノオが点在していたが、お花畑はなかった。笹原にナナカマドやカエデが点在しているので、紅葉時は錦絵のようになりそうだ。

三つのこぶの中央が神社のある山頂。秋田側には米どころである広大な仙北平野。岩手県側は樹海の山並、南には栗駒山方面に尾根がつながっていた。方位盤があり、鳥海山や早池峰山も示しているが、霞んでよく分からなかった。

神社は「真昼山三輪神社」の標識があり、よく手入れされ、数人が休憩できるようになっていた。地元ではこの山を真昼山と呼んで親しんでいるが、五万分の一地形図には真昼岳となっている。

下りは分岐まで戻り、赤倉口を選んだ。主稜線を離れると間もなくブナ林帯。道はしっかりしていて歩きやすい。森閑とした森で、ウグイスやキツツキの声の他は何も聞こえない。多くの人は峰越口から往復する

幼少期に毎日ながめた山麓（北川口）からの真昼岳（2009.6.24）

真昼岳山頂の神社（2009.6.25）

ようだが、このコースを辿らないと真昼岳の真価を感じられないと思った。クマが怖くて意識的に鈴を鳴らしてひたすら下った。

ブナ帯の下部はブナと杉の混交林。沢筋になると、荒れた道に夏草がかぶり歩きにくい。林道に出たところに赤倉口登山口の標識があった。ここまで車では入れるようだ。直射日光を浴びながら林道を下っていると、鳥居のあるところに迎えの車が来ていた。

37 和賀岳

奥深いブナ原生林の故郷の山

和賀岳（一四四〇・二メートル）は真昼山地の主峰であるが、マタギの狩猟場や山菜取りの場でしかなく、一般登山の対象とはなっていなかった。ところが最近、深山の魅力で注目され登られるようになった。この山が私の故郷・大仙市の旧長信田村の最高峰であることを知ってから、何としても登りたいと思っていた。

和賀岳には秋田県側と岩手県側から登山道があるが、どちらも林道が長くて往復には長時間を要し山中に山小屋もない。日帰りで登るには登山口まで車で入る必要があり、長い間その機会を作れないでいた。ところが、中学校のクラス会で利用するようになった旧長信田村の奥羽山荘で便宜を図ってくれることを知り、帰省し宿泊した機会に登山口まで送迎してもらい、真昼岳と合わせて登ることができた。

和賀岳から薬師岳（2009.6.26）

☆薬師岳（一二一八㍍）―和賀岳（一四四〇・二㍍）

参考コースタイム（著者69歳）

☆2009.6/26　単独
奥羽山荘5:00＝小路又5:30/5:35ー甘露水5:45ーブナ台6:00/6:15ー滝倉6:3/6:40ー倉方7:20/7:35ー薬師岳8:15/8:25ー小杉山9:00ー小鷲倉9:25/9:40ー和賀岳10:00/10:40ー小杉山11:25/11:35ー薬師岳12:10/12:20ー倉方12:50/12:55ー小路又14:10/14:30＝角館15:15＝松戸20:00頃

　前夜、和賀岳を登るために奥羽山荘に宿泊した二組三人で、朝早く奥羽山荘の車で真木渓谷の小路又《こじまた》まで送ってもらった。新緑に燃える渓谷は、紅葉時には見事だろうと思った。林道を少し登ると甘露水という水場で、そこが登山口である。

　杉の植林地を登るとトラバース気味に登るようになり、やがて森閑としたブナ林となる。大きなブナが目立つようになり、これが和賀山塊を代表するブナ帯だと実感した。倉方からは尾根道。ブナの樹高がどんどん小さくなり、展望が開けてくる。前日登った真昼岳が立派だ。山腹にウツギの花が目立ち、道端にはニッコウキスゲやイワハゼの花が見られるようになった。

　薬師岳山頂はブッシュの中だ

和賀岳山頂・遠景は秋田駒と岩手山（2009.6.26）

薬師岳から和賀岳（2009.6.26）

和賀岳ブナ樹帯の道（2009.6.26）

が、小さな祠があり展望抜群。目指す和賀岳が遠く大きい。南には子供のころ毎日のように見ていた大台山（八一四・二㍍）が小さい。その岩手県側に、大台山に隠れて見えなかった薬師岳から甲山《かぶとやま》（一〇一二・八㍍）、中ノ沢岳（一〇六一㍍）、風鞍（一〇二三㍍）、真昼岳まで続く故郷の山々を眺められて感激した。これらの稜線を辿る微かなトレースもあったが、アップダウンが大きく容易ではなさそうだ。

　薬師岳から薬師平にかけては、広い尾根のお花畑。名物のニッコウキスゲの開花期に少し早かったが、開

和賀岳から真昼岳への県界尾根（2009.6.26）

花を待つ蕾で埋め尽くされていた。七月中旬にはイブキトラノオ、八月中旬にはトウゲブキで埋め尽くされるそうだ。小杉山から小鷲倉山の、和賀川源流の展望の良い稜線を登る。雪渓の残る源流の谷が深い。

チングルマの群生する斜面を登りきると和賀岳。広々とした山頂で、標識も朽ち果てており、人気のある山の華やかさがない。奥深い頂で、目に入るのは山だけ。秋田駒ヶ岳や岩手山、森吉山、遠くにはまだ残雪の多い鳥海山も眺められた。この日は金曜日だったが、和賀岳には数パーティーが登っていた。岩手県側の高下口コースからの登山者の姿は見当たらなかった。

予定より少し早く小路又に下ったら、奥羽山荘の車が迎えに来ていた。我々四人は直接角館駅まで送ってもらい、それぞれの目的地に向かった。

奥羽山荘では一泊するだけで迎えに来てくれ、翌早朝に登山口まで送ってくれて、下山時にさらに駅まで送ってくれた。

38 白神岳

世界遺産で脚光・ブナ原生林を俯瞰する山

青森・秋田県境の白神山地は、世界遺産になったことから一躍注目されるようになり、最高峰の白神岳（一二三五㍍）は登山者のターゲットになった。駅名が変わり、白神の名を冠した電車やバスツアーが多くなり、土産品の名称にも使われている。白神山地は標高こそ低いが日本有数のブナ原生林帯で、縦断する青秋林道の建設が始まると活発な保護運動が起こり、建設が凍結された。保護を目的とした世界遺産指定がオーバーユースで危惧され、入山規制が問題になった。

白神岳はガイドブックにも載っていなかった山で、私も秋田県出身なのに青秋林道が問題になるまで知らなかった。白神山地が世界遺産に指定されたことで一躍スターになった。コアー地域への入山規制が問題になり、これまで一緒に保護運動に取り組んできた人たちが、賛成と反対で割れ激しく論争した。

賛成の代表が鎌田孝一氏で、オーバーユース防止には入山禁止が必要で、入山する場合はガイド付きでマナーを守らせる必要があると主張。反対の代表が根深誠氏で、自然を守ってきたのは生活の場にしてきた住民やその価値を知っている登山者で、ガイド付きの入山はなじまない、自然を隔離するのではなく共存することが保護になると主張していた。白神山地のコアー部分は一般の登山道を除いて今も入山規制されている。労山では「自然の保護と利用の在り方」が重要な課題として、白神山麓で集会を開

現在の山頂付近。トイレ（左）と避難小屋

き、この問題を考えることにした。私は自然保護を担当していたことから二ッ森や白神岳に登ることになった。ここでは以前に津軽十二湖入山料構想が問題になり、地元の元黒崎村の案内で現地を歩くなど関わりの深いところである。

☆白神岳（自然保護集会）

> **参考コースタイム**
> （著者54歳）
> ☆1995.6/9
> 黒崎から往復、労山自然保護集会
> 現地調査登山
> メンバー43人

集会の参加者は百十四人で白神岳、二ッ森、天狗岳に分かれて調査登山を行った。白神岳には黒崎登山口から往復。標高は一二三二メートルしかないが海岸線から直接登るので、登り三時間半、下り二時間半かかった。

黒崎から林道で登山口に入ると、広い駐車場がありトイレもあった。そこから展望のない樹林帯の急な尾根を登るとブナが多くなるが、特別なものではなかった。ダケカンバ帯になると展望が開けてくる。十二湖への道を分けると灌木帯になり、なだらかな稜線の先に避難小屋があり、その先が山頂だった。山頂から反対側の斜面を見下ろすと、ブナ原生林の樹海が広がっていた。黒崎からの登山では、樹海を俯瞰できてもその価値が分からなかった。

避難小屋近くにトイレの案内があったので行ってみると、地面に穴を掘って二枚の板を渡しただけなのに一同ビックリ。白神山地の入山規制の理由に、白神岳山頂付近がオーバーユースで、山頂付近の灌木に紙が花のように付着しているという指摘があった。避難小屋があるのにトイレがない。残雪期に登った登山者のオトシガミがこんな形で残ってしまうことが分かった。

この報告を受けた集会では、登山者のオトシガミ持ち帰り運動を提起し、世界遺産にふさわしいトイレを要求することになった。その後、ゴミ持ち帰り運動の一環で「オトシガミ持ち帰り」運動が浸透した。山頂近くにはトイレが作られたが、避難小屋より目立つものになってしまった。

青秋林道は秋田県側から県境まで建設され、立派に舗装道路になったが、青森県側の建設が凍結された。集会準備で前年に訪れたときに、ここから二ッ森に登った。八ツ森集落から立派とは言えない山麓の道を登ると、突然、二車線の立派な舗装道路が県界尾根まで伸びていて、終点に休憩所とトイレがあった。そこから県境稜線を四十分登ると二ッ森山頂だった。ここも灌木帯の尾根であるが、青森県側の樹海が俯瞰できるだけだった。

世界遺産にふさわしいブナ原生林を見られると報告のあったのは天狗岳コースだけで、青森県側の赤石川流域から登る必要がありそうだ。黒崎から白神岳に登るだけなら、登山としては魅力に欠ける。周辺にはもっと魅力的な山が幾つもある。白神岳人気の正体、底の浅さを感じさせられた。

山コラム 快適な登山は、快適なウンコから

私は自然保護調査登山で一九九五年六月、ブナ原生林で世界遺産になった白神岳に登った。白神山地は林野庁が定めたコアエリアの入山禁止で、白神山地保護で共に取り組んだ保護団体が禁止か否かで激しく論争していた。入山禁止の理由がオーバーユースで、事例として白神山頂付近には〝オトシガミ〟の花が咲いていることが指摘された。登ってみて驚いたのは山頂付近に避難小屋があるのに、トイレが露天の笹原の窪みに二枚の板を渡しただけのもの。積雪期の登山者が落とした紙が木の枝にまとわりついたものだとわかった。世界遺産の山頂に避難小屋があるのにトイレがないことを問題にした結果、立派すぎるトイレができた。

山のトイレは汚物の散乱、悪臭、ハエなどで悲惨である。トイレが苦痛で山に行きたくないという人もいる。悲惨なトイレを嫌って野外にしゃがみ込み周辺が汚物だらけなんてところもあった。トイレがない避難小屋の周辺は現ナマを踏む恐れがあってうかつに歩けない。富士山ではトイレの下部に雪渓のような白いものがあるので近づいてみたらオトシガミが風に揺れていたという報告もあった。かくして、山のトイレ問題は大きく取り上げられ、関係者の取組みが始まった。しかし、山岳地での汚物浄化は、低温で電気も水もないので困難である。このため早池峰山では登山者が山頂トイレの汚物担ぎ降ろしで携帯トイレの山にしようと呼びかけた。

山小屋でもバイオトイレの設置やヘリコプターによる搬出を始めたが、携帯トイレやバイオトイレの設置、汚物搬出には限界がある。自然の浄化力を越えない処理方法と、汚物やオトシガミを散乱させない登山者のマナーが求められる。

祓川から鳥海山（2001.7.21）

39 鳥海山

東北随一の孤高・高山植物の宝庫

鳥海山（二二三六㍍）は秋田、山形県境にある富士山のような円錐形の独立峰である。山頂付近が複雑な地形で変化に富んでいること、山裾が日本海に接して冬の季節風をまともに受け、積雪量が多いこと、高山植物が豊富でお花畑が多いことなど、鳥海山は東北を代表する名山である。

鳥海山の登山道は、秋田県側と山形県側から幾つかあるが、象潟口の鉾立から登る人が多い。鳥海ブルーラインが開かれ、アクセスも容易で一一五〇㍍の鉾立まで車で登れるからだ。残雪と花の多い八島口祓川からも人気がある。八島までのアクセスが不便だが、祓川に素泊まりの快適な山小屋があるなど、地元が登山に熱心だ。湯の台口は、河原宿に遅くまで残っている雪渓とお花畑があり、泊まってみたくなるような山小屋がある。

鳥海山は、登山口を早朝に出れば日帰り可能であるが、松戸からだと夜行で行き、山中にある山小屋を利用するのが良いだろう。山頂や御浜、河原宿の小屋は社務所なので質素だが、本来の山小屋のような気がする。登山口付近にある山小屋はおおむね公営で素泊まりであるが、展望が良く快適なので、そこを拠点にした登山も魅力的である。

☆八島口―鳥海山―河原宿

参考コースタイム　（著者61歳）

☆2001.7/20-22
（メンバー；嶋田邦子、佐藤安行、鈴木貫太、川瀬道子）
20日　東京8:12＝秋田12:39＝羽後本荘13:36＝八島14;07＝祓川15:30
21日　祓川5:30ー七つ釜7:00/7:30ー七高山10:30/10:45ー頂上11:30/12:00ー河原宿小屋15:30
22日　河原宿6:10ー滝の小屋6:45/7:15ー湯の台鳥海山荘10:15/12:45＝酒田13:45

〈20日〉八島駅前で食材を買ってタクシーで祓川へ。登山バスがなくなったからとタクシー代三千円（料金の約半額）を町で補助してくれた。祓川山荘は立派な建物で自炊だが、炊事具、毛布、水洗トイレまであって千三百五十円。展望は雄大、近くに湿原があり、宿泊者も少なく快適だった。

〈21日〉祓川の湿原から見る朝の鳥海山が、高く清々しい。ダケカンバ帯の急斜面を登ると、樹高が次第に低くなり、至る所に雪渓が見られ、花が多くなった。七高山の頂近くになると、固有種の白いチョウカイフスマと黄色いミヤマキンバイの群落が咲き競っていた。イワベンケイやアオノツガザクラ、コイワカガミ等も多かった。チョウカイアザミは蕾に粘液があり、虫が動けなくなっていたので食虫植物かもしれないと思った。

火山礫の歩きにくい急坂を登ると、外輪山最高峰の七高山。今まで隠れていた展望が開けて、まったく風貌の違うゴツゴツした新山と対峙。急に人が増えて夏山の賑わいとなった。山小屋にもなっている大物忌神社の手前に下りて、大岩を伝って新山に登り返す。山頂からはスケールの大きい日本海側の展望が得られた。

外輪山に戻って分岐まで来ると、遥かな草原の中に河原宿の小屋が見えた。このルートも花が多く、チングルマやハクサンフウロ、ニッコウキスゲが目立った。急坂を下ると大きな雪渓があり、グリセードやシリセードで楽しみながら下った。

六年前にこのコースを下ったとき

はガスでルートが分からなくて、みんなでルートを探しながら慎重に雪渓を下ったのとは大違いであった。

雪渓周辺の斜面はニッコウキスゲの大群落になっていた。河原宿は広い台地のような草原で、清流がゆったりと流れている景勝地。小屋は神社の社務所なので質素だった。

〈22日〉小屋を出ると間もなく八丁坂という大斜面を下るようになり、日本海の海岸線がよく見えた。これまでの花とは違う、背丈の高いお花畑を下ると滝の小屋。ここからは車道に出てタクシーで下ることもできるが、時間があるので湯の台まで歩くことにした。この道は背丈の高い単調な樹林帯の下りで、うんざりした。鳥海山荘で入浴し、蕎麦を食べてバスで酒田に出た。

☆八島口から往復
（1964年7月12―13日　初夏のホワイトアウト体験　単独）

八島で仕事をしている父を訪ねたついでに、鳥海山に登ることにした。前年から山に登るようになって、三ツ峠や大菩薩嶺に登っていたが、山の知識はほとんどなかった。矢島駅九時二十分発のバスで登山口へ。そこから二時間、ブナの樹海の道を登り、五合目の祓川ヒュッテ。雨が降ってきたので小屋の中に入ると、大パーティーがいて懇親していた。どうするか迷ったが、小降りになってきたので登ることにした。

祓川を出ると雪渓が見られるようになった。初めのうちは、雪渓や高山植物を楽しみながら登った。次第に雪渓の横断が多くなり、対岸の道をめざして登ったが、やがて雨が降り出して雨と汗で衣服が濡れ、靴の中までびしょ濡れで寒くなった。雪渓が多くなり道が分からなかったが、外輪山らしきところが見えていたので必死になって登った。やがてホワイトアウトになり、どこを登っているか分からなくなって進退窮まった。

そのとき、地元の四人パーティーが追いついて一緒に登るようになった。九合目付近で、雪渓からガレ場の急斜面となる。ふと足元を見ると、可憐な高山の花が咲き乱れていた。

外輪山の頂上に着くと、反対側からの突風で身体を支えるのがやっと。視界がなく、どこに行けば小屋があるか分からなかったが、地元のパーティーが下降点を探してくれた。火口壁を下ると大きな雪田で、小屋がどこにあるか見当がつかない。身体が冷えきって、もうこの四人以外の人とは会えないかもしれないと思ったりした。三十分近くウロウロ探しまわり、誰かがこっちだと叫んだときは助かったと思った。すぐ近くなのに分からなかったのだ。

　社務所のヒュッテに入ったものの、宿泊者は少なく寒々としていた。管理人のところで暖を取り、やっと落ちついた。外に出てみたら夕日が美しかったが、再び降り出した。

　その夜は、厚手のシャツにセーターを重ね、毛布四枚に包まって寝たが、寒くてほとんど眠れなかった。翌朝五時ごろ、ガスは相変わらずだったが雨が止んでいたので、一人で新山の頂上に向かった。巨岩を乱雑に積み上げたようなところをペンキの矢印に従って登ると、五〇㍍ほどある岩頭の頂。百五十年前の最後の噴火で溶岩が吹き出し、冷えて割れたのが頂上の新山だという。ヒュッテまでの時間が十五分とあるのに矢印を見失って迷い、登り返したりしたので一時間半もかかってしまい、またもや肝を冷やした。

　朝食をとり、下山するころにはカラリと晴れていた。雪田を渡り、七高山への登りはもろいガレ場。昨日は視界がなく大回りしていたことが分かった。雲海と高山植物が素晴らしい。快調に登山口に戻り、八島に帰った。

　この山行の反省は、知識や経験が浅いのに、山に登りたい一心で未知の山に一人で登って、天気が悪いのに引き返そうとしなかったことである。首都圏にある登山者の多い二〇〇〇㍍級の山と、登山者の少ない豪雪地の山の違いが分からなかった。梅雨末期の荒れた天気に対する認識もなかった。地元パーティーと会わなかったら生還できなかったかもしれない。

　鳥海山には二年後の八月五日に再び単独で登った。天気が良くて残雪も少なく、快調に登れたが、頂上ヒュッテは混んでいて、寝場所を確保するのがやっとだった。翌日は風雨なので、新山に登らず下山することになったが、七高山への登り口を探すのに時間がかかったり、雪渓を下るときに道が分からなくなったりした。こんなとき、二年前には不安で動揺したが、冷静に道を探すことができた。二年間の経験の違いだと思われる。

40 早池峰山

ハヤチネウスユキソウと携帯トイレの山

早池峰山（一九一七㍍）は、エーデルワイスに最も近いと言われるハヤチネウスユキソウのある山として知られている。この山は奥羽山脈の東にあり、降雪量は少ないが、蛇紋岩の岩稜なので、尾瀬・至仏山と同じように森林限界が低く高山植物が豊富である。

登山者の多い山なので、オーバーユース対策としてマイカー規制をしている。地元の登山者が、山頂トイレの屎尿担ぎ降ろしや、携帯トイレ普及運動に取り組んでいることも特筆できる。山頂の避難小屋のトイレが自然保護の課題となっているが、高所での屎尿処理対策がなく、トイレ撤去も現実的でないからだ。

☆正面コース—小田越

参考コースタイム
（著者62歳）
☆2003.6/9
（メンバー；鈴木貫太、手嶋光輝、土屋美佐子、大塚由美子、福島義雄）
うすゆき山荘5:15＝河原坊5:35－早池峰山9:00/9:50－小田越11:55＝河原坊

十一人で焼石岳に登り、八日に夏油温泉に下山し、このうち五人がレンタカーで登山口近くにある無人小屋のうすゆき山荘まで入り、宿泊した。小屋の外見は立派だが、中は汚れていた。翌朝河原坊まで車で移動し、正面コースから早池峰山に登った。登山口に「五月二十六日地震で崩壊しているので自粛するように」の看板があったので迷うが、予定通り登ることにした。正面コースは沢筋の急斜面を一気に登るコース。岩礫の斜面を登るが、地震による崩壊地がどこか分からなかった。

山頂近くになると露岩が多くなり、背丈の低い花が多くなった。修

小田越コースを下る。正面は薬師岳（2003.6.9）

験者の山らしく、山頂には祠やたくさんの剣があった。黄色いナンブイヌナズナと白いイワウメの花が競うように咲き誇っていたが、ハヤチネウスユキソウには早かった。六月上旬の東北の山なのにほとんど残雪がないのに驚いた。冬季に奥羽山脈で雪を落として降雪が少ないようだ。積雪が少ないのに森林限界が低く、お花畑が発達しているのは、山頂付近が蛇紋岩だからだろう。

頂上付近には避難小屋があり、外にあるトイレは三つあり、二つが携帯トイレブースになっていた。登山者が自主的にトイレの屎尿担ぎ降ろしをしながら、行政と一体となって携帯トイレの山を目指している。すべてを携帯トイレにできないので屎尿担ぎ下ろしが続いているが、想像を絶する取り組みである。

避難小屋があると休憩や宿泊でトイレが必要だ。携帯トイレだけでは解決しない。山小屋を環境にダメージの少ないところまで早々に移動させ、そこから山頂を往復させる必要を感じた。

下りはメインルートの小田越にした。岩稜で長い階段や梯子があったが、この日は月曜日で、他に登山者がほとんどいないので順調に下れた。

前日は山開きで千七百人もの登山者があり、梯子場では三十分も待たなければならなかったという。同時に多数の人が登るとトイレの問題だけでなく、踏み荒らしの問題も起こる。オーバーユースが課題になっており、官民一体で保護に取り組んでいる山で、登山者がどっと押し寄せる行事に疑問を感じた。小田越に下ったところで、運転手がヒッチハイクで河原坊まで下って車を回収して下山した。

前日登った焼石岳がなだらかで水っぽかったのに対し、早池峰山は岩石の累々とした山で、名前のイメージとは違っていた。

なお、山頂近くで岩頭に羽を休めている大きな鳥を見た。その鳥は我々を監視するように見ていたが、やがて上昇気流に乗って大きく旋回しながら飛び去った。後に地元の自然保護活動者にこのことを話したら、特別天然記念物のイヌワシに違いないと言っていた。

早池峰山山頂（2003.6.9）

山コラム　登山愛好者は団塊の世代なのか

一九九一年十月六日、松戸山の会の磐梯山公募バスハイキングでは、小雨模様なのに百人もの参加者が賑やかに楽しそうに登った。五年前から始めたバスハイキングだったが応募者が多くてバス二台にしたが満席。その後数年続け仲間を増やした。

このころの市民の登山要求には圧倒された。応募者の年代は四十代から五十代、子育てが一段落した女性や、定年後の生きがいを模索している男性が多かった。二十代、三十代の層の参加者は少なかったので、この年代になると登山愛好者になると思っていた。

いま公募ハイキングや会員公募しても、応募者は僅かで、年代も六十代から七十代と高齢化している。五十年前、私が山を始めたころは登山やハイキングは二十歳前後の若者の熱気に溢れていた。最初に作った会で私は二十代前半なのに長老と言われた。五十年前に登山に関心を持った若者が、三十年を経て山に登るようになり、さらに二十年を経て気力の残っている人が、山に登りたいと思っているのかも知れない。登山愛好者は団塊の世代だとしたら、登山者層が高齢化し、衰退してしまうのが道理なのだろう。

登山愛好者の高齢化は、著名な山や百名山に集中するとか、登り急ぎ的登山を助長させて、遭難事故を多発させたり、登山文化を衰退させているような気がする。一方で数は少ないがアルピニズムやハードな登山を目指す若者が目立つようになった。スポーツクライミング等も若者を引きつけている。山ガール等も出現した。

いま、若者の生活条件は厳しいが、やがて姿を変え新たな登山文化が創出されることを期待したい。ともあれ、登山文化の衰退に歯止めをかけ、次代に引き継ぐのが、今の登山愛好者の責務ではないだろうか。

41 焼石岳

新緑、初夏の花、残雪、豊かな水

焼石岳（一五四七㍍）に初めて登ったのは、二〇〇三年六月七日である。このときは水沢江刺からタクシーで中沼登山口に入り、焼石岳に登って金名水避難小屋に泊まり、翌日経塚山を経て夏油温泉に下った。焼石岳までは残雪が少なく初夏の花が楽しめた。特に東焼石岳の登りではハクサンイチゲの大群落に感動した。そこからは掘れた道で歩きにくかったが、経塚山の展望が良かった。夏油温泉への下りは展望のない長い道だったが、山開きで登ってきたという七十人の団体と遭遇。初夏の焼石岳は残雪が多いが山麓から新緑が駆け上り、初夏の花が一斉に咲きダイナミックだった。

二〇一一年六月三日に再度計画したときは、銀名水避難小屋に泊まって、核心部を一周するコースにした。中沼登山口は三月の東日本大震災被害で閉鎖されていたが、つぶ沼登山口からの登山道は、よく整備されていた。この年は、登るにつれて残雪が多くなり、山開きで設置した赤布に導かれ銀名水に着いた。マーキングがなかったら迷っていただろう。小屋の周辺の斜面は雪解け水が流れ、ミズバショウの

銀名水付近のミズバショウ (2011.6.5)

大群落地になっていた。

　余分な荷物を小屋に置いて、焼石岳を目指す。小屋の前の大きな雪渓を登るとクマザサ帯になった。登山道に残雪は少ないが、雪解け水が沢のように流れていて歩きにくい。姥石平分岐付近は前回はお花畑だったが、雪が溶けたばかりで花には早かった。ザレた道を焼石岳に登ると、豊かな残雪をまとった周辺の山々が見渡せた。山頂から反対側のほとんど踏まれていない道を下る。分岐から心細い道だが展望に優れ、奥深さを感じる。東焼石岳方面に戻り、ハクサンイチゲ群落のあった姥石平分岐に下る。花はまだ蕾だったが、ギョウジャニンニクはしっかり出ていた。銀名水避難小屋は、小さいがきれいだ。この夜は山開きで来ていた地元の山岳関係者と懇親。前日まで冬季用だったトイレが閉鎖され、翌朝には夏用のトイレが開けられていた。翌日は往路を下る。山開きで五十人ほどが登ってきたが、ほとんど地元の人のようだった。

　焼石岳に登るだけなら、つぶ沼から日帰りで往復できる。地元の登山者はほとんど日帰りのようで、銀名水避難小屋に泊まる人は少ないようだ。焼石岳には秋田県側からの登山道もあり、登山口まで車で入れば最も短時間で登れるが、残雪が多いので登れるのは一ヵ月ほど遅くなりそうだ。古い地図には、銀名水から横岳を経て焼石岳に登るコースがあるが、最近の地図では荒れた古い道としてコース外になっている。金名水避難小屋から夏油温泉に下らず中沼登山口に戻る道もあるが、分かりにくい道のようで残雪期には困難だろう。

参考コースタイム

☆焼石岳（つぶ沼コース　2011.6/3-4）
（著者70歳）
（メンバー；鈴木貫太、熊倉隆夫、町田廣光、小林伸吉、小林康男、椿健一、南礼子、郡市悦子、玉田やい子）
3日　松戸(車)21:30＝つぶ沼登山口2:30/6:30－石沼8:50/9:00－銀名水避難小屋10:10/10:55－姥石平分岐12:05/12:15－焼石岳12:40/13:00－焼石神社(祠)13:30/13:35－姥石平分岐14:30/14:50－小屋15:20
4日　避難小屋6:00－石沼7:10/7:20－つぶ沼登山口9:15＝松戸18:00

☆焼石岳－経塚山（2003.6/7-8）
（著者62歳）
（メンバー；井手橋紀恵、鈴木貫太、沢田正義、鈴木由香、大塚由美子、他6人）
7日　上野6:10＝水沢江刺8:57(タクシー)＝中沼登山口10:10/10:30－銀名水12:50－姥石平分岐14:25－焼石岳15:00－東焼石岳16:00－金名水避難小屋17:50
8日　小屋5:05－経塚山7:25－夏油温泉12:10

42 栗駒山

いで湯と紅葉で知られるたおやかな山

栗駒山（一六二六㍍）は、山麓だけでなくどの登山口にも温泉があるたおやかな山である。豪雪地なので高山植物が豊富で、山頂付近の広い灌木帯の紅葉が美しいことで知られている。どのコースも難しいところはないが、湯浜コースはアプローチが不便で行程も長い。中央コースは階段化されて味気ない。私が好きなのは変化に富んだ東栗駒コースである。須川コースも火山湖があり、変化に富んでいる。栗駒山は二〇〇八年六月十四日の大地震で巨大な地滑りがあり、アクセス道路が寸断されたが登山ルートはほぼ復旧された。

☆湯浜―須川温泉

参考コースタイム（著者73歳）
☆2013.10/13-14
(メンバー；鈴木貫太、椿健一、渡辺美里、高橋和子)
13日　仙台＝石越（タクシー）15:30＝湯浜・三浦旅館16:45(泊)
14日　三浦旅館5:20－古道分岐6:20/6:30－湿原8:40－虚空蔵十字路9:10/9:20－須川分岐10:10/10:20－山頂10:45/10:55－須川分岐11:10/11:25－昭和湖12:15/12:25－須川温泉13:05

前日は、天気が悪くて蔵王に登るのをあきらめ蔵王ホテル泊。この日は仙台から石越に出てタクシーで湯浜に入る。時間的に名物の河原の露天風呂は割愛した。

湯浜からのなだらかなブナ林の尾根は刈り払いされて気分が良いが、斜面が急になると泥んこで歩きにくかった。三時間あまり登ると小さな湿原になり、展望が開けた。その先が遅くまで雪渓の残る草原で、夏はお花畑のようだ。虚空蔵《こくぞう》十字路は広い灌木帯で紅葉の名所のようだが、すでに落葉していた。

気分の良い稜線を行くと須川分岐で、須川温泉から登ってきた大勢の登山者で賑わっていた。展望は雄大で、遠くに冠雪した鳥海山が見えた。

虚空蔵方面からの栗駒山（2013.10.14）

山頂では中央コースから登ってきた登山者が合わさり、人だらけ。紅葉最盛期の情報で登山者が多かったようだが、台風で紅葉の世界は終わっていた。

須川コースの下りは、登ってくる人と交差するのに時間を要した。大勢の登山者に踏まれて登山道も泥んこ。昭和湖は昭和十九年の噴火でできた湖。硫黄で白っぽい湖水と展望の良い湖岸。夏はお花畑になるようでトイレがあった。ここから須川温泉までは紅葉の最盛期で、気分が良かった。須川温泉も観光客で人だらけだった。

☆イワカガミ平―須川温泉

参考コースタイム

（著者53歳）

☆1993.7/10

(メンバー；鈴木貫太、大竹定男、関根和恵、有沢有子、竜口春代、大塚糸子、外立宗一、奈良輪豊子)

仙台6:04＝イワカガミ平9:30－栗駒山11:00/11:30－新噴火口12:40/13:20－須川温泉14:00

須川湖（2013・10・14）

イワカガミ平から東栗駒コースを登る予定だったが、雷雨と濃霧なので最短の中央コースにする。ほとんどコンクリートで階段状に固められ、滑らないが味気ない。ナナカマドやドウダンツツジ、ウツギの花が目立つ。東栗駒コースと合わせると、間もなく灌木帯の山頂。須川への下りは雨が止んでいたが、水浸しで歩きにくい。新噴火口の周辺の湿地にはお花畑が素晴らしい。硫黄の匂いの強い須川温泉は、湯量が豊富だった。

翌年十月二日に公開バスハイキングで、東栗駒コースから登ることになったが、登り始めは沢状のところで快適、東栗駒山稜線は展望が良く、紅葉した広大な灌木帯が良かった。

山コラム

居場所を見つけて輝く高嶺の花

山で花に出合うと心が和む。厳しい寒さや風雪、豪雪や乾燥、貧栄養等の過酷な環境に耐えて健気に咲く山の花を見ると、わが身を重ねて愛おしく感じてしまう。

花壇の花は鮮やかだが、人手がなければ生き残れない。野に咲く花も穏やかな環境のようだが光と水と栄養を巡って激しい争奪戦があり、勝ち残るか特技を生かしたものしか残れない。旺盛に成長して光を浴びるもの、蔓になって背伸びをするもの、他の植物が成長する前に種子や球根を育てるもの、受粉のため派手な花や匂いで動物を引き付けるとか、鋭い棘や辛さや苦さで身を守るとか、動物が食べきれない膨大な種子を実らせるとか、拡散に風や動物を利用するなど、命を繋ぐための術や営みには驚くことが多い。

地上の争奪戦には勝てないが、特技を生かして他の植物の生育困難な高山や湿原で命を繋いできたのが高山植物である。高山の自然は厳しいが日当たりが良い。土壌はやせているが保水性が良い。雪解け水は湿潤な土壌を作り、霧の発生は水分を補足させてくれる。積雪は布団になって凍害を防ぎ、強い風は種子の拡散を助けてくれる。高山の環境は寒さや強風、積雪等で厳しいが、「光」「水」を容易に獲得できる。高山植物にとって、自らの居場所であり、快適な環境ではないだろうか。

山では花に出会うのが楽しみである。雪解けを待って一斉に咲く花、風雨に耐える花、鮮やかな色彩で蝶や蜂を招く花、地を這って根元を保全する矮小灌木。厳しい環境で命を繋ぎ環境を保全する高山植物の営みを少しでも知るとより愛おしくなる。

登山と仲間の存在が私の社会的な居場所であり続けたいものだ。

43

月山

出羽三山

山岳宗教のメッカ・出羽三山

日本海に近い豪雪の山で、山体が大きいので残雪量が多く、高層湿原やお花畑が見事で、鳥海山と並ぶ高山植物の宝庫である。広い高層湿原は弥陀ヶ原と念仏ヶ原であるが、遅くまで残雪が残る谷筋や稜線付近でも草原が多く、お花畑が発達している。春夏のスキー場としても知られている。

出羽三山とは、月山（一九八四㍍）、羽黒山（四一四㍍）、湯殿山（一五〇〇㍍）を指し「日本三大修験山」の一つとして、多くの信徒が三山詣でを行ってきた。現在、羽黒山神社まで車道があり、湯殿山には登山道がなく、仙人沢にある湯殿山神社まで車で入れる。月山には弥陀ヶ原に中宮があり、多くの信徒が月山までは登らないが車を利用して三山詣でをしている。羽黒山や湯殿山は登山の対象にならないが、歴史的・山岳宗教的には興味深い。

月山は、スキー場のリフトを利用すれば約一時間半、弥陀ヶ原からだと約二時間で登れるので、初心者でも残雪とお花畑を

弥陀ヶ原散策路（2014・7・24）

楽しめる山である。弥陀ヶ原は車で行けるが、念仏ヶ原は山頂から肘折まで二二キロもあり、コースの途中で徒渉が必要なので近づき難い。湯殿山には登山道がなく、湯殿山神社に下るだけなので魅力に欠けるが、信徒にとっては特別な存在のようだ。

☆弥陀ヶ原―湯殿山

> **参考コースタイム**
> （著者74歳）
> ☆2014.7/24-25
> （メンバー；鈴木貫太、渡辺美里、小林康男、椿健一）
> **24日** 上野（夜行バス）22:50＝鶴岡6:00＝羽黒山8:00＝弥陀ヶ原9:10/10:30－月山頂上小屋14:10（泊）
> **25日** 小屋7:00－姥ヶ岳9:20/9:40－湯殿山神社12:30＝山形

〈24日〉鶴岡からバスで羽黒山神社に行き散策。濃霧で杉の巨木に覆われた神社が厳かに感じた。弥陀ヶ原は池塘の点在する気分の良い広い湿原。一周できるように木道が整備してあり、白装束の信徒と行き交った。花の時期には遅かったが、草むらにたくさんのトキソウが咲いていた。

仏生池の小屋あたりからは、さまざまな花が目につくようになり、なぜか晩夏に咲くウサギギクが目立った。頂上付近のヒナウスユキソウの群落は、地味だが高山の雰囲気があった。濃霧なので早々に感じの良い山頂小屋に入り宿泊。宿泊者は他に一人だけで静かだった。

二日目は念仏ヶ原を経て肘折《ひじおり》に下る予定だったが、前夜の雨で立谷沢《たちやざわ》の徒渉が困難と判断し、湯殿山コースに変更する。下界は晴れているようだが濃霧で、足元のお花畑を楽しみながら下る。金姥から姥ヶ岳を往復する。山頂付近の花の時期には遅かったが、稜線ではヨツバシオガマやヒナウスユキソウ、イワハゼが目立った。リフトで登ってきたたくさんの登山者と行き交う。

金姥からは登山者がほとんどいない。正面に湯殿山が見られるが登山道はない。途中で崩壊寸前のスノーブリッジを渡らなければならないところがあり、緊張した。

二〇メートルほどの鉄梯子が五ヵ所もある急下降を経て、湯殿山神社本宮。神の世界なので社殿がなく、一帯は撮影禁止になっていた。車道に出て、参拝バスで朱色の巨大な大鳥居のある湯殿山参籠所。そこで神様の湯に浸かり、タクシーと高速路線バスで山形に出た。

44
熊野岳

蔵王連峰（熊野岳、南蔵王）

樹氷とお釜で観光地化した蔵王核心部

蔵王と聞くと、樹氷と御釜をイメージする。冬季に蔵王温泉からロープウェイで地蔵岳（一七三六㍍）まで登ると樹氷原なので、スキーヤーの憧れの的で、樹氷見物でも人気がある。一方、刈田岳（一七三〇㍍）までは観光道路で登れるので、シンボルのお釜は容易に眺められる。地蔵岳から刈田岳までが蔵王の核心部で、熊野岳（一八四一㍍）まで容易に登れる。この間の縦走はわずかなので容易である。

蔵王は観光登山の代名詞のようだが、メインコース以外は人影が稀である。南蔵王には湿原や展望のいい静かな縦走路がある。北蔵王にも長い縦走路があるが、道が荒れているようだ。中央蔵王でも、核心部を外すと登山者の姿は稀で、道が荒れている。

蔵王は観光地化して登山者から敬遠されがちだが、大きな山塊で、核心部を外すと本来の登山を楽しめる。問題は登山道が荒れており、核心部との格差が大きすぎることだろう。

地蔵岳から熊野岳目指して（2014.7.26）

☆地蔵岳—熊野岳—かもしか温泉跡

参考コースタイム
（著者74歳）
☆2014.7/26
(メンバー；鈴木貫太、渡辺美里、小林康男、椿健一)
蔵王温泉8:30(ロープウェイ)＝山頂駅9:00－地蔵岳9:20－熊野岳避難小屋10:10/11:00－追分12:30/12:45－カモシカ温泉跡14:00－賽の磧15:45/16:00＝白石蔵王＝松戸

前日に月山・湯殿山から蔵王温泉の民宿に入り、ロープウェイで登る。地蔵岳の地蔵は青空に映え、堂々としていた。そこから地蔵岳に登り、広い尾根を熊野岳まで縦走するが、月山とは植物相がまったく違っていた。

熊野岳から刈田岳方面に少し下ると、お釜の全貌が俯瞰できた。火口に溜まった緑の湖面が見事で、火口壁や青空とのコントラストも良い。車で入れる刈田岳からは、たくさんの観光客が登ってきており、お釜を眺めていた。

北蔵王縦走路に入ると人影はまばら。道端にはコマクサの群落が延々と続き、登山道にまであった。熊野岳に登ったときは、コマクサを見るために、北蔵王方面に少し立ち入ってみることがお勧めである。縦走路はやがて灌木帯となり、手入れされていないので歩きにくい。四十分となっていた追分までは二倍の時間を要した。行き交う登山者が数パーティーいたが、名号峰までの往復で北蔵王に縦走する人は稀なようだ。

追分からの下山道は予想に反して悲惨だった。立木の枝が登山道に垂れ下がり、潜るのに体力を要した。熊野岳東側の火口壁を見ながら下れると思っていたのに、ほとんど展望がなく暑い。カモシカ温泉跡まで、コースタイムの二倍以上の時間を要した。

カモシカ温泉跡は廃道となったカモシカ登山道分岐の標識があるだけ。そこから河原に降りて対岸の急斜面を登り、台地状のところをしばらく歩くと賽ノ磧《さいのかわら》に着いた。そこでタクシーを呼び、白石蔵王に出た。

☆南蔵王縦走（刈田峠—不忘岳）

参考コースタイム
（著者53歳）
☆1993.7/11
(メンバー；鈴木貫太、大竹定男、関根和恵、外立宗一、梅沢有子、他4人)
仙台8:30＝刈田峠10:30－芝草平11:40/12:10－屏風岩13:00－不忘岳14:10/14:20－硯石16:15＝白石蔵王

前日に栗駒山に登って仙台まで移動。仙台からのバスで終点の刈田岳まで行くとお釜を眺められるが、時

熊野岳直下からお釜俯瞰（2014.7.26）

間がないので割愛し、刈田峠で下車する。樹林帯の道は、ハクサンチドリやマイズルソウ、ゴゼンタチバナが多い花の通路だった。芝草平は見渡す限りチングルマの群落だったが、踏み荒らしも見られた。その後、宮城労山の運動で木道が整備された。

屏風岳は縦走路の最高峰で、南屏風岳にかけての平坦な稜線が雲表の散策路のようで気持ちが良い。ハクサンイチゲやシャクナゲ、タカネバラ、ナナカマドの花が目を楽しませてくれた。不忘岳《ふぼうだけ》は岩峰だが火山礫で歩きにくい。樹林帯の道を硯石まで下ってバスで白石蔵王に行き、帰った。

蔵王・地蔵岳（1996.3.16）

45

飯豊山《いいでさん》

飯豊連峰

残雪とお花畑・変化に富んだ飯豊連峰

東北の山は、概してたおやかで奥深い山脈が特徴で、残雪が多く、高山植物が豊富である。飯豊山はその典型で、特に縦走路のお花畑が素晴らしい。石転び沢の雪渓は、北アルプスの三大雪渓を上回るスケールと困難さがあった。飯豊山の最高峰・大日岳（二一二八㍍）に直接登るオンベ松コースは、野趣に富んだ急登の連続で、トレースもかすかであった。飯豊連峰に登るには、どのコースを選んでも一五〇〇㍍あまりの急登があり、日帰りが困難である。また、山中にある山小屋はほとんど素泊まりで寝具や食糧を持参しなければならないので、他の山のように気軽に登ることができない。飯豊山は夏季に登山者が多く、幕営禁止なのに山小屋の収容能力を超えるのが難点だったが、最近は幕営が認められているようだ。

飯豊山は、石転び沢コース、大嵓《だいくら》尾根コース、オンベ松コースを除けば技術的に難しくないので、ある程度体力があれば登れる。残雪の多いときや紅葉の時期も、素晴らしい登山が楽しめると思われる。私が飯豊山に登ったのは夏に二回だけであるが、その印象は強烈である。

石転び沢を登る（2000.7.20）

☆石転び沢—北股岳—飯豊本山—川入

参考コースタイム　（著者60歳）

☆2000.7/20-23

(メンバー；鈴木貫太、井手橋紀恵)

20日　上野（新幹線）9:42＝米沢11:53/12:08＝小国13:29/14:40（バス）＝飯豊山荘15:42(泊)

21日　山荘4:45－温身平5:10/5:40－石転び沢出合8:15/8:40－北股出合10:45/11:00－カイラギ小屋12:30（泊）

22日　カイラギ小屋4:30－御手洗7:00/7:30－御西小屋9:00/9:15－飯豊本山10:50/12:20－切合小屋14:20/14:35－三国小屋16:40（泊）

23日　三国小屋4:40－川入9:10　飯豊の湯入浴後に山都、郡山を経て帰松

〈20日〉米沢からは左に飯豊連峰、右に朝日連峰を眺めながらの、のどかなローカル線の旅。小国からバスで、緑豊かな渓谷沿いの道で飯豊山荘に入る。飯豊山荘は山小屋風の大部屋。三連休なので登山客で満室。付近を散策すると自炊小屋もあった。夕方、石転び沢で落石にあった子供を運ぶ救急車が来てざわつく。

〈21日〉朝食をお握りにしてもらって早出する。温身平《ぬくみだいら》までは車道、そこからカイラギ沢に入り、左岸側を巻くように登山道を登ると、間もなく雪渓の上を歩くようになった。今年は残雪が多いようで、石転び沢の遥か下の標高六〇〇メートルくらいで雪渓。見上げると広く長い雪渓が稜線まで伸びている。雪渓はなだらかで、どこでも歩ける。夏道は枝沢を迂回しているが、直登できるので登りやすい。

　登るにつれて傾斜が増し、左右から大きな枝沢の雪渓が合流してくる。登山者がまばらなので、トレースが残っていない。北アルプスのようなマーキングもなく、ガスで視界がなくなり先行者が見えなくなると、少し不安になった。休むと吹き降ろしの風で震え上がった。雪渓は登るにつれ傾斜が増してきたので、四本爪のアイゼンを着けるがうまく利かない。

　休んでいると、シュラフが転がってきたのでキャッチ。ザックも落としたとのことなので付近を探したら、ベルクシュルント（岩と雪渓の隙間）に辛うじて引っかかっていた。その遥か下から沢の音。落ちたらお陀仏なので緊張する。五時間近い雪渓の登りから解放されると、草付の急斜面で今が盛りのお花畑。最後は急な雪渓の詰め。息の抜けない長い登りと最後の急登でバテバテ。

　石転び沢は登山者が少なくトレースが残らないこと、雪渓上にマーキ

ングがないこと、大きな枝沢が多く視界がないと迷いかねないことなど、規模だけでなく難易度も北アルプスの三大雪渓を上回る。雪が氷化して硬いので、六本爪以上のアイゼンやピッケルも必要だと感じた。長い雪渓の登りなので落石も多い。

登り切った稜線に、管理人のいる立派なカイラギ小屋があるが素泊まり。寝場所を確保してからピラミダルな北股岳をのんびりと往復した。ガスで展望はなかったが、付近一帯がニッコウキスゲの群落で、稜線にはヒナウスユキソウやシナノキンバイ、イワギキョウが目立った。

小屋に戻ったらギュウギュウ詰めで、管理人は二十人あまりを外にシートを張って収容していた。小屋はごった返しているので、水場の近くで自炊。お花畑に囲まれての優雅な夕食だが、二人だけでは盛り上がらない。早々に小屋に戻ってシュラフにもぐり込んだ。

〈22日〉夜半から風が強くなり、濃霧で寒々とした朝。外での朝食をあきらめ、行動食だけで出発。ニッコウキスゲなどの多い、緩いアップダウンのある稜線。御西小屋付近で雨になり、大日岳往復を断念する。そこにいた登山者の話では、往復を試みたが、大きな雪田で道が分からなくて引き返したという。御西小屋からなだらかな斜面をトラバース気味の道となる。風雨が強くなるが、道端にはチングルマやアオノツガザクラの大群落が見られた。

雨宿りに立ち寄った飯豊本山の小屋は超満員。時間的に余裕があったので、ラーメンを作って食べた。切合小屋までは雨に叩かれたせいか意外と長く感じた。この小屋がこの日の目的地だったが満員で、空いている三国小屋まで行ってくれ、と断られた。三国小屋には水がないのでここから持って行け、とのアドバイス。

一度気を抜くと歩くのが辛い。雨は止んでいたが、濡れたザック、小屋でゲットした二リットルのビール缶にまで入れた水が肩に食い込む。岩稜でアップダウンも多い。ヘロヘロになって辿りついた三国小屋だったが、ここも超満員で、通路にやっと寝場所を確保できた。ここの管理人は切合小屋の管理人がどんどん人を送り込んでくると文句を言っていたが、今さらどうしようもなかった。

〈23日〉ここまで来たら一刻も早く下界に下りて風呂に入りたいので、明るくなると同時に、朝食抜きで小屋を後にした。鎖場のある岩稜を通

御西岳から大日岳方面（2005.7.23）

過すると、地蔵岳の巻き道。泥んこだったが素晴らしい水場があった。その先はブナ帯の急下降。

　川入で入浴するつもりだったが、時間的に早すぎた。ちょうどバスが来たので飯豊の湯で下車して入浴。カンカン照りの天気で暑いが、飯豊連峰がよく見えた。バスで山都に出て、郡山経由で帰松。

「変化に富んだ山容と豊かな残雪、見事なお花畑」三連休を避けてまた登ってみたいと思った。

☆オンベ松尾根—大日岳—石転び沢

参考コースタイム　（著者65歳）

☆2005.7/21-24

(メンバー；鈴木貫太、末木崇、熊倉隆夫、稲邉恵子)

21日　新潟駅9:00＝日出谷駅10:37/11:20(タクシー)＝実川ゲート—トンネル13:50/14:05ー湯の島小屋14:50

22日　小屋5:10ー月心清水7:15/7:40ー早川のつきあげ10:50/11:10ー大日岳14:00/14:15ー御西小屋16:00

23日　御西小屋3:40ー飯豊本山4:50/5:10ー御西小屋6:10/7:20ー御手洗池8:40/8:50ー烏帽子岳10:10/10:20ーカイラギ小屋11:05/11:50ー門内沢出合15:00/15:15ー飯豊山荘18:15

24日　飯豊山荘9:12＝小国＝米沢＝松戸

飯豊山の最高峰、大日岳に直接登るオンベ松尾根を登り巨大雪渓の石転び沢を下るコースは、飯豊山の核心部を貫くコースとして数年来温めていた計画だった。

石転び沢俯瞰（2005.7.23）

〈21日〉登山口から単調な林道歩きで、途中に八八〇㍍もある真っ暗なトンネルがある。湯の島小屋はブナ林の中。

〈22日〉そこからはあまり踏まれてない登山道でステップがなくきつい。稜線に出るとヒメサユリが咲いていた。大日岳からの展望はなかったが、登山者の稀な九時間を要する悪路を登り切った充実感があった。

〈23日〉御西小屋からは、百名山を目指しているメンバーから飯豊本山を踏みたいという要望があったので、早朝に御西小屋を出て往復し、カイラギ小屋に縦走する。

　主稜線上は百花繚乱のお花畑。石転び沢下降は前日に死亡事故があったと聞いたので、緊張した。雪渓が硬く急なので、各自が持っているロープを繋ぎ、ピッケルを支点に一人ずつ確保しながら下ったため時間がかかった。雪渓末端からの道が崩壊しており、高巻きにうんざりした。

　飯豊山荘に着いたらカイラギ小屋から梶川尾根を下った人と会った。石転び沢コースはきつかったが、時間的には同じくらいだった。二日間にわたる難所のトレースで、この日は十四時間あまりの行程でさすがにバテバテ。飯豊山荘で飲んだビールが美味しく、アッという間に大ジョッキ二杯が空になった。

46 一切経山

東吾妻、西吾妻

荒涼とした東吾妻・広大な森と湿原の西吾妻

東吾妻と西吾妻は、尾根の繋がる吾妻連峰であるが、アクセスルートが離れているだけでなく、山々の雰囲気も異なるので、まったく別の山のように感じる。東吾妻は、吾妻小富士や一切経山（一九四九㍍）に代表されるように火山で荒涼としたイメージが強い。磐梯吾妻スカイラインで浄土平まで登れるので、観光客が多いところである。

西吾妻は、奥深い森と湿原の山で、冬季には広大な樹氷原ができるところである。通年営業の天元台スキー場リフトで高いところまで登れるので観光登山者がそれなりに多い。冬季には山スキーのメッカになっている。東吾妻の山は、ス

西吾妻山（1996.4.6）

カイラインを利用すれば簡単に登れるので、私はハイキングの山として何回か登ってきた。また、西吾妻はスキー登山に適しているので、天元台スキー場でのゲレンデスキーを兼ねて何回も訪れている。

東吾妻と西吾妻は、それぞれ観光的に開発され登山者が多い山であるが、それを繋ぐルートになると登山者が稀である。別の山域に感じるのはこんなことにもあるようだ。

☆一切経山と東吾妻山

参考コースタイム　（著者71歳）

☆2011.10/1-2
(まつど山翠会公募山行　16人)
1日　松戸6:00＝浄土平11:30/11:50－酸ヶ平避難小屋12:45/13:00－一切経山13:35/13:40－避難小屋14:10/14:25－浄土平15:00－吾妻小富士15:30－浄土平15:50－桶沼16:10－吾妻小舎16:25
2日　吾妻小舎7:00－桶沼7:10－浄土平7:20－鎌沼8:00/8:30－姥ヶ原8:40－東吾妻山10:00－景場平11:00－鳥子平登山口11:30＝高湯温泉「玉子湯」12:30/14:00＝松戸19:00

六時に松戸駅に集まり、マイクロバスで浄土平に入る。そこで食事とトイレを済ませ、余分な荷物をバスに残し、二班に分かれて登る。外に出ると、晴れているが風が強く寒い。これから登る一切経山がくっきりと見えていた。正面の蓬莱《ほうらい》山の斜面が色付き始めている。浄土平から一切経山に直接

鎌沼（2011.10.2）

一切経山から五色沼（2011.10.1）

登るコースは、有毒ガスの噴出で閉鎖されているので、酢ヶ平経由のコースで登る。避難小屋で休憩するが強風を避けて、大勢の登山者が休んでいた。

避難小屋から灌木帯を登ると、ガレた斜面になる。吹き上げる風に押されるようにして登るが、下ってくる人は大変なようだ。振り返ると、大きな火口むき出しの吾妻小富士や鎌沼が望めた。西吾妻方面の山にはガスがかかっており、寒々としている。バスに乗っているときに、雲の切れ間から白い斜面が見えたので、雪が降っているようだ。

標識のある山頂は広い。そこから反対側の斜面を少し降りると、五色沼が見下ろせた。五色沼というだけあって、青い湖面に深さや湖底による違い、空の色を微妙に映し出して神秘的だ。寒くて辛かったが、吾妻小富士と五色沼を見下ろせたことで満足できた。山頂からは、五色沼の近くを経てスカイラインの通る不動沢に下るルートがあるが、湖畔に近づくことができない。その先が展望のない樹林帯なので、長いだけで退屈である。

バスに戻って時間があるので一部の人が吾妻小富士に登り、火口壁を一周した。この大きな火口には水がなく、植生もないので潤いがない。森近くにある桶沼も火口であるが、森に囲まれ満々と水を湛えている。吾妻小舎は観光スポットに近いが、山小屋らしい雰囲気を残しており、ストーブもあり暖かく快適だった。

二日目は小舎を七時に出て、鎌沼湖畔を経て東吾妻山に登った。この日は風も収まり、絶好の好天。蓬莱山の斜面の紅葉が、昨日の寒さで明らかに進んでいた。特にミネカエデの黄色とナナカマドの赤が見事だった。鎌沼は大きくて浅い沼だが、朝日を映してキラキラ輝いていた。鎌沼周辺は広くてなだらかな灌木帯で、木道が整備され気分の良いところだ。

そこから東吾妻山（一九七五㍍）の登りはオオシラビソの樹林帯だが、登山道が水で洗われ歩きにくい。樹林帯を抜けるとハイマツ帯になり、間もなく頂上。東吾妻山は東吾妻の最高峰だが、深い樹林帯から頭を出した地味な山である。

山頂からは西吾妻から磐梯山、安達太良山、猪苗代湖や桧原湖まで見えたが、風が強く寒いので素通りし、途中の展望台付近の木道で食事タイム。その展望台からの眺めも良いが、山頂にはかなわない。そこからは樹林帯の荒れた登山道でウンザリした。景場《けいば》平に出てホッとするが、時期的に期待したほどの湿原ではなかった。

鳥子平に下山し、バスで吾妻小舎に戻り荷物を回収して吾妻高湯「玉子湯」で入浴し帰松した。

☆東吾妻―西吾妻縦走

参考コースタイム

（著者62歳）

☆2002.6/29-30

(メンバー；鈴木貫太、鈴木由香、亀野甲羅、土屋美佐子)

29日　上野6:10＝福島7:42＝浄土平9:25/9:45ー酢ヶ平10:35ー一切経山11:25ー姥ヶ原13:15ー谷地平避難小屋15:45（泊）

30日　避難小屋4:30ー東大巓8:40ー名月荘9:40/10:45ー人形石13:05ーリフト13:55＝白布温泉＝米沢

新幹線で福島に行き、バスで浄土平に入る。酢ヶ平を経て一切経山に登ると、五色沼が見下ろせた。酢ヶ平から鎌沼の岸辺の道には、灌木や笹に混じって初夏の花が咲いていた。姥ヶ原から樹林帯の単調な長い道を谷地平に下る。河原状になるところまで下ると、この日の宿の避難小屋があった。尖った三角形の屋根できれいな小屋だ。

一休みして谷地平の湿原まで足をのばすと、広い湿原の真ん中に木道があり、ワタスゲが咲いていた。周辺は深い樹林帯の斜面で、他に誰もいない森閑とした谷間の湿原で趣があった。この夜は我々だけの静かな夜だった。

翌日は夜明けと同時に小屋を出て、湿原を縦断して沢沿いの道を登る。この道は荒れ放題で水浸し、靴が濡れないように歩くので、稜線に出るまで長くきつく感じた。東大巓の頂上近くになると、道端にチングルマの大群落があった。

名月荘の先にある弥平衛平の花を見たくて立ち寄るが、期待外れだった。名月荘は二階建ての立派な小屋。一九七一年六月末に泊まったときはおんぼろの平屋で、たった一人で寂しくカエルの大合唱を聞いたのを思い出した。一九九六年四月上旬にスキーで大沢下りしたときには、すでに建て替えられて重要な中継ポイントになっていた。

主稜線に戻ると延々と広い木道の道。湿原保護のためであり、お花畑や湿原の点在する、展望の良い歩きやすい快適な道だが、どう見ても過剰整備だと思われた。人形石から天元台スキー場のリフトを利用し、米沢経由で帰松した。

なお、人形石から西吾妻山の縦走路も湿原の点在するところだが、吾妻連峰最高峰の西吾妻山（二〇三五メートル）は樹林帯の中で展望がない。一切経山から東大巓の縦走路も樹林帯が多いようだが、歩いたことがない。

山頂を目指して（2002.1.6）

47 安達太良山

高山的雰囲気・冬山入門の山

安達太良山（一七〇〇㍍）の魅力は、比較的簡単に登れて高山的な雰囲気を味わうことができること、山頂近くに通年営業の温泉付きの山小屋があることである。このため私は公募の山行に何回か利用した。また、冬季に小屋を利用して、冬山体験の山としても数多く登ってきた。

安達太良山は、標高一七〇〇㍍のたおやかな山なのに、山頂一帯が火山地形で荒涼としている。火山で森林限界が低いので展望が良く、高山の花も見られる。本峰から鉄山にかけては展望に優れ、直径五〇〇㍍もある沼ノ平や、それを囲む火口壁が壮絶である。沼ノ平を通る登山道は、一九九七年の有毒ガス死亡事故以来入山禁止になっている。

安達太良山は火口周辺部を除くとなだらかで、緑豊かな灌木帯の山であるが、僧悟《そうご》台のように、一切人手を加えないことにしたコースや、見事な滝をめぐるコースもある。通年営業のスキー場のゴンドラを利用するとか、温泉付きの山小屋「くろがね小屋」、山麓に幾つもある温泉をうまく利用すれば、年間を通じて、初心者からベテランまで変化に富んだ充実した登山が楽しめる山である。

☆奥岳温泉コース

参考コースタイム
（著者49歳）
☆1989.10/15
（松戸山の会公開バスハイキング　53人）
松戸22:20＝奥岳温泉2:00/6:30－くろがね小屋8:15/8:30－頂上(乳頭)－9:50/10:00－鉄山10:45/11:00－くろがね小屋11:30/12:30－奥岳温泉13:40/（入浴）14:50＝松戸19:50

五十三人の参加者を七班に分けて班単位に行動することにし、別に全体を統括・サポートする別働隊を設けた。快晴で寒い朝を想定したが、曇天で特に寒くない。樹林帯の登山道は前日の雨で滑りやすいので、車道を登った。勢至平は台地状で紅葉も見ごろ。右手に岩稜の鉄山の尾根。山頂の乳頭が目に入り歓声が上がる。

くろがね小屋から高山的になった斜面を登る。ナナカマドやガンコウラン、シラタマ、クロマメ等の実が、目と口を楽しませてくれた。山頂ではガスで展望がないだけでなく、風が強く寒いので、早々に次の目的地である鉄山に向かう。馬の背まで来ると、幸運にもガスが切れて、壮絶な火口壁や広大な沼ノ平が見下ろせた。

鉄山は絶壁だが、左側から回り込んで岩場を登ることができるので、参加者はスリルを楽しんでいた。鉄山の山頂は、見上げてきた景観と異なりなだらかである。次第に雲が切れ、刻々と山が変化していた。

下りでは、岩壁と陽光に映える紅葉に感動。馬の背から一気にくろがね小屋に下り（現在は有毒ガスで立ち入り禁止）奥岳温泉に戻った。奥岳温泉で入浴するが狭かったので、奥岳温泉まで移動して入浴した方がベターだった。

他に一般コースとしては、ゴンドラを利用するコースがあり、展望は良いが物足りない。塩沢温泉から登る湯川渓谷コースは少し長いが渓谷美を楽しめ、変化に富んでいる。沼尻コースは火口を通るので、有毒ガス事故以来立ち入り禁止になっている。

☆冬山体験　くろがね小屋ベース

参考コースタイム
（著者67歳）
☆2008.3/1-2
（メンバー；鈴木貫太、熊倉隆夫、大南敏和、西久美子、小林伸吉）
1日　松戸6:20＝スキー場駐車場9:45/10:30－くろがね小屋13:00
2日　くろがね小屋7:20－峰の辻8:00－安達太良山8:45/9:05－くろがね小屋9:55/10:30－駐車場11:55

この山行は、二年前に猛吹雪のため峰の辻上部で撤退したリベンジ山行。山スキー二人にスノーシュー、ワカン、ツボ足の装備不揃いだがくろがね小屋までならこれで登れる。スキー場の駐車場に車を止め、スキー場右脇から登山道に入っていく。

少し潜るので、それぞれの装備で登る。私はスキーだったので、新雪の上を自由に登れて快適だった。林道から登山道に入るが、マーキングがあり迷うことはない。斜度が緩やかになると勢至平で、風が強く一気に寒くなったので、防寒服を着る。右側が谷のトラバース道を通過すると「くろがね小屋」。

到着後に雪上訓練を予定していたが、天気が悪いので中止。名物の温泉にゆっくり浸かりのんびりする。

夕食はいつもの美味しいカレーでお代わりをする人もいた。暖房完備で快適な山小屋である。

翌朝、曇時々晴の予報。登り始めはトレースと赤布を確認できたが、次第に吹きさらしの斜面になり、分かりにくくなった。峰の辻の標識を通過すると吹きだまりの広大な斜面になりアイゼンの人は潜ってきつそうだった。トラバース気味に通過して急斜面を登ると山頂直下の稜線。時折突風があり転ぶ人もいた。

スキーやスノーシューを外して岩峰の山頂に登る。風が強いので、記念撮影後すぐに撤退。下山途中からは陽も差し始め、冬山の素晴らしい景色を十分堪能しながら、雪の上を楽しく下った。くろがね小屋で休憩後、駐車場に下り、岳温泉「岳の湯」で疲れを癒し帰松した。

くろがね小屋（2010.12.13）

〈追記〉

私が積雪期にくろがね小屋を利用して登ったのは、これまで十回になる。くろがね小屋まではすべて登れたが、登頂できたのは六回で、四回は風雪のために断念している。くろがね小屋まではマーキングもしっかりしており、トレースがあるのでツボ足でも登れるが、ドカ雪のときはラッセルが大変で、六時間もかかったことがあった。

　くろがね小屋からの登りは、視界がなくても穏やかな天気なら登れるが、風雪でホワイトアウトになると、方向感覚がなくなり困難になる。二〇〇四年にはくろがね小屋で一緒になったパーティーで冬季に何回も登っているメンバーが仲間とはぐれ、二日後に生還するという事故があった。雪が多いときはアイゼンなしで登れるが、ガリガリのアイスバーンのときもあった。積雪量が年によって大きく違うのには驚かされる。雪が多いときのスキーは快適だが、雪が少ないときのスキーは惨めであった。

☆霧降の滝―僧悟台―安達太良山

参考コースタイム
（著者65歳）
☆2006.6/11
(メンバー：鈴木貫太、熊倉隆夫、長屋尚人、渡辺美里、玉田やい子、小林康男、岩橋多恵子)
松戸21:00＝登山口0:30/5:30－屏風岩6:35/6:45－霧降の滝7:05/7:20－僧悟台8:05/8:20－笹平9:50－鉄山避難小屋10:10/10:40－安達太良山11:30/11:40－くろがね小屋12:30/12:45－塩沢登山口14:40

湯川コースを登ると八幡《はちまん》の滝から登山道が分岐しており、滝の脇に頼りない鎖が付いているが、登っているのを見たことがない。地元に問い合わせたら、整備してないが登れないことはないとのことだったので登ってみることにした。

　前夜、松戸を出て塩沢登山口で仮眠。湯川コースを登ると、間もなく馬返しで僧悟台方面の分岐。僧悟台方面の一般的な登山道はここから。八幡滝の標識のあるところを滝の下まで降りると、入口には「自然保護のために手を加えない地域で廃道に近く、沢登りの技術が必要」の標識。

　対岸に渡り細い鎖で滝の上に出て、ナメ状の沢を水際の鎖や笹につかまり登る。やがて霧降の滝の標識。落差約三〇㍍、水量が多く、堂々とした滝だ。右側を巻いて登ると二条の滝。この滝も約三〇㍍あり、迫力があった。

二条の滝の下で沢筋と分かれ、胸を突くような急斜面を木の根につかまりながら登ると台地状になり、馬返しからの道と合流して僧悟台。

僧悟台の登山道は、人手を加えないので時折大きな水溜りがあるが、踏み荒らしがないので歩きやすい。広い尾根筋の展望のある灌木帯で、花期には早いがシャクナゲが多かった。滔々と流れる水場を過ぎると大きな雪渓で、道が分からなくなるが、箕輪《みのわ》山側の鞍部方面に登ると登山道があった。少し登ったところが笹平で、そこから鉄山に登り、くろがね小屋から湯川渓谷を下って登山口に戻る。

八幡の滝から僧悟台までは廃道になっており、危険が伴うので初心者には勧められない。しかし、滑状の沢筋を登り、霧降の滝や二条の滝まで往復するだけでも素晴らしい。霧降の滝や僧悟台の登山道は、初歩的な沢登り技術と判断力があれば登れる。安達太良山のイメージを新たにする名コースだと感じた。

僧悟台入口・八幡滝上部（2006.6.11）

48
会津駒ヶ岳

雲表の池塘と草原の稜線

駒の小屋から駒ヶ岳（2012.10.14）

会津駒ヶ岳（二一三三㍍）は、尾瀬北方の南会津の山々の盟主的な山で、山頂付近の湿原と山腹のブナ原生林が美しい。特に駒ヶ岳山頂から中門岳《なかもん》（二〇六〇㍍）にかけての池塘と、草原ののびやかな稜線歩きが良い。登山口は桧枝岐《ひのえまた》である。温泉が豊富なところなので、下山後の入浴をお勧めする。

会津駒ヶ岳には、夜行バスか前夜山麓まで入れば、日帰りで中門岳まで往復して帰れるが慌ただしい。この山を楽しむには、初日に山頂近くの駒の小屋まで登って、二日目に中門岳を往復して、大津岐峠《おおつまた》からキリンテに下るのが良いと思う。駒の小屋から大津岐峠までも湿原が多く、展望に優れたコースである。下山路も荒れてなくて歩きやすい。キリンテに下らないで、大杉岳を経て御池に下っても良いだろう。

駒の小屋は自炊だが寝具付、完全予約制なのでぎゅう詰めされることはない。駒の小屋がいっぱいの場合は桧枝岐の民宿に泊まり、登山口まで送ってもらうと時間的に楽である。

☆会津駒ヶ岳—中門岳

参考コースタイム
（著者72歳）
☆2012.10/14
(まつど山翠会公募登山　18人)
登山口5:20ー駒の小屋8:35/8:55ー会津駒9:10ー中門岳9:50/10:20—駒の小屋11:00/11:15ー登山口13:30ー桧枝岐14:00

前日、桧枝岐の民宿に泊まり、車で登山口まで送ってもらった。今年は暖かいので、ブナ樹海の紅葉は黄ばんだ程度だったが、低木が色付き明るく感じた。登山者の多い山なのに、適切な整備で荒れていなくて歩きやすい。

木道のある所まで登ると展望が開け、紅葉した草原の先に駒の小屋が見えた。朝はかなり寒かったようで、池塘に氷が張っていた。笹原に点在するナナカマドやツツジの紅葉が映えるところだが、前日の雪で葉が落ちて、錦絵状の紅葉が見られなかったのが残念だった。

駒の小屋から会津駒ヶ岳に登るが、山頂は樹木に囲まれた狭いところで、展望が良くない。中門岳に向かうと、草原や池塘が続く展望の良いなだらかな稜線で、気分が良い。中門岳の標識は、山頂部ではなく鞍部の大きな池塘のほとりに立っている。草原はその先にも続いている。池畔の山頂標識は、引き返す目標を示すためだろうか。

時間的に早く登れたので、のんびりと時間を費やし引き返した。右手には燧ヶ岳や至仏山、左には三ッ岩岳がよく見えた。駒の小屋からブナ樹海の道まで下ると、登ったときとは違って明るく感じた。木漏れ日が色付いた下層の樹木を照らして、いっそう紅葉が進んだように感じた。下りは宿まで歩いて、預けておいた荷物を回収し、駒の湯入浴後にジャンボタクシーで会津高原に戻った。

中門岳（2012・10・14）

☆会津駒ヶ岳―中門岳―キリンテ

参考コースタイム
（著者61歳）

☆2001.6/30-7/1
(メンバー；鈴木貫太、井手橋紀恵、嶋田邦子、佐藤安行、安藤正雄)
30日　登山口11:00－水場12:40/13:10－駒の小屋15:20(泊)
1日　小屋5:05－中門岳6:05/6:10－小屋7:05/8:00－大津岐峠9:25－キリンテ11:20

山頂から中門岳にかけての草原にはまだ残雪が多く、初夏の花には早かった。目を楽しませてくれたのは大津岐峠への縦走路で、ハクサンコザクラやシラネアオイの群落が見られた。晴れていれば燧ヶ岳を眺めながらの素晴らしい縦走路だ。高いところにはネマガリダケが出ており、夕食のみそ汁に入れて食べた。駒の小屋は三十人と定員いっぱいだったが、各自布団一枚でゆったりしていた。

駒の小屋付近から燧岳（2012.10.14）

49 田代山

尾瀬国立公園に指定された注目の高層湿原

田代山（一九二六㍍）は山頂付近に大きな高層湿原を持つ山で、二〇〇七年に尾瀬国立公園の一部に指定され、注目されている。この山はアクセスが不便なので、車で猿倉口まで入りそこから往復するのがベターだ。猿倉までの道は、会津側から入るのが一般的だ。松戸からだと日光側から入るのが近いが、冬季の道路崩壊の修復工事が遅くて通れないことが多かった。田代山の先には、尾根続きの帝釈山《たいしゃくさん》（二〇六〇㍍）があるので、時間に余裕のあるときには往復するのも良い。太師堂の脇からなだらかな樹林帯の道を下って登り返す。田代山山頂付近と違って陰鬱で泥んこの道だが、山頂は岩場で展望が良かった。

☆田代山　猿倉登山口

松戸から三台の車に分乗して登山口を目指す。予想より早く梅雨入りしたが、北に行くほど天気がよくなり雨の心配がなくなった。林道に入ると鮮やかな緑。

登山口には山開きでたくさんの車が駐車していた。テントを張り、記念品や手作りの杖を配り、お神酒までふるまって、地域活性化を願う熱意が感じられた。

この日の入山者は三百六十人とかで、前年の倍だという。天気のせいもあるが、前年尾瀬国立公園に指定されたことが大きいようだ。尾瀬保護財団の人も調査で入っていた。静かな高層湿原の山を期待してきた

参考コースタイム
（著者67歳）

☆2008.6/8
(まつど山翠会公募ハイキング 18人)
松戸6:10＝猿倉登山口9:50/10:10ー下田代11:50/12:10ー太師堂(山頂)12:25/12:50ー登山口14:25

田代山の高層湿原（2008.6.8）

が、山開きに遭遇するのも悪くないと思った。

登山口付近は、群生するニリンソウの花が鮮やかだ。昨日は雨だったのに、登山道はよく整備されておりぬかるみもなく歩きやすい。深い樹林帯の道に、咲き遅れのツツジやオオカメノキの花が目立つ。小さな湿原の小田代まで登ると、一足早く出た登山者が次々と下りてくるようになった。

そこから程なく頂上湿原の一角で、池塘もある。ガスで展望はないが、広大な湿原に歓声が上がる。ここからは左回りの一方通行で、木道が整備されている。木道を少し辿ると木賊温泉方面分岐で、標識に田代山頂上と記してあるが、一番高いところは大師堂付近である。

雪が消えたばかりで、小さな蕾のヒメシャクナゲやタテヤマリンドウ、チングルマ、まだ小さいモウセンゴケ、白くなっていないワタスゲが見られた。二週間後には、これらのお花畑が見られたかもしれない。

ここから灌木交じりの湿原・中田代をたどると、帝釈山への分岐の標識があった。樹林帯の中に大師堂があり、避難小屋にもなっている。樹木の下には雪が残っており、ミズバショウが咲いていた。大勢の登山者は下山した後なので、静かな山頂を楽しめた。広い湿原を一周して、往路を下って登山口に戻る。

☆田代山―帝釈山

参考コースタイム
（著者60歳）

☆2000.7/9
（メンバー：鈴木貫太、井手橋紀恵、川瀬道子）
湯の花民宿6:45＝登山口7:30－田代山9:15/9:50－帝釈山11:00/11:05－田代山12:35/13:05－登山口14:05

前夜、湯の花の民宿に泊まり、翌朝猿倉まで車で入る。好天で花を期待した登山者が多かった。チングルマには遅かったが、広い湿原には会津駒ヶ岳を背景に、ワタスゲやタテヤマリンドウ、ヒメシャクナゲ、モウセンゴケが目立った。

帝釈山までの道は緩いが、樹林帯の泥んこ道で辟易。頂上は岩場で展望があるものの、往復の労に勝るものではなかった。

山コラム

山は誰でも登れるが、登山の世界は限りなく奥深い

登山の魅力は豊かな自然の中を歩くことである。雄大な展望、厳しい気象条件に耐える草木、さえずる小鳥、清冽な沢の水、心地よい涼風、去来する雲、圧倒的な岩壁、夏なお残る残雪。これらは山に登る者の心をとらえて離さない。山や花の名前を知っているとより楽しくなる。天気も複雑だ。山の成り立ちや山麓の風俗、土産品等も興味深い。厳しい自然環境が山岳宗教の場となった

登山者が最も気にしているのが天気である。だが、仕掛け役は太陽と水、大気、地球の自転。気流を促し、高気圧や低気圧、前線を発生させ、偏西風や地形などの影響を受けて絶えず変化している。なぜ笠雲ができるのか、日本が世界一の豪雪地なのはなぜか。ブロッケン現象はどんな時に起きるか等々、天気は複雑なようで一定の法則があることを知ると興味が尽きない。

山ではお花畑に感動するが、どんなところに何故鮮やかな花を咲かせ、どのように強風や寒さに耐えているかを知ると親しみが増す。草木の名前を知るとその生態も知りたくなる。山の成り立ちを知ると岩石の名前や壮大な地殻変動に興味を持つようになる。山は体力や経験、志向に合わせて誰でも登れるが、動植物、気象、地質、星、風俗、山岳史等に関心を持つと限りなく奥深い。より良い登山とは高みを目指すことにあるが、高みとは標高や技術・体力だけでなく、多様な分野の奥深さを追求することにもあると思われる。

山コラム

夏山・高山に登る絶好の機会、岩と残雪・百花繚乱

尾瀬のミズバショウの最盛期は「夏の思い出」の歌で知られるが、この時期は梅雨入り前後で本来の夏山とは言えない。梅雨時は天気がぐずつき残雪が多いので登りにくいが、背丈の低い花が一斉に開く。周りの草丈が伸びる前なので、初夏の花を愛でるのに適した季節である。

夏本番は梅雨明けから一ヵ月ほど。高山に登る絶好の機会であり、北アルプスや南アルプスなどの高山も容易に登れるようになる。都会の酷暑を逃れ、岩と残雪のコントラスト、可憐なお花畑は、雲表のパラダイスのようで素晴らしい。問題は交通機関や山小屋が混むこと。

夏山で最も天気が安定しているのは、梅雨明け十日と言われ、山が最も輝くときである。梅雨明けは七月二十日ごろだが、最近は温暖化の影響で不安定なのが気になる。夏山でも雨になると辛い。気温は平均的に高さ一〇〇〇㍍で六度低くなるので、装備が十分でないと低体温症の恐れがある。

夏山は天気が安定していても晴れているのは朝のうちで濃霧に覆われることが多い。八月下旬になると花や残雪が少なくなり台風が気になるが、霧の発生が少なく、登山者も少なくなるので、私は北アルプスにはこの季節に登ることが多かった。

夏山で怖いのは雷。特に暑い日には一気に積乱雲が発達し雷が発生する。雷は直接の電撃だけでなく冷たい風雨を伴うので要注意である。天気図では読めない上空の寒気侵入の雷は、雷三日の言葉があるように一日で終わらない。雷を避けるには早出早着が秘訣である。台風も怖いが情報が刻々と報じられるので避けるのは困難でない。

Ⅳ 日本アルプス

日本脊梁の岩稜と残雪、お花畑

奥穂高岳より槍ヶ岳
(2006.8.6)

北・中・南アルプスは、富士山と御嶽山、八ヶ岳を除いて日本の高山のほとんどが集中する山域である。北アルプスは岩壁と残雪のコントラストが見事で、花崗岩やお花畑が多いことから華やかな雰囲気である。南アルプスは日本最大の山地で、残雪が少なく森林限界が高いので重厚な印象を受ける。中央アルプスは小さくまとまった感じだが、ほとんどが花崗岩なので雰囲気が明るい。

日本アルプスは、高い山が多いので登るには夏が絶好の機会である。

八方池から白馬三山（2013.4.28）

50 白馬岳

大雪渓とお花畑で人気の山

白馬岳（二九三二㍍）は大雪渓と見事なお花畑があり、アプローチが容易で、山頂に巨大な山小屋があるので、北アルプスで最も人気のある山である。隣接する杓子岳（二八一二㍍）は台形、白馬鑓ヶ岳《しろうまやりがたけ》（二九〇三㍍）は白いガレキの尖峰で白馬岳とは違った趣がある。これらを合わせて白馬三山と呼んでいる。

南には不帰ノ瞼を経て唐松岳から鹿島槍ヶ岳があり、北には朝日岳を経て日本海に没する尾根がある。白馬岳には数多くの登山コースがある。メインコースには人が多いが、登山者の稀なコースも少なくない。

〈白馬岳を巡る登山道〉

① 大雪渓コース、栂池コース

白馬岳で最も人気のあるのが大雪渓コースで、初めて大雪渓を登る人はその迫力に感動する。登ることに不安を感じるが、階段状の踏み跡があるので見た目より登りやすい。心配なら登山口で四本爪のアイゼンを貸してくれるので、山頂の小屋で返せばよい。栂池コースは一八五〇㍍までロープウェイを利用できて尾根を登るので、最も優しく展望に優れている。

大雪渓を登る（2010.8.15）

大雪渓を登って山頂付近の山小屋に泊り、栂池に下るのは白馬岳登山の最も一般的なコースであるが、最盛期には行列になって歩かなければならないこと、山小屋が混むことを覚悟しなければならない。

②　鑓温泉コース、蓮華温泉コース

鑓温泉は、湧出量の多い二一〇〇㍍の高所の露天風呂のある山小屋で、人気がある。天狗原にある山小屋は快適で、天狗ノ頭方面に静かなお花畑がある。白馬三山を縦走する目的で、鑓温泉コースと大雪渓または栂池コースをトレースする人が多いが、鑓温泉は通過するのではなくのんびりと泊まりたいところである。

野趣あふれる露天風呂では蓮華温泉の人気が高い。栂池コースの白馬大池から下って入浴を楽しむ人が多いが、JR平岩駅までが遠い。蓮華温泉には、白馬岳から大正時代に廃鉱になった鉱山道を下るコースもあるが、登山者が稀である。七月末に下ったときは、その年に人の歩いた形跡がなく、静寂でお花畑が多い味わいのあるルートで感動したが、登山道の刈払いが途中までで、瀬戸川の橋が流されたままで徒渉が大変だった。

③　縦走コース（不帰瞼、栂海新道）

白馬岳からは、南の唐松岳や北の朝日岳方面への縦走コースがある。天狗ノ頭から唐松岳まではアップダウンの大きな岩稜の「不帰ノ瞼」があり、岩場の苦手な人には厳しい。白馬岳から朝日岳までは、なだらかな稜線でお花畑の美しいコースであり、蓮華温泉または富山県の小川温泉に下る。朝日岳から日本海まで続く稜線・栂海新道コースを歩く人もいるが、途中に営業小屋のない長いコースなので、体力を要する。

④　祖母谷《ばばだに》温泉コース

黒部渓谷から白馬岳に登るコースで、アプローチもコースタイムも長いので、マニア的なコースである。このコースを下って驚いたのはお花畑が多いことだった。欅平のすぐ近くにありながら、素朴さを保つ祖母谷温泉も良かった。このときはガスっていたので、清水岳《しょうず》までが長くて困惑した。ガイドブックのコースタイムより大幅に時間がかかるので注意を要する。

⑤　シーズンオフの白馬岳

白馬岳に登る人の大部分は七月から十月中旬までであるが、山頂付近の小屋が四月末から十一月上旬まで営業しているので、夏場以外にも多くの人に登られている。登られているのは大雪渓や栂池スキー場からのルートであるが、残雪期に白馬岳や唐松岳の東側斜面の雪稜を登る人や、スキーで大滑降を楽しむ人も多い。

残雪期に栂池スキー場から天狗原に登り、蓮華温泉に滑り込むのは、山スキーとして入門的なコースで人気がある。五月連休にスキーで蓮華温泉に下ったときは、蓮華温泉の小屋が超満員だった。そこから雪倉岳に登ったが、かなりハードなのにたくさんのスキー登山者がいた。三月末に天狗原から来馬《くるま》温泉にスキーで降りたときは予想外の降雪で、深雪のラッセルで時間がかかり夜間滑降を強いられたが、ＧＰＳに導かれたリーダーの適切な判断で事なきを得た。

☆大雪渓―鉱山道―蓮華温泉

参考コースタイム　（著者64歳）

☆2004.7/28-29
(メンバー:鈴木貫太、高須佳美、田中英樹)
28日　新宿(ムーンライト)23:54＝猿倉6:15/6:40－白馬尻7:45/8:05－避難小屋12:00－村営頂上小屋13:10
29日　小屋4:00－白馬山頂4:45/5:20－三国境5:40/6:00－分岐6:30－瀬戸川渡渉点11:00/11:25－蓮華温泉12:20＝入浴後にバスでＪＲ平岩駅

白馬山頂から朝日岳方面に行くと登山者が稀になる。朽ちた分岐標識から、黒い砂礫のかすかなトレースを下る。湿原になるとさまざまな花が見られ、静寂で素晴らしいコース。登山道は手入れ中で、背戸川横断の橋が流されたままで徒渉が必要だった。蓮華温泉には白馬大池から降りてきたたくさんの登山者がいた。

☆白馬岳―祖母谷

参考コースタイム　（著者70歳）

☆2010.8/15-17
(メンバー;鈴木貫太、町田廣光、南礼子、石川明美)
15日　新宿（ムーンライト）＝白馬＝猿倉荘6:50－白馬尻小屋8:00/8:15－小雪渓10:40－岩室跡10:55－避難小屋11:15/11:30－村営山頂小屋13:05/14:05－白馬岳頂上14:40/14:50－小屋15:20
16日　小屋5:00－裏旭岳7:20－清水岳7:50－不帰岳避難小屋10:00/10:50－車道16:30－祖母谷温泉16:45

祖母谷の道に入ると雪田やガレ場の緩やかな道。視界がないので、かなり歩いたつもりなのに旭岳分岐。清水《しょうず》岳分岐までコースタイムより大幅に時間がかかり不安になった。清水岳からはやや急になり、灌木帯とお花畑が交互になっている。

不帰岳避難小屋からアップダウンが続き、高度が下がらない。難所と言われる百貫ノ大下りには残雪がなく問題なかった。祖母谷温泉は素朴で小さいがロケーションに優れ、大きな露天風呂が魅力。翌朝は源泉と河原の水を混ぜた露天風呂に入り、欅平までのんびり歩いて帰松した。

☆栂池―大雪渓

参考コースタイム　（著者66歳）

☆2007.5/3-5
(メンバー；鈴木貫太、井手橋紀恵、熊倉隆夫、大南敏和、玉田やい子)
3日　松戸(車)0:30＝白馬駅前6:30＝カタクリの里見学等＝(バス)栂池スキー場＝栂池ヒュッテ13:30
4日　栂池5:50－天狗原7:15/7:25－乗鞍岳8:30/8:40－小蓮華山11:30－白馬岳14:00/14:10－白馬山荘14:20
5日　白馬山荘7:30－白馬尻9:30－猿倉10:05

白馬岳山頂を目指して。栂池コース（2007.5.4）

栂池ヒュッテはホテルと同じだった。翌朝は雪が硬くなって歩きやすい。白馬大池と山荘は雪に埋まっていた。小蓮華山の稜線は凍っているのでアイゼンをつけた。白馬岳を見ると大きくせり出した雪庇があり、迫力があった。途中で小蓮華山から白馬尻に滑り込むという単独の女性に会った。山頂は白馬主稜の到達点になっており、覗き込むと幾つものパーティーが登っていた。白馬山荘は宿泊者が少なく個室だった。翌日は少し下ったところでアイゼンを外し、グリセードやシリセードを楽しみながら下った。

白馬岳の名称について

白馬岳をハクバダケと呼ぶ人が多い。山麓の村もハクバ村となりＪＲの駅もハクバだ。しかし、山名の由来を知るとシロウマダケであり、私はこの呼び方にこだわりたい。

残雪期に長野県側から白馬岳をみると、小蓮華側の斜面に毎年馬の形をした岩の紋様が見える。紋様が現れるのは毎年田圃の代掻きの季節なので、農民は「代掻き馬」と呼んでいたことから、この山を「代馬《しろうま》」と呼んでいた。国土地理院が測量をして地図を作ったときに、地元の人に山の名前を聞いたらシロウマと答えたので白馬岳と書き込んだことから、公式の名称になったという。

一方、白馬連山は富山県側から見るとゆったりとした地形で、雪解け時に残雪がひび割れて、蓮華の花びらが散在しているように見える。そこで仏教的な解釈もあって、高いほうを大蓮華山、低いほうを小蓮華山と呼んでいた。国土地理院が大蓮華山を白馬岳と命名したが、小蓮華山の名称はそのまま残ったようだ。

51 唐松岳

北アルプスの入門的な山

唐松岳（二六九六㍍）は八方尾根の頭になる山である。八方尾根はスキー場として有名だが、通年営業の標高一八〇〇㍍までのゴンドラとリフトを利用して八方池（二〇八六㍍）まで登って、お花畑や雄大な展望を楽しむ人が多い。八方池までは行列だが、唐松岳に登る人はその一部である。八方尾根はなだらかな尾根で、山頂付近には大きな小屋があるので、唐松岳は北アルプスの入門的な山に適している。リフト最上部には山小屋があるので、山スキーや残雪期の唐松岳登頂に便利だ。

唐松岳は後立山連峰（白馬岳から針ノ木岳）の主要なポイントなので、ここから白馬岳や五竜岳の縦走に利用してきた。ここから白馬岳に縦走するには「不帰ノ瞼」があるので、岩場の苦手な人には厳しい。唐松岳から五竜岳の縦走は、牛首という岩場があるが、どちらもゴンドラ等を利用できるので、北アルプスの入門的な縦走コースである。

☆唐松岳　予期せぬ風雪体験

参考コースタイム
（著者 66 歳）

☆ 2006.10/7-9
（メンバー；鈴木貫太、井手橋紀恵、渡辺美里、西久美子）
7日　八方駅 7:47(ゴンドラ・リフト)＝八方池山荘 8:10/8:25 ー八方池 9:20 ー唐松岳頂上小屋 12:00
8日　唐松小屋で停滞
9日　唐松小屋 8:15 ー八方池 11:00/11:10 ー八方池山荘 12:30/13:00 ＝八方駅 13:30

鹿島槍ヶ岳までの計画で入山。八方池からは紅葉の最盛期だが、予想に反して雨模様からミゾレになり、五竜山荘までの縦走を断念し、唐松山荘に泊まることにした。

翌朝外を見ると風雪で、山荘の周辺は真っ白。十時ごろに管理人が下山用に冬道のルート工作をしてくれて、十人余りが下山したが、風雪の中をピッケル・アイゼンなしでは危

唐松山荘から唐松岳（2007.10.6）

険と判断し、連泊。小屋は、紅葉を期待して登ってきて動けなくなった登山者で混雑したままだった。低気圧が九六四ヘクトパスカルまで発達し、各地で遭難事故が発生していると報じられていた。

　九日は快晴で、厳冬期のような景色。黒部川を挟んで剣・立山連峰が屹立し、五竜岳や唐松岳が朝日に燃えていた。下山は特に危険なルートではないが凍結しているので、管理人がザイルを設置。下山は冬山を歩いているようで気分が良い。積雪のあったのは八方池周辺まで。八方池が近づくと大勢の人が登ってきて、時ならぬ新雪の山を眺めて歓声を上げていた。

☆唐松岳　残雪期登山

参考コースタイム　（著者67歳）

☆2008.4/19-20

(メンバー；鈴木貫太、小林康男、大南敏和、西久美子)

19日　松戸(車)6:00＝白馬11:00＝八方ゴンドラ乗場12:40＝(ゴンドラ、リフト)八方池山荘13:30(泊)

20日　八方池山荘6:25－八方池7:30－丸山ケルン9:15－唐松山荘10:35－唐松岳11:10／11:15－唐松山11:35／11:50－八方池13:15／13:30－八方池山荘14:05／14:30＝ゴンドラ下15:00

　初日は八方池山荘に入るだけなので、朝松戸を出て、ゴンドラとリフトを利用して標高一八〇〇㍍の八方池山荘に入る。山荘は連休前で客が少なく、我々の他三人だけ。

翌朝は雪が締まっていたので歩きやすい。八方池あたりから新雪で、黄砂で汚れた雪が純白になっていた。ガスが上下から厚くなり、ホワイトアウト状態の斜面をひたすら登った。我々の他は単独の女性だけだったが、下ノ樺に三張、丸山下部に一張のテントがあり、トレースが顕著になる。

八方尾根上部は尾根が狭くなり、傾斜も増してきたのでアイゼンを着けた。主稜線に登り詰めると風が強くなった。唐松山荘を横目に、鞍部から登り返していると、ガスの中からグェ！　グ！　とガマガエルの泣き声のような音がして、三羽の雷鳥が縄張り争いで飛んでいた。唐松岳は新雪の上をジグザグに登ることで八方尾根上部より易しく感じた。

（写真右）八方池から不帰瞼（2007・10・6）
（写真上）新雪の八方尾根を下る（2006・10・9）

布引山からの鹿島槍ヶ岳（2014.5.4）

52

鹿島槍ヶ岳

鹿島槍ヶ岳、五竜岳

後立山核心部・端正な鹿島槍と武骨な五竜岳

白馬岳から針ノ木岳までの山々を、後立山連峰と呼んでいる。立山の信仰登山が一般化し、その後ろにある山々だからである。東側が断崖なのに西側が急斜面の非対称の山稜で、個性豊かな山が多く、アクセスが容易なのが特徴である。後立山連峰の核心部は鹿島槍ヶ岳（二八八九㍍）から五竜岳（二八一四㍍）で、連峰随一のアップダウンの多い長い岩稜で、登山者の憧れのルートになっている。

私はこの稜線を五回縦走しているが、登るたびに易しくなり、登るたびにきつくなってきたような気がする。登山道が整備されたが、体力が衰えているからだろう。

☆唐松岳—五竜岳—鹿島槍ヶ岳

参考コースタイム　(著者67歳)

☆2007.10/6-8

(メンバー；鈴木貫太、小林伸吉、井手橋紀恵、芝田憲一)

6日 新宿＝白馬＝ゴンドラ7:30＝八方池山荘8:10/8:20－八方池9:10/9:30－扇雪渓10:20/10:35－丸山ケルン11:00/11:10－唐松山荘12:00/13:05(唐松岳往復30分)－五竜山荘16:10(泊)

7日 五竜山荘5:20－五竜岳6:30/6:40－北尾根の頭9:05/9:20－キレット小屋11:00/11:15－鹿島槍北峰分岐13:15/13:35－鹿島槍南峰14:10/14:30－冷池山荘16:50(泊)

8日 冷池山荘5:40－種池山荘7:40/8:00－扇沢登山口10:25＝信濃大町

前年の同じ時期に、風雪で唐松山荘に閉じ込められて撤退したリベンジ山行だが、荷が重いと縦走が困難なので、天気が悪かったら撤退することにして、夏山装備で計画した。

〈6日〉八方池は紅葉に早く期待外れだった。八方尾根の上部も主稜線でも、紅葉を堪能するようなところはなかった。唐松山荘までは順調に登り、唐松岳を往復。本格的な晴天となり、大展望が楽しめた。

牛首の岩稜を下ると最低鞍部にあるピーク・大黒岳。ここを過ぎると緩い登りで五竜山荘へ。山荘は夏山並みに混んでおり、食事は五回目の十九時四十分だった。

〈7日〉五竜岳の登りはきついが、順調に頂上に立てた。間近に剣・立山連峰、南には槍穂高連峰まで続く大展望、東の雲海上には妙高・戸隠山群が望めた。五竜岳山頂からは鎖場の岩稜のアップダウンを繰り返しながら、次第に高度を下げていく。北尾根の頭付近から俯瞰するカクネ里の雪渓が今なお大きい。その上部に、圧倒的な鹿島槍東壁。

北尾根の頭付近になると岩場が少なくなるが、トラバース気味の長い鎖場となり、回り込んだところがキレット小屋。この小屋は九月末で閉鎖されていた。キレットは険悪な様相だが、鎖や梯子が整備されており問題ない。

鹿島槍の急な登りがきつい。鹿島槍北峰コルから南峰への最後の登りが、意外と長くこたえた。南峰からは緩い下りで道も歩きやすく整備されている。

この日は岩場の苦手な新人や体調不良のメンバーがいて、予定より大幅に時間を要した。おかげで東の谷から上がってきたガスに西日を受けて、見事なブロッケン。冷池《つべたいけ》山荘に着いたのは、日が落ちる直前。冷池

鹿島槍より五竜岳（2009.8.22）

山荘は建替えたばかりで、食べ物も接客態度も良くて快適だった。

〈8日〉顕著な寒冷前線が接近しており、小屋では昨年同時期の風雪遭難のことがあるので、午後からは雪に変わる恐れがあるので、五竜岳への縦走自粛と、早めの下山を呼びかけていた。足元が見える明るさになるのを待って、叩きつけるような風雨のなかを下山する。

　種池山荘の周辺は、道がよく整備されている。足元を見るとチングルマ大群落の紅葉。種池山荘では自炊室で雨宿り。下山道は石畳のようによく整備されている。扇沢に近づくと、強い雨による濁流で地響きするような轟音。沢の水はコーヒー牛乳のようで、石ころが転がる音まで聞こえた。

八峰キレット（2007.10.7）

山コラム

秋山・錦秋の山々と潜む危険

山が最も輝くのは紅葉の季節だろう。ブナやミズナラの黄葉の樹海には圧倒される。遅れて色づくカエデの紅葉は寂しげだが華やかである。私が好きなのはいち早く色づくナナカマドやツツジなどの紅葉で、笹原に点在する様は錦絵のようである。黄金色の草紅葉に池塘が点在する景色も素晴らしい。

紅葉前線は九月中旬に北の山や高山から始まり松戸では十一月下旬になる。秋は紅葉前線を狙うと何回でも最盛期の紅葉の山を楽しめるが、意外と最盛期に的中するのが難しい。二〇一三年十月十四日に紅葉の名所である栗駒山に登った。紅葉情報が報じられ登山者で溢れていたが、山腹のブナには少し早く、山頂付近は直前の強風で散った後だった。一般的に紅葉が美しいのは雪国の落葉樹帯。二〇〇八年十月十八日に荒沢岳に登った時は、山腹のブナやカエデ、山頂近くのナナカマドやツツジの紅葉に狂喜した。首都圏でも奥多摩の水源林等のように保全されているところでは素晴らしいところがある。二〇一二年一月四日の天祖山は見事だった。

秋山は紅葉で賑わうが、遭難事故が最も多い季節である。紅葉のころには夜間に氷点下になる。大陸の寒気が一気に南下すると北アルプスや上信越、東北の山では風雪になることがある。夏山の延長のような装備や心構えで風雪に遭遇し、遭難した事例は枚挙にいとまがない。

二〇〇六年十月六日に唐松岳に登った時は八方池付近までは紅葉を楽しんだが、一気に天気が崩れミゾレになった。翌日は回復するだろうと唐松小屋まで登ったが風雪が続き、二日間停滞したが、各地で遭難事故は発生していた。逆に二〇〇〇年十一月三日に新雪を期待して常念岳に登った時はまったく積雪がなかった。秋山は気まぐれである。

53 針ノ木岳

北アルプス中央部の絶景の頂

針ノ木岳、蓮華岳

針ノ木大雪渓（2003.7.12）

針ノ木岳（二八二一㍍）は北アルプスのほぼ中央部にあり、黒部川側に突き出ているので、特に展望に優れた山である。針ノ木峠を挟んだ蓮華岳（二七九九㍍）は、コマクサの大群落地で知られている。

針ノ木大雪渓は三大雪渓の一つである。白馬大雪渓や剣沢大雪渓より急だが、秋になると残雪がわずかになる。九月に登ったときに残っていたのは、ノドと言われるところだけだった。白馬大雪渓は、雪渓が終わってからが長い。剣沢大雪渓は、黒部渓谷側になるので登りにくい。これに対し針ノ木大雪渓は登りきったところが針ノ木峠で、槍ヶ岳方面の展望が一気に開けるので感動する。

針ノ木峠の小屋に泊まれば、対照的な針ノ木岳と蓮華岳に登れる。針ノ木岳から白馬岳までは後《うしろ》立山連峰と言われる。南には、北アルプスで最も登山者の少ない地味な尾根が烏帽子岳まで続き、裏銀座コースで槍ヶ岳に達する。針ノ木峠は、佐々成政が冬季に徳川家康に秘かに会うために立山連峰のザラ峠から黒部川を横断して越えたという歴史的な峠であるが、針ノ木峠に立つと反対側も急斜面で、冬季に越えたとは信じがたかった。

☆針ノ木岳と蓮華岳

参考コースタイム （著者63歳）

☆2003.7/12-13
(メンバー；鈴木貫太、井手橋紀恵、鈴木由香、大塚由美子、寺沢房子、亀野甲羅)
12日　新宿＝信濃大町＝扇沢6:50－大沢小屋8:25/8:55－大雪渓9:30/9:45－マヤクボ沢11:20/12:00－針ノ木峠13:25/14:30－蓮華岳16:00/16:15－針ノ木小屋17:00
13日　針ノ木小屋4:50－針ノ木岳6:20/6:40－針ノ木峠7:30/9:00－大沢小屋11:00/11:20－扇沢13:30

大沢小屋には、歌人で山小屋の創設者・百瀬慎太郎の「山を想えば人恋し、人を想えば山恋し」のレリーフがあった。針ノ木岳登山者の世話をするような存在で、アイゼンも貸してくれる。

雪渓末端でアイゼンをつけ、長大な雪渓を登る。次第に傾斜が増し足どりが重くなる。雪渓を登り切ったところが峠だった。

蓮華岳はなだらかな山で、コマクサの群生地だが、黒い砂礫なのでコマクサのピンクの花が引き立たない。小屋は時期的に空いており快適。

翌早朝に針ノ木岳往復。急な尾根を右から回りこむように登り、階段状にステップを切ってある雪渓を登ると山頂で、正面に立山と剣岳、眼下に黒部湖、鹿島槍ヶ岳から白馬岳、薬師岳から槍ヶ岳までの大展望。

峠から大雪渓の下り始めは恐怖感もあるので、ザイルをフィックス（固定）して下るが、少し下ると斜面に慣れて、グリセードやシリセードを楽しみながらアッという間に大沢小屋に着いた。

針ノ木岳から黒部ダムをはさんで立山・剣岳（2003・7・12）

☆針ノ木岳　扇沢から往復

参考コースタイム　（著者73歳）

☆2013.9/14-15
（メンバー；鈴木貫太、小林伸吉、南礼子、石川明美、遠藤敦子、高橋和子）
14日　新宿23:54（ムーンライト）＝信濃大町5:11/6:30＝扇沢6:20/6:40－大沢小屋8:10/8:20－雪渓末端9:00/9:10－マヤクボ沢11:10－針ノ木小屋12:40/15:10－針ノ木岳14:40/15:10－針ノ木小屋15:40
15日　針ノ木小屋5:40－ノド横断7:20－大沢小屋8:45/8:55－扇沢10:20

戦国時代に佐々成政が越えたという歴史的な道を辿りたくて、針ノ木谷を黒部湖に下る計画。大雪渓末端は大きく後退し、黒く汚れ貧弱。中央部が崩壊し、陰鬱で迫力があった。滑りそうで危なげな雪渓を登ると、間もなく右岸の夏道に出た。

両岸が迫ったノドと呼ばれているところで、雪渓を左岸に渡り、クサリ場を大きく高巻くが、沢を渡るところには橋が架けられ、雪渓はスコップで階段状に作られていた。そこを通過すると、初秋なのにお花畑になっていた。

七月末ころまでは峠まで急な雪渓になっているが、左岸側にジグザグの登山道。疲れも出ており、ザレた道の登りが結構きつかった。

針ノ木峠に着いたころはガスが深くなり、展望がなくなっていたが空身で針ノ木岳を往復。翌朝天気が急速に悪化しているので、針ノ木谷を下るのをあきらめ、早々に往路を引き返した。

針ノ木雪渓ノドの残雪（2013.9.15）

☆後立山全山縦走　蓮華岳―白馬岳、集中・分散登山

参考コースタイム　（著者48歳）

☆1988.7/28−8/1

（メンバー;28日入山；鈴木貫太、喜島武、宮沢純子、三枝敏子、西田貞子、吉沢芳子／29日入山；戸谷経二、江原洋子、高橋逸子、春原英子／30日入山；奥山千枝子、小林京子、三枝妙子、日下和子、森本伊津子／1日下山；鈴木貫太、宮沢純子、吉沢芳子、高橋逸子、小林京子。他10人は31日下山）

28日　扇沢6:10ー大沢7:35/8:45ー雪渓9:15/9:25ーマヤクボ沢10:50/11:10ー針ノ木峠12:15/13:20ー蓮華岳14:30/15:00ー針ノ木小屋15:40

29日　針ノ木峠4:15ー針ノ木岳5:15/5:25ースバリ岳6:10ー赤沢岳8:25ー鳴沢岳9:25ー新越乗越10:20/10:25ー岩小屋沢岳11:10ー種池12:30/13:00ー爺岳13:45/14:05ー冷池小屋15:15

30日　冷池小屋4:35ー鹿島槍6:40/6:45ー北峰とのコル7:15/8:00ーキレット小屋9:25/9:40ー口ノ沢コル11:10ー五竜岳14:30/15:00ー五竜山荘15:50

31日　五竜山荘6:00ー唐松山荘8:00/8:30ー唐松岳9:45ー不帰二峰10:30／10:40ー一・二峰コル11:40/11:55ーキレット12:35/12:40ー天狗大下り上13:50ー天狗山荘15:10

1日　天狗山荘4:00ー白馬鑓ヶ岳5:00/5:10ー杓子岳5:55/6:40（杓子岳往復）ー村営小屋7:45/8:05ー白馬岳8:40/8:55ー小屋9:10ー白馬尻11:40/11:50ー猿倉12:35

十五人のメンバーによる集中・分散型の登山で、私は針ノ木雪渓から入山し、白馬岳まで縦走した。

〈28日〉雨足が強くなってきたので大沢小屋で様子を見るが、小降りになってきたので予定通り登る。大雪渓はマヤクボ沢の出合で一旦切れるが、針ノ木峠まで続いていた。峠に達したころ青空になり、展望が開けた。峠の小屋からコマクサの群落のある蓮華岳を往復。どうやら梅雨明けらしい。

〈29日〉明るくなりかけたころに小屋を出る。四時五十分、針ノ木岳直下でご来光。針ノ木岳からは両側の斜面が切れ落ちた痩せた岩稜で、展望が良い。振り返ると、針ノ木岳が立派だ。困難なところはないが、幾つものピークを着実に踏んでいくので、体力を消耗する。

岩小屋沢岳を下って種池に登り返す樹林帯が、暑くて疲れた。種池小屋では人が多くなった。周辺は高山植物が豊富。爺岳北峰付近で、猿の大群が登山道を横断していたので待たされた。十人が集まり、合流を喜び、お互いの健闘を称えあう。

〈30日〉鹿島槍の登りは単調。雪渓のある北峰とのコルで朝食。キレットへの下りが急。キレットは険悪な様相だが、ハシゴやクサリがあり容易。五竜岳はすぐ近くに見えるが、

アップダウンの多い岩稜で時間がかかった。

五竜岳の急登でバテ、最後の力を振り絞って下り始めたら、この日遠見尾根を登ってきたメンバーにバッタリ。元気な声と、分けてもらった水に元気付けられた。予定通り十五人全員が集まり、感激した。

〈31日〉十五人となり、長い行列になって縦走。唐松山荘で五人の縦走組は、下山組みの盛大な見送りを受けて不帰ノ瞼へと下った。

不帰ノ瞼の三峰から二峰までは特に問題ないが、一峰とコルへの下りが長い岩場で難しい。要所にクサリやハシゴ、桟橋があり、足場もしっかりしているが、高度感があり緊張した。逆コースの縦走者が多く、すれ違うのにも苦労した。一峰を越え、天狗の大下りの登りがきつかった。

天狗ノ頭付近はなだらかな台地状で高山植物の宝庫、コマクサの群落も見られた。天狗山荘に着くと、雪渓の末端にとうとうと流れている冷たい水で身体を拭くことができた。天狗山荘は快適だったが、お互いの足の臭さに閉口した。

〈1日〉山荘前の雪田を登ったが、間もなく白い砂礫の大きな斜面。雲の動きがダイナミックで、夜明けを幻想的に演出してくれた。縦走路から杓子岳を往復。そこから見る信州側の崩壊が凄い。

白馬村営小屋付近には大勢の登山者がいた。雪のない小雪渓の道は足場が悪い。大雪渓を登ってくる人は、ほとんどアイゼンをつけて行列になって登っていた。

54 剣岳

試練と憧れの針峰・剣岳、豪雪の霊峰・立山

剣岳（二九九九㍍）の早月《はやつき》尾根の馬場島《ばんばじま》登山口には「試練と憧れ」と書かれた石碑がある。この石碑のとおり、剣岳は深い谷と急峻な稜線、数々の岩峰を従えた穂高岳と並ぶ、日本一の岩の殿堂である。頂に立つのは容易でないが登山愛好者の憧れの山である。一方、立山は広大な裾野を持つ豪雪の山であり古来より日本三霊山として修験霊場の場だったが、立山黒部アルペンルートが作られ気軽に登れる山となった。

剣岳に登るには、室堂と馬場島、黒部川の三つのルートがある。大部分の人が登っているのは室堂からの往復で、前日に剣沢小屋か剣山荘に泊まれば、その日のうちに登頂し下山することができる。急峻な岩場のルートであるが、過剰なほどクサリやハシゴが取り付けられ、高度感に慣れれば特に困難でなくなった。

馬場島ルートは剣岳の玄関口だったが、今は登る人が少ない。標高差二二五〇㍍もある急な尾根だが、高度感を感じる岩場が少ない。黒部川からは、阿曽原を経て仙人池、剣沢を通る長いルートであるが、変化と展望に優れ、登山の総合力が試される。仙人池は剣岳随一の絶景の地と言われている。仙人池から剣岳北方稜線を登るルートもあるが、急な雪渓や急峻な岩稜があり、一般の登山者が登るのは困難である。私は一九八七年七月末に、剣沢を経て

剣沢を下る（2004.8.28）

仙人池から剣岳（1999.8.30）

仙人池から欅平に下った。剣岳の魅力を凝縮する優れたコースで、このときの壮大な裏剣の感動が忘れられず、その後、早月尾根を登って阿曽原に下るコースを二回歩いた。

立山（三〇一五㍍）は、アルペンルートで室堂まで入れるので容易に登れる。黒部川の内蔵助谷から真砂岳に登るコースと、黒部湖から一ノ越に登るルートは時間がかかり、遅くまで残雪があるので注意を要するようだ。

立山から花の名所と言われる大日岳（二五〇一㍍）は近い。称名《しょうみょう》滝まで下るのは高度差があるが、落差三五〇㍍の滝は一見の価値があった。室堂は、立山から槍ヶ岳まで続く「ダイヤモンドコース」の起点でもある。

室堂には、一般的には富山側から美女平を経てバスで登るが、最近は、時間が短縮できる扇沢からロープウェイやバスを使って入る人が多い。どちらのルートでも、観光客であふれ混んでいるので時間がかかる。

アルペンルートは四月末から十一月上旬まで営業するので残雪期や新雪期に容易に室堂まで入れる。残雪期には一五㍍もの除雪した雪壁が見られ、圧倒的な積雪量に驚かされた。この雪が七月までにほとんど溶けてしまうのも驚きである。アルペンルートの利用で残雪の立山に登ったり山スキーを楽しめるが、安易な入山で悲惨な遭難事故が多発していることを忘れてはならないだろう。

☆早月尾根から黒部下の廊下

参考コースタイム（著者64歳）

☆2004.8/27-30　馬場島ー剣岳ー剣沢ー仙人池ー阿曽原ー欅平
（メンバー；鈴木貫太、亀野甲羅、井手橋紀恵、大塚由美子、寺澤房子、佐々木亜由子、佐々木明美）

27日　池袋東口23:05(バス)=富山=上市6:48（タクシー）=馬場島8:30ー松尾平9:20/9:30ー早月小屋15:30

28日　早月小屋4:35ー剣岳9:30/10:30ー剣山荘14:00/14:20ー真砂沢ロッジ17:00

29日　真砂沢ロッジ5:35ー二俣7:00/7:10ー仙人池10:15/11:00ー仙人温泉14:00/14:20ー阿曽原小屋17:30

30日　阿曽原小屋6:40ー折尾谷8:40/9:00ー志合谷10:30/10:50ー欅平13:00

〈27日〉この日登るのは標高差一四五〇メートル、展望のない急登だが、立山スギの巨木に慰められた。傾斜が緩くなったら早月小屋だった。

〈28日〉剣岳まで八〇〇メートルの登り。山頂近くになるとクサリ場になる。頂上からは岩稜八ツ峰が圧巻。剣岳北方の山や立山、後立山の山々もよく見えた。

　剣岳からの下りは高度感のある岩場だが、クサリやハシゴが過剰なほどに設置されている。剣山荘は宿泊者でごった返していた。剣山荘からブッシュ帯を下っていくと、残雪のなくなった剣沢上部のガレ場に出た。剣沢小屋方面からの道と合わせ右岸のガレた道をしばらく下ると雪渓に出た。雪渓の雪は少なくなっているが、まだまだ広くて長い。土石流の黒い筋があり、クレバスや陥没した穴があり険悪だ。平蔵谷や長次郎谷の雪渓が威圧的だった。スノーブリッジが割れて本流が見えるところで残雪の凄さを実感、ドーンという雪渓崩壊の音も聞こえた。

やがて瓦礫の中に石垣に囲まれた青い屋根の真砂沢ロッジが見えた。連絡がつかず予約できなかったが、小屋の主人は快く迎えてくれた。汗で濡れた身体が沢風で冷え切っていたが、小屋の主人は「食事前に汗を流したらどうですか」とかけ湯を勧めてくれた。湯船に溜めたお湯を一人三杯と決めお湯を身体にかけるとさっぱりして気持ちよかった。食事も美味しくお代わりする人もいた。

〈29日〉剣沢本流の河原を下り二俣。吊橋が流されていたが、丸太の仮橋があり、ロープを張ってあった。剣沢は、ここから幻の剣大滝を経て、黒部川・下の廊下の十字峡に流れ落ちている。左には大きな三ノ窓雪渓の上に剣岳主稜線の岩稜が望め、奥深く幻想的な世界だ。

ここからは、北俣を通って池ノ平小屋に登る古い道もあるが、以前登ったときは渡渉があり、マーキングのない雪渓の難路だったので、単調な仙人新道を登った。仙人池は、剣岳を映すビューポイント。ヒュッテの八十歳を越えたオバチャンは相変わらず元気だった。

そこから下りの道が荒れていて、思いがけない大きな雪渓や崩壊した道で難渋。仙人温泉の露天風呂に手を入れ、ここに泊まれたらどんなに幸せかと思った人が多かったようだ。急斜面をトラバース気味に行くと、ガレ沢の微妙な横断や崩壊した雪渓の間をくぐる難所。以前はトラバース気味に下ったところが、ドンドン登りになって不安になるほど登らせられた。阿曽原小屋に着いたのは夕刻になってしまった。阿曽原の楽しみは露天風呂だが五分ほどの下りが疲れて辛かった。

阿曽原小屋主人の佐々木泉氏に、道が荒れていたことを話すと、仙人温泉から上部は雪の融け方が歪んでいて、この年だけの現象だとか。下部は崩壊が激しく、毎年整備しているが危険なので、尾根筋に付け替えるよう環境省に要望していると言っていた（新しい道は二〇〇九年山行時に確認した）。佐々木氏は元富山県警の山岳警備隊で、裏剣周辺の登山道の世話をしており、二俣の仮設の橋も設置してくれたようだ。

〈30日〉 岩壁をコの字にくり抜いた水平道は、高度感もあり迫力満点。側壁に付けられた針金につかまりながら、すごいすごいと繰り返しながら歩いた。この日はフェーン現象で特に暑かったが、志合谷の真っ暗なトンネルの涼しさは格別だった。欅平で入浴しさっぱりしたが、電車の中でザックの匂いが強烈だった。

☆黒部渓谷・下の廊下

参考コースタイム
（著者69歳）

☆**2009.10/11-12** テント
(メンバー；小林伸吉、鈴木貫太、熊倉隆夫、小林康男、玉田やい子、南礼子、町田廣光)

11日　黒部ダム7:00－十字峡13:00－東谷吊橋15:45－阿曽原小屋16:30

12日　阿曽原6:05－折尾の大滝8:00/8:30－欅平12:45

黒部川下の廊下（1999.8.31）

阿曽原小屋が満員なので、テントにする。紅葉には少し早い。たくさんの登山者が前後しながら歩いた。

内蔵助谷まで下ると岩壁をくり抜いた水平道になり、緊張感がみなぎる。別山谷《べっさんだに》出合には残雪のブロックがあり河原まで下って登り返した。ダムの坑道みたいな所を通過するが暑い。疲れてきたのでそこからの登りが意外ときつかった。小屋もいっぱいだがテント場もいっぱいだった。名物の露天風呂も混んでいた。

阿曽原からの道も高度感満点。欅平の近くになったら、新雪を付けた後立山連峰の稜線が見えた。この水平道は関西電力が黒部ダム工事のために作ったことから管理責任を負わされている。

この水平道を歩けるのは、阿曽原からか下流側が七月上旬、上流側は早くて八月下旬であるが、年によって違うようだ。特に上流側は、側壁から落ちてきた雪で谷が埋まるので、八月になってやっと桟橋などの補修を行い、九月になって開放している。年にわずか二ヵ月しか通れない登山道なのだ。一九九九年八月末にトレースしたときには、幾つものスノーブリッジがあり、それを越すのに緊張を強いられた。

☆剣岳—立山

参考コースタイム　（著者53歳）

☆1993.10/9-11
(メンバー；鈴木貫太、坂本多鶴、玉谷和博、佐藤幸子、野崎隆治、関根恵子)

9日　上野＝富山＝室堂10:30－雷鳥平11:15/11:40－剣御前小屋13:25/14:05－剣山荘15:00

10日　剣山荘5:30－一服剣5:50－前剣7:00－剣岳8:40/9:15－剣山荘11:30－剣御前小屋13:50/14:00－別山14:30－内蔵助小屋15:30

11日　内蔵助小屋5:45－富士の折立6:40－大汝山9:10－雄山7:35/8:00－一の越8:35/8:55－東一の越9:25/9:30－黒部平11:40

人、人で溢れている。ケーブル、バスと乗り継ぎで室堂に入る。美女平からのバスはブナ林や大日山塊、薬師岳の展望で寝ていられなかった。剣御前小屋まで登ると、圧倒的な剣岳をはじめとする大パノラマ。

翌日は剣岳を往復する。一服剣でご来光。前剣を越え、避難小屋のある平蔵のコルから核心部。クサリやハシゴ、鉄杭があり見た目より易しい。剣御前小屋まで戻り、静かで別天地のような内蔵助小屋に入る。

翌朝、二センチくらいの新雪。道は少し凍っており、風も強かった。簡単な冬山装備を持っていたが、使ったのは杖代わりのピッケルだけ。立山から一ノ越に下り、山腹をトラバースするような道を東一ノ越まで行き、急斜面を黒部平まで下った。この下り、紅葉は最盛期だったが、ブッシュ帯で風もなく、暑い。黒部平まで歩くのが嫌になり、ケーブルで下った。

☆立山スキー

参考コースタイム　（著者63歳）

☆2004.5/1-3

(メンバー；鈴木貫太、沢田正義、土屋信行、吉川りつ子、小野田靖男、大塚由美子)

1日　松戸（車）4:00＝扇沢8:30/9:30＝室堂13:15/13:50（スキー）ー天狗平14:35ー室堂15:40ー雷鳥荘16:20

2日　雷鳥荘7:30ー雷鳥平8:00/8:50ー別山乗越9:50/10:30ー別山11:00/11:10ー別山乗越11:45/12:05ー室堂乗越12:25/12:40ー奥大日岳14:50/15:05ー雷鳥荘17:00

3日　雷鳥荘7:00ー一ノ越9:10/9:45ー東一ノ越10:45/11:10ータンボ平11:25/11:35ー湖畔12:15ーダム12:40

初日はアルペンルートで室堂に入り、弥陀ヶ原に滑降。バスで室堂に戻り、雷鳥荘に入った。二日目は雷鳥沢から別山に登り、室堂乗越まで滑降。そこから奥大日岳を往復する。三日目は一の越に登り、東一の越から黒部平を経て黒部湖に下った。一の越から東一の越のトラバースルートの雪が少なく、スキーを担いだ。

立山・雷鳥沢を登る、背景は立山（2004.5.2）

☆立山登山・残雪期

参考コースタイム　（著者70歳）

☆2011.5.2-4

(メンバー；鈴木貫太、町田廣光、石川明美)

2日　扇沢7:50＝室堂10:10/10:45ー雷鳥沢ヒュッテ11:50/12:50ー奥大日直下14:40/15:00ー雷鳥沢ヒュッテ16:00

3日　ヒュッテ7:20ー一ノ越9:15/10:10ー雄山神社11:10/11:20ー大汝山12:10/12:30ー富士の折立12:50ー真砂岳13:35ー雷鳥沢ヒュッテ14:30

4日　ヒュッテ7:30ー室堂8:15＝黒部ダム＝扇沢

松戸を三時に出て、扇沢から室堂に入り、雪の大谷を散策後に雷鳥沢ヒュッテに入る。昼食後に奥大日岳に向かうが、異常に潜った。室堂乗越まで登ると、奥大日岳に続く見事な雪稜が見られた。

立山大汝山付近（2011.5.3）

立山・室堂乗越から奥大日岳（2011.5.2）

登頂を試みるが、緩んだ雪で潜って時間がかかり、最後の急登を残してあきらめた。今年は、四月に雪が多く締まりきっていないから潜るのだという。

翌朝、雷鳥平のテント場から沢筋を登ると、室堂方面からの大勢の登山者と一緒になった。一ノ越に立つと、高曇だったが、後立山の山々が手に取るように見えた。ほぼ夏道どおり登るが、雪のついた急斜面が多くピッケルをフル活用して登った。

雄山《おやま》の石垣は出ていたが、そこから大汝山《おおなんじやま》に向かうところに急な雪壁のトラバースがあり、緊張した。振り返ってみると、石垣を下ったほうが楽だったことが分かった。次の難所は大汝山のアップダウン。富士ノ折立の下りで、再び急斜面のトラバースがあった。

真砂《まさご》岳まで縦走したので別山《べっさん》は近かったが、次第に雲が厚くなり視界が悪くなったので、そこから下ることにした。この尾根は急だが、シリセードで楽しみながら下れた。下りきったころには小雪が降り出していた。最終日は、朝から雪で視界がないので、室堂からアルペンルートで早々に下山した。

室堂雪の大谷（2011.5.2）

55
穂高岳
穂高連峰

涸沢岳から穂高山荘に下る（2006.8.5）

日本を代表する岩山の殿堂

上高地まで入ると、西穂高岳からジャンダルム、奥穂高岳、前穂高岳、明神岳と続く、鋭い鋸歯のような山々に圧倒される。この展望を求めて上高地には多くの観光客がやってくる。

奥穂高岳の先には北穂高岳があり、槍ヶ岳に連なっている。槍ヶ岳・穂高連峰には三〇〇〇メートルを越える山が連なり、日本を代表するアルペン的な山域となっている。

穂高岳は日本第三の高峰である奥穂高岳（三一九〇メートル）を主峰に、前穂高岳（三〇九〇メートル）、北穂高岳（三一〇六メートル）、涸沢岳（三一一〇メートル）、西穂高岳（二九〇九メートル）、ジャンダルム（三一六三メートル）、明神岳（二九三一㍍）等の総称である。穂高岳はまさに岩山の殿堂の名にふさわしく、さまざまな岩壁登攀のルートがある。

この山域は、日本におけるアルピニズム発祥の地であり、北穂高岳滝谷や前穂高岳東壁、横尾の屏風岩等の岩場がアルピニストの活動の場となってきた。井上靖の「氷壁」は、前穂高登攀《とうはん》時のナイロンザイル切断事故がモデルであり、登山口の徳沢が舞台とされた。北鎌尾根はアルピニストのターゲットとされ、加藤文太郎や松濤《まつなみ》明が遭難死した悲劇の場として知られている。

私の当初の槍穂高は、高山病で惨めだった。一九六五年に友人と、槍ヶ岳から西穂高まで縦走する予定で槍沢を登ったときは、高山病で動けなくなり槍ヶ岳から引き返した。翌年、山の師匠に引っ張られて、岩登りを目的に涸沢《からさわ》に入ったときは、重荷で涸沢まで二日かかり、初日のジャンダルム登攀でひどい高山病で水も飲めなかった。それでも師匠には翌日に、滝谷を登らされた。北穂高まで登るのは地獄のような苦しさであったが、次第に高度に慣れ、その夜にはわずかだが食事をとれた。三日目になるとルンルンで滝谷登攀を楽しめた。この師匠を中心に星稜登高会を作ったことから、私の当初の北アルプスも涸沢をベースキャンプにしたクライミング中心であったが、その後に一般登山に転じた。

穂高連峰で最も登りやすいのは、ロープウェイを利用して登れる西穂高岳である。若干の岩場があるが、途中に山小屋があり、登山道がよく整備されている。涸沢から登る奥穂高岳や北穂高岳、岳沢《だけさわ》から登る前穂高岳も岩場だが特に難しくないので、時間をかければ登れる。北穂から奥穂の縦走は、岩場に慣れていないと厳しい。特に困難なのは、奥穂から西穂の長い鋭い岩稜の稜線で、北アルプス屈指の難コースである。

私は、仲間が一日で走破するのが困難なので、岳沢ヒュッテを利用し、天狗のコルから二つに分けて縦走した。

☆穂高核心部縦走
涸沢—北穂高岳—奥穂高岳—前穂高岳—岳沢

参考コースタイム　（著者66歳）

☆2006.8/4-6

（メンバー；末木崇、熊倉隆夫、玉田やい子、鈴木貫太、渡辺美里、岩橋多恵子、小林康男、川上邦博、乾川せい子）

4日　新宿（夜行バス）＝上高地6:35—横尾9:55/10:35—本谷橋11:45/12:10—涸沢小屋14:20

5日　涸沢6:00—北穂高岳9:25/10:15—最低のコル12:10/12:30—涸沢岳13:45/14:05—穂高山荘14:20

6日　山荘4:40—奥穂高岳5:25/5:50—紀美子平7:20—前穂高岳7:50/8:20—紀美子平8:40/9:00—岳沢10:50/11:30—上高地13:30

〈4日〉上高地から涸沢のカールに着くと、北穂から前穂までの大パノラマが楽しめた。

〈5日〉涸沢から雪渓を登り、急斜面を登ると岩稜になる。お花畑がきれいだ。振り返ると、雪渓を抱えた前穂北尾根が見事だった。北穂山頂は、北アルプスの山々が見渡せる絶好の展望台で、槍ヶ岳が圧巻である。

涸沢岳への道は長いクサリや岩稜が続き、岩場の苦手な二人がいて大騒ぎだった。涸沢岳からは奥穂高岳の先に、特異な岩峰のジャンダルム—西穂高岳への鋭い岩稜が望めた。穂高山荘前では、見事な落日を眺められた。

〈6日〉いきなりクサリ場の急登で、右側の急斜面に、何層かの鋼鉄製の柵が張ってある。雪崩除けではなく、残雪期の滑落対策だという。奥穂の頂上には大勢の登山者がいて、記念撮影が順番待ちだった。

ここから涸沢経由で下山する三人と分かれ、吊尾根を下る。奥穂から見下ろす吊尾根は、痩せているが特に難しいところはない。前穂からの展望も絶景である。ここから、クサリやハシゴの続く重太郎新道を一気に八〇〇㍍下ると、岳沢ヒュッテ跡。雪崩で壊され、土台などの修復が進んでいた。上高地までは緩やか下りだが暑かった。

☆天狗のコル—奥穂高岳—南岳

参考コースタイム　（著者60歳）

☆2000.8/26-29

（メンバー；鈴木貫太、大木孝子、佐藤安行、山口静子、嶋田邦子、川瀬道子）

26日　新宿7:02＝上高地13:35—岳沢ヒュッテ16:00

27日　ヒュッテ5:00—天狗のコル7:40/8:05—奥穂高岳11:55/12:25—穂高山荘12:55/13:30—北穂高小屋17:00

28日　小屋5:00—A沢のコル6:30/6:50—南岳9:50/10:30—横尾山荘17:20

29日　山荘7:15—上高地10:40

北穂から奥穂縦走路（2006.8.5）

〈26日〉上高地から岳沢ヒュッテに入る。登山道が二万五千分の一地形図から削除され、ガイドブックにも危険と書いてあるので、不安がるメンバーもいた。

〈27日〉天狗のコルへは八月上旬に残雪の裂け目を登ったことがあるが、残雪はなくて、急でガレているが難しくなかった。奥穂側から見るジャンダルムは垂直な断崖になっているが、丸みを帯びた球体状で、怖さを感じない。コルから左に回るようにして頂に登る。

　コルに戻り、右側の狭いトラバース道は高度感満点。馬ノ背は右も左も数百ﾄﾙスッパリ切れ落ちているので緊張の連続だった。難所を越えて、緩やかに登ると奥穂高岳。涸沢岳から北穂高岳にかけては、クサリ場の連続。北穂高小屋は超満員だった。

〈28日〉大キレットは四〇〇ﾄﾙ下るが、痩せ尾根、クサリ場、アップダウンが多い。最低鞍部に到達すると、南岳の大きな登りが待っていた。登り切ると、南岳で緩やかな稜線が槍ヶ岳まで続いている。

　槍ヶ岳まで縦走する予定だったが、体調不良者がいたので氷河公園コースを槍沢に下ることにした。クサリ場もある急な尾根。氷河公園に下ると残雪があり、咲き遅れのチングルマが咲いていた。

　順調に下ったので、槍沢に出て風呂のある横尾ロッジまで頑張り、翌日のんびりと上高地に下った。

☆天狗のコル—西穂高岳

参考コースタイム（著者61歳）

☆2001.9/8-9
(メンバー：鈴木貫太、佐藤安行、井手橋紀恵、嶋田邦子、山口静子、影山郁夫)

8日　秋葉原7:15＝松本11:25＝新島々12:10＝上高地13:10/13:40－岳沢ヒュッテ16:30

9日　ヒュッテ4:40－天狗のコル7:10/7:30－天狗の頭8:00－西穂高岳11:00/11:15－独標12:35/12:40－西穂山荘13:40/13:55－上高地帝国ホテル前バス停16:30

〈8日〉大型台風が日本列島直撃の恐れがあったが、経験的に、台風が南の海上にあるうちは雨になるとは限らないので、岳沢まで登って判断することにした。よく晴れていて途中から天狗のコルが間近に見えた。暗くなると満点の星空。予報では曇後雨で何とか行けそうに感じた。

〈9日〉天気は何とか持つかもしれないと、期待しながら小屋を出た。途中で風が強くなり、雨模様になったので天狗のコルまで登ることにした。コルでは雨が止み、空も少し明るくなってきたので、もう少し行ってみようと二度目の決断。

　そこからは厳しい岩稜の連続。天狗ノ頭へは、急な岩場を頼りなげなクサリを頼りに登る。稜線上に出たら強烈な風で、足がすくんだ。身体を低くし、岩をしっかりつかむように指示してほふく前進。皆必死で歩いているが不安は感じない。このコースで最も難しいとされる、天狗ノ頭からの長い逆層のスラブ。長くて宙ぶらりんのクサリで滑り時間がかかったが、危険を感じなかった。

　幸いにも次第にガスが薄くなり、間ノ岳《あいのだけ》では青空が見え隠れし、西穂高岳連山の岩稜や笠ヶ岳、上高地まで見られた。反対方向からの登山者とも会うようになり、緊張感が和らいだ。この先も鋭い岩稜が続き、西穂高岳に着いたときはホッとした。ここからは登山者が多いのでクサリがしっかりと取り付けられている。西穂山荘から上高地への樹林帯の道は雨に打たれ、長かった。

　私が初めて天狗沢を登ったのは、一九七一年八月七日で、岳沢合宿後、笠ヶ岳に縦走したときで、地図上にも登山道が明記されていた。雪渓に阻まれて、岩と雪渓の隙間（ベルクシュルント）を抜けなければならないところもあったが、道はしっかりしていた。この道は主として、岳沢から畳岩やジャンダルムの岩場を登るクライマーが利用していた。アルピニストの減少で歩く人が少なくなったが、今でも利用価値がある。

ヒュッテ大槍から朝焼けの槍ヶ岳（2014.9.15）

56 槍ヶ岳

北アルプスの十字路で盟主的な尖峰

槍ヶ岳（三一八〇㍍）は、標高でこそ奥穂高岳に劣るが、天空を突き刺す尖峰で、北アルプスの十字路で盟主的な存在である。槍ヶ岳には、四方から鋭い岩稜が鎌のように競り上がっており、鎌の先には北アルプスのすべての山々がつながっている。南の鎌は大喰《おおばみ》岳（三一〇一㍍）、中岳（三〇八四㍍）、南岳（三〇三二㍍）等の三千㍍峰で、その先に穂高連峰が連なっている。

東鎌尾根が表銀座コースであり、大天井《おてんしょう》岳で常念山脈と合わせ燕岳に続く。西鎌尾根の先に三俣蓮華岳があり、烏帽子岳までの裏銀山コースと立山までのダイヤモンドコースに分岐している。烏帽子岳からは白馬岳まで連なっており、立山の先には剣岳があり、北アルプスの主な山がすべて槍ヶ岳と尾根続きになっている。

北鎌尾根は鋭い岩稜が千天出合に没しており、クライマーの憧れのコースで、加藤文太郎や松濤明が遭難死したことでも知られている。槍ヶ岳は、登山愛好者が一度は登りたいと思っている山であり、数多くのルートがあり賑わっている。どのコースを登っても、肩(槍ヶ岳山荘のあるところ)までは特に危険なところがないが、肩から山頂に登るのが、高度感のある岩場である。槍の穂先へは、登り専用と下り専用のルートがあり、過剰なまでの鎖や梯子が付けられ易しくなったが、溢れる登山者で、槍ヶ岳の魅力は急速に薄れてしまった。槍ヶ岳登頂の拠点は肩にある槍ヶ岳山荘だが、大規模過ぎて風情がなくなったので、私は少し下ったところにある小屋に泊まるようにしている。

☆燕岳—槍ヶ岳　表銀座コース

参考コースタイム　(著者63歳)

☆2003.8/29−31
(メンバー;鈴木貫太、亀野甲羅、石田美寿子、志尾悦子)
29日　中房温泉5:30ー合戦小屋9:10ー燕山荘10:50/(燕岳往復)12:25ー大天井分岐15:15ー大天井ヒュッテ16:25
30日　ヒュッテ5:30ー西岳小屋8:15/8:35ー水俣乗越9:55ーヒュッテ大槍11:50/13:15ー槍の肩13:10/14:45(槍ヶ岳往復;登り30分、下り20分)ー殺生ヒュッテ15:10
31日　ヒュッテ6:25ー槍沢ロッジ9:00/9:20ー上高地13:45

合戦尾根はよく整備されている。合戦小屋では名物のスイカを売っていた。燕山荘から槍ヶ岳の雄姿が眼に飛び込む。奇岩・怪石の燕岳を往復し、槍ヶ岳を見ながらの縦走路では、トラバースルートが意外と長く感じた。

西岳まではなだらかな道だが、水俣乗越への下りが急な岩場。その先は痩せた急な尾根だが、道はしっかりしている。槍ヶ岳山荘から山頂を往復し、殺生ヒュッテに泊り、三日目は風雨の中を上高地に下った。

☆槍ヶ岳　残雪期槍沢

参考コースタイム　(著者57歳)

☆1998.5/3-5
(メンバー;鈴木貫太、井手橋紀恵、長谷美圭子)
3日　新宿(ムーンライト)=新島々=上高地7:15ー横尾11:00/11:50ー槍沢ロッジ14:00
4日　ロッジ4:25ーモレーン上7:45/8:00ー槍の肩9:55/10:30ー槍頂上11:00/11:20ー槍沢ロッジ14:10/15:00ー横尾山荘16:15
5日　横尾6:30ー上高地8:15

上高地に入ると予想通りの豪雨。雪解けも加わり、梓川の濁流が凄くて、石がぶつかり合う不気味な音が絶えず聞こえ、登山道には至るところに土砂が流出していた。横尾から雨は小降りになったが、槍沢の激流は相変わらずだった。めったに見ることができない荒々しい自然現象に、息を呑みながら槍沢ロッジに入った。

翌日は予測どおり好天なので、早めにロッジを出た。テント場まで夏道、そこから凍結した雪渓なのでアイゼンをつけた。付近は雪渓が割れて壮絶な景観。槍沢の夏道は電光型だが、一直線に登るのできつい。スケールが大きく、登っても登っても景色が変わらない。

やがて直射日光を受け暑くなり、雪が緩んでアイゼンが不要になった。モレーンの上に出ると、槍の穂先が圧倒的で、覆いかぶさるようだった。傾斜はさらにきつくなるが、雪が腐っているので危険を感じなかった。

槍の穂先の登りは残雪がなく、容易だった。頂上は無風快晴で展望抜群。槍沢には、アリの行列のような登山者が見られた。北鎌尾根の雪稜にはバケツのような踏み跡があり、多くの登山者がいることを物語る。

見渡すと大喰岳方面だけでなく、双六や槍平、天狗原方面にも登山者やトレースが見られ、この時期に槍ヶ岳は、各方面から登られていることが分かった。槍の肩からの下りは雪が緩んでいるので、標高差一千㍍近くをシリセードで一気に下った。下山時の梓川は、嘘のような清流に戻っていた。

☆雲ノ平―槍ヶ岳

参考コースタイム　(著者53歳)

☆1993.8/27-30

(メンバー；鈴木貫太、遠藤弘康、鳥海寿江、生井久恵)

27日　池袋23:05＝富山5:50/6:22＝折立8:15/8:30ー太郎平12:40/13:20ー薬師沢小屋15:50

28日　小屋6:00ー雲ノ平9:15/9:45ー祖父岳11:25/1:35ー鷲羽岳13:40/13:50ー三俣山荘14:45

29日　山荘6:00ー双六小屋8:10/8:30ー千丈沢乗越12:55ー槍ヶ岳山荘14:05ー槍ヶ岳登頂16:00(往復1時間)

30日　山荘5:30ー旧槍沢小屋跡7:50/8:05ー横尾10:00/10:25ー上高地13:25

林野庁の三俣山荘撤去命令反対の雲上の集い参加を兼ねて、槍ヶ岳まで縦走した。参加者は約百人。折立から、多くの集い参加者と前後して登る。太郎平から薬師沢小屋に入る。

雲ノ平は雲表の楽園で、高山植物の宝庫。この年は異常な多雨と冷夏の年で、初夏と初秋の花が同時に咲いていた。コバイケイソウは好きな花ではないが、冷夏で小さいので可愛く感じた。鷲羽岳《わしばだけ》を越えて三俣山荘に入る。夕方の槍穂高が絶景だった。

三俣山荘から双六小屋まではトラバースルート。ここから千丈沢乗越までは、アップダウンが多く、なかなか高度を稼げないで消耗した。最後の高度差五〇〇㍍は、槍ヶ岳が刻々と近づき、意外と早く登り切った。しばらく休んでから穂先に登るが、最後の登りのボルトの足場で、怖気づくメンバーがいた。槍沢の下りは、遅くまで雪渓の残るところの道が不安定で歩きにくかった。

☆槍平―槍ヶ岳―上高地

参考コースタイム　（著者74歳）

☆2014.9/13-15
(メンバー；遠藤敦子、河合亮子、熊倉隆夫、鈴木貫太)
13日　秋葉原 (バス) 21:55=新穂高5:30/6:10ー槍平小屋11:50(泊)
14日　槍平5:30ー奥丸山分岐6:50(奥丸山往復)/7:30ー千丈沢乗越9:55/10:20ー槍ヶ岳山荘11:35/11:50ー槍ヶ岳16:45/17:00ー槍ヶ岳山荘17:25ーヒュッテ大槍18:20(泊)
15日　ヒュッテ大槍6:10ー水俣乗越8:10ー槍沢ロッジ10:10ー横尾11:40/11:50ー上高地14:20

新穂高から槍平小屋に入る。白出沢出合から見上げる滝谷のドームが目立っていた。過日に、豪雨時に死亡事故があった沢は荒れていたが、すでに丸太の橋が架けられていた。槍平小屋は樹林帯の中。三連休なのに超満員ではなかった。

小屋から奥丸山を経て、中崎尾根を登る。登山者が少なく、展望に優れ気分が良い。飛騨沢コースにはたくさんの登山者が見下ろせた。千丈沢乗越に達すると、登山者が多くなった。

肩の小屋に着くと、槍の穂先に登ろうとする人が、肩の小屋のテラスまで並んでいた。途中で渋滞情報を聞いていたが、午後になれば解消されると思っていた。ところが様子見していた登山者が加わり、列は長くなるばかりなので並ぶことにした。

素晴らしい天気だったが、ガスが発生し寒くなったので、防寒衣から雨合羽まで身につけたが寒かった。見上げていると、子連れの家族や大人数のツアーが渋滞の主役のようだ。夕刻になって、遂には〝早く登れ〟の怒声が飛び交う。下から見上げると動きの遅かった梯子はあっけなく登れて山頂に達したが、狭い山頂は人でいっぱい。往復で一時間とかからないところだが、何と五時間半もかかった。

ヒュッテ大槍には薄暗くなってやっと入れた。この小屋は女性に人気があるらしく、比較的若い層の宿泊者が多かった。

ヒュッテ大槍からの、赤く染まった槍穂高連峰が荘厳で良い。水俣乗越経由で下山するが、意外と梯子場が多い。大曲までは登山者が少なかったが、そこからは大勢の登山者と前後しながらになった。

山コラム

春山・冬から夏へのダイナミックな変身

春の兆しを感じると気持ちが明るくなり山に登ってみたくなる。早春の山で福寿草やフキノトウなどの花を見つけると立ち止まってしまう。陽射しが暖かく展望が良い。次々と咲く花、樹木が萌木色から淡い新緑に変わっていく。少し高い山に登ると新緑から萌木色、冬枯れ、残雪と季節を遡ることができる。

私が好きなのは豪雪地の残雪の山である。低木が雪に埋まり白い大斜面や開放的な林間。雪の下から樹木が枝を跳ね上げ芽を膨らませる。青い空と残雪に映えるタムシバの花、真っ先に咲く鮮やかで可憐なカタクリやイワウチワ。滔々と流れる雪解けの渓流。春は大きな気象変化を繰り返しながら、山々が冬から夏にかけてダイナミックに変身していく季節である。冬は厳しい寒さや、猛烈なラッセル、雪崩の危険で登るのが困難な山が、三月になると雪が落ち着く。四月になると山麓は花の季節であるが、山に入ると広くて開放的な大斜面を自由に歩ける。歩いた跡がくっきりと残せるのも楽しい。下山時には子供に帰ってお尻で滑って遊ぶのが楽しい。山スキーの好機で多くの人がスキーにシールをつけてゲレンデを飛び出し、雪山の世界と大滑降を楽しんでいる。ワカンやスノーシューでも容易に登れるが、スキーよりは時間がかかるし、下山の楽しみがない。

春山は楽しいが、一年で最も気象変化が大きく風の強い季節であることを忘れてはいけない。風雪になることもあり、道迷いや下山困難、表層雪崩の原因になっている。気温が高いとか雨の日には雪崩注意報が出る。底雪崩やブロック雪崩は、山の地形や雪の表情を見ると避けられので慎重に行動したい。

57
蝶ヶ岳

常念岳

槍穂高連峰展望の蝶・常念稜線

蝶ヶ岳・蝶槍付近。背景は槍ヶ岳（2000.11.4）

槍穂高連峰と対峙するように連なっているのが、大糸線からよく見える常念山脈である。常念岳（二八五七㍍）の北には大天井《おてんしょう》岳（二九二二㍍）、燕岳、餓鬼《がき》岳、唐沢岳と続き、南には蝶ヶ岳（二六七七㍍）、大滝山、霞沢岳まで続く。これらの山並は概ねなだらかで展望に優れるが、餓鬼岳周辺だけが岩稜になっている。

槍ヶ岳や穂高岳は、登山者の憧れの山であるが、初心者が容易に登れる山ではない。これに対し、梓川を挟んだ蝶ヶ岳や常念岳は山容が穏やかで登りやすいので、北アルプスの入門的な存在である。

蝶ヶ岳は山頂付近が気分の良い台地状でくつろげる。常念岳は遠くから見るとピラミダルだが、難しい岩場はない。蝶ヶ岳から常念岳は、槍穂高連峰の絶好の展望コースなので、蝶ヶ岳ヒュッテや常念小屋を利用して縦走する人が多い。登山口は東面のヒエ平か三俣で、単調な樹林帯の登りだが、主稜線に達すると、槍穂高連峰が一気に迫ってくる。蝶ヶ岳には徳沢からも登れる。常念岳には一ノ俣谷を登る道があり、いつか登りたいと思っていたが、登山道の崩壊が相次ぎ、廃道になってしまった。常念岳には、燕岳から大天井岳を越えてくる槍穂高展望の縦走路もある。蝶ヶ岳の南には徳本《とくごう》峠がある。

古の登山者は、島々谷を遡って徳本峠から梓川に下りて槍穂高に向かった。徳本峠は、アルピニズムを志す登山者がここまで登って穂高連峰と対峙し、感動したという歴史的な峠である。徳本峠から西にある霞沢岳への道は、アップダウンのある樹林帯で、トレースする人は稀であるが、霞沢岳からの穂高岳の展望は圧巻だという。

蝶ヶ岳や常念岳は、穏やかな山稜なので残雪期や初冬にも登りやすいが、積雪量は年によって大きく違うので、注意を要する。一九九二年十月十日に紅葉を求めて登ったときは、膝くらいの積雪があり驚いたが、二〇〇〇年十一月三日に新雪を求めて登ったときには、まったく雪がなかった。

☆常念岳—蝶ヶ岳

参考コースタイム
（著者60歳）

☆2000.11/3−4
(メンバー；鈴木貫太、嶋田邦子、湯浅きみ、豊島喜久子)
3日　一の沢8:15−最後の水場12:50/13:15−常念小屋14:10
4日　小屋6:50−常念岳8:30/9:30−蝶槍12:50/13:05−蝶ヶ岳ヒュッテ13:40/14:00−三股17:00

冬季閉鎖前の小屋を利用して、新雪の槍穂高連峰を眺めるのが目的の山行で、条件が許せば蝶ヶ岳まで足を伸ばすことにし、冬山装備で準備した。

夜行電車で豊科まで入り、タクシーで登山口へ。台風の影響で小雨模様だが、暖かい。最後の水場で沢を離れ、山腹を巻くようにして、乗越にある常念小屋に入る。昨日降った雨で、山の雪が溶けてしまったようで、積雪がまったくない。

夜になると満天の星で、槍穂高のシルエットや山小屋の灯が見えた。小屋仕舞で、ワンカップや記念品のサービスがあった。小屋は思いのほか混んでいたのはこのためかも知れない。

常念岳には、小屋から四〇〇㍍の急登。ポカポカ陽気で雪がまったくない。山頂からの槍穂高は圧倒的だが、この時期に新雪がうっすらとあるだけの、異常な暖かさ。冬装備のザックが恨めしい。

登った分を下ると、蝶槍までアップダウンのある樹林帯の道。その先は、台地状の蝶ヶ岳で展望が良い。小屋でタクシーを予約して、樹林帯の道を下る。朝出るのが遅かったのと、装備の重み、展望が良すぎてのんびりしてしまったことから、最後に忙しく下ることになってしまった。

今回は十一月なのに、まったく雪がなかったが、一九九二年十月十日に徳沢から蝶ヶ岳に登ったときは、途中から積雪があり、蝶ヶ岳ヒュッテでは膝までの新雪があった。上高地では冷たい雨が降っていたので、これが雪だったようだ。特に冬山の装備を持っていなかったが、翌日は晴れていたので、新雪を踏んで常念岳まで縦走し、下山した。この季節の積雪は、年によってまったく違うことを感じた。

常念岳より穂高連峰（2000.11.4）

剣ズリ付近の縦走路（2011.9.18）

58 餓《が》鬼《き》岳

燕岳、餓鬼岳
賑やかな燕岳と静寂な餓鬼岳

燕岳《つばくろ》（二七六三㍍）の北に、餓鬼岳《がき》（二六四七㍍）という面白い山があると聞いたことがあった。野口五郎岳に登ったとき、表銀座コースがよく見え、燕岳の北に岩峰・餓鬼岳があることを確認できたので、いつか登ってみたいと思っていた。餓鬼岳から燕岳に縦走して、燕岳の北峰と中房温泉の魅力を知ることができた。

餓鬼岳は質素な山頂で、その先に岩峰の唐沢岳があり、剣ズリなどと岩峰群になっている、意外と大きな奥深い山だった。

燕岳への稜線は、アップダウンがきついが変化に富んで、面白い。特に北面から見た静かな燕岳を見直した。燕岳に登ったら、往路を下るのではなく北面の東沢乗越から下ると、静かな燕岳が楽しめることも分かった。

餓鬼岳—燕岳

参考コースタイム　（著者 71 歳）

☆2011.9/17−19

(メンバー；鈴木貫太、町田廣光、石川明美、河合亮子)

17日　新宿(ムーンライト)23:54＝信濃大町5:08＝(タクシー)白沢登山口6:50ー最終水場9:15/9:30ー大凪山(2079m)11:40/11:50ー餓鬼岳小屋15:10

18日　小屋5:20ー東沢岳8:35/8:45ー燕岳13:55ー燕山荘14:40/15:00ー合戦小屋15:40ー中房温泉18:30

〈17日〉白沢沿いの道は桟道が多く、幾つかの滝がある変化に富んだ道。樹林帯なので、紅葉時に良さそうだ。最終水場を過ぎると、ザレ場のある急登で大凪《おおなぎ》山に出る。稜線状の道から、百曲という急斜面を登り切ると、こじんまりした餓鬼岳小屋があった。雨の中を一六〇〇㍍余りの登りは結構きつかった。幸運にも雲が切れてきたので、小屋から五分で登れる山頂に立つ。なだらかで静かな頂でクロマメの甘酸っぱい味を楽しんだ。

北西には特異な岩峰・唐沢岳、南には鋭利な剣ズリの稜線、餓鬼岳は、幾つもの岩峰を擁する山塊であることが分かった。餓鬼岳小屋は小さな小屋で、宿泊者は三十人ほどしかいなかった

燕岳・北面から（2011.9.18）

が、満室だった。

〈18日〉できれば中房温泉まで下りたいので、明るくなると同時に小屋を出た。燕岳方面を眺めると、切り立った稜線が続き、特に剣ズリの岩峰が目立つ。その剣ズリまでが岩場の連続で、梯子が多い。餓鬼岳の登りやこの縦走路には、クサリでなく木製の梯子が多い。

岩場を過ぎると、オオシラビソ帯の長い巻き道で、ウンザリするほど下った。やっと稜線に出たら東沢岳で、さらに東沢乗越まで下った。岩稜に初挑戦の参加者もいて時間がかかり、地図のコースタイムより大幅に遅れている。ここで中房温泉に下る誘惑に駆られるが、燕岳にも登ろうと話し合った。

ここからの登り返しは、忍の一字で頑張った。燕岳北方の稜線に立つとなだらかな白砂の稜線で、一気に展望が開けた。左側の斜面を回りこむと北燕岳。燕岳に着くと大勢の登山者がいて、興醒めだった。

燕山荘泊も考えたが、温泉宿でのんびりくつろぎたいので下ることにした。長い縦走の疲れでピッチが上がらず、最後はヘッドランプが必要になったが、温泉も食事も布団も素晴らしかった。やはり山小屋より温泉宿が良い。

〈19日〉前夜は大急ぎで温泉に浸かり、食事をとって寝るだけだったが、この日の朝は、さまざまな露天風呂や源泉口などを散策したり入浴したりした。中房温泉は特に泊まってみたいという宿ではなかったが、温泉に入りたいことだけで無理して下った結果、数ある温泉を楽しむことのできる名湯であることが分かった。

燕岳の名称

この山は地元で「ツバクラ」と呼んでいた。クラは「嵓」で大きな岩のことである。大きな岩がツバのように取り囲んでいる山だからである。国土地理院がツバクロと聞き違えて漢字の燕の字をあて、燕岳になったという。

岩峰ではクラの付く地名が多い。嵓という字は当用漢字にないので「倉」となった。

燕岳はツバメに由来するものではない。岩壁や岩峰の山で「倉」のつく名称が多いのは嵓からきているからである。

59

水晶岳

水晶岳、赤牛岳、雲ノ平、高天原と桃源郷

北アルプスどまんなかの尖峰

水晶岳から槍ヶ岳方面（2010.8.3）

北アルプスの核心部は、薬師岳から黒部五郎岳、三俣蓮華岳、鷲羽岳、赤牛岳、野口五郎岳等の黒部川源流の山々で、どまんなかにあるのが水晶岳（二九八六㍍）である。岩の中に水晶が見つかったことからくる名称だが、美しい名だ。周辺には花崗岩の白い山が多く、鉄分の多い赤い山もあるのに対して、黒い岩峰であることから別名を黒岳という。

水晶岳は奥深い山で、頂から四周に山しか見えない。北には巨体の赤牛岳。薬師岳から黒部五郎岳、槍ヶ岳に続く稜線の展望が抜群で、雲ノ平や高天原が俯瞰できる。

周辺の山から見る水晶岳は威厳があって、指呼できると嬉しくなる。雲ノ平から見る水晶岳も堂々としていた。高天原で仰ぎ見る水晶岳は神々しかった。水晶小屋周辺は、私の感じた北アルプス随一の花の名所だった。

水晶岳には、一般的には裏銀座コースの要衝である水晶小屋から往復するのが一般的である。小屋から空身で、花と展望に恵まれた岩稜を歩けるのも楽しい。水晶小屋は読売新道の起点であり、巨体の赤牛岳を経て黒部湖に下る重厚な縦走ができる。私が感動したのは、高天原から読売新道の温泉沢ノ頭に直接登るコースと、水晶岳から赤牛岳のなだらかで大きな稜線だった。

☆折立―雲の平―水晶岳―新穂高

参考コースタイム （著者70歳）

☆2010.8/1-4

(メンバー；鈴木貫太、町田廣光、渡辺美里、南礼子、二宮敬幸)

1日 折立8:25−三角点10:35/10:45−五光岩ベンチ12:15/12:25−太郎平小屋13:10/13:45−薬師沢小屋16:30

2日 小屋5:45−木道8:05/8:10−雲ノ平山荘9:40/9:55−祖父岳13:00−ワリモ北分岐14:33−水晶小屋15:35

3日 小屋4:45−水晶岳5:30/5:50−水晶小屋6:30/7:20−ワリモ岳8:30/8:35−鷲羽岳9:20/9:50−三俣山荘10:55/11:50−分岐12:35/40−双六小屋14:45/50−弓折乗越16:30−鏡平山荘17:25

4日 鏡平5:00−秩父沢7:00−ワサビ平小屋8:10/8:20−新穂高温泉9:30

〈1日〉折立から初めて登ったのは、一九七九年九月、労山主催の自然保護集会の現地調査だった。踏み荒らし対策で登山道を整備したが、側溝からの土砂流出で惨憺たる状況になっており、地元の自然保護団体や山岳団体が対策を求めていた。十数年後に登ったときは、土砂流出対策で登山道を石畳のように整備し、植生の復元が試みられていて、馴染んできたと感じた。薬師沢小屋は傾いたままだったが混んでいた。

〈2日〉雲の平のお花畑は見事で、水晶岳や黒部五郎岳の展望が抜群。雲ノ平山荘は建て替え中で大わらわだった。主稜線に登ると、水晶小屋付近までのお花畑がすごい。水晶小屋は小さいので、予想通り超満員だった。

〈3日〉朝食前に水晶岳を往復する。ワリモ岳、鷲羽岳の登りが結構きつい。三俣山荘では伊藤正一さんに会い、コーヒーをご馳走になった。体調の悪い人がいて、鏡平の小屋に着くのが遅くなった。

〈4日〉残った食料で朝食とし、薄明るくなると同時に出発。新穂高温泉からタクシーで松本に出た。

☆雲ノ平―水晶岳―高瀬ダム

参考コースタイム　（著者67歳）

☆2007.7/20-23
(メンバー；鈴木貫太、小林康男)

20日　折立8:15－三角点10:00/10:10－五光岩ベンチ11:50/12:00－太郎平12:40/13：00－薬師沢小屋15:15

21日　薬師沢小屋7:55－木道末端10:10/10:20－雲ノ平山荘11:30

22日　山荘5:40－祖父岳7:40/7:50－水晶小屋9:30/9:50－水晶岳10:35/10:45－水晶小屋11:05/11:20－東沢乗越12:00/12:10－竹村新道分岐13:25/13:35－野口五郎小屋14:40

23日　野口五郎小屋4:40－烏帽子小屋7:20/7:40－三角点8:30－登山口10:20－高瀬ダム10:45

二日目に雲ノ平から高天原に下り、温泉沢コースから水晶岳に登る予定だったが、残雪が多く、天気が悪いと危険と言われて断念し、雲ノ平山荘でのんびりし、水晶小屋から往復した。天気は良くなかったが、雲の平周辺や縦走路の花が最盛期だった。水晶小屋は二十五日開業を目指して追込み中だった。

野口五郎岳は白くザレた山だが、大きくて登りでがあった。野口五郎岳の小屋は老朽化していたが、質素で食事が良かった。濁川登山口から高瀬ダムまでは、累々と広がる花崗岩の白いガレキの河原で、崩壊の著しさを感じた。

☆高天原―赤牛岳―読売新道

参考コースタイム　（著者68歳）

☆2008.7/31－8/3　単独

31日　折立9:00－三角点10:40/10:55－太郎平13:15/13:30－薬師沢小屋15:40

1日　小屋6:00－A沢7:20－B沢7:40/7:50－C沢8:40－高天原峠11:20/10:30－高天原山荘11:20

2日　高天原5:10－温泉沢5:25－二股6:25/6:35－尾根分岐6:45－温泉沢ノ頭8:55/9:05－赤牛岳11:10/11:40－樹林帯13:10－「2/8」標識14:35/13:45－奥黒部ヒュッテ15:50

3日　ヒュッテ7:15－針ノ木渡場9:25/10:20(舟)＝平ノ渡場10:45－御山谷13:15－黒部ダム14:45

〈31日〉前年に、高天原から温泉沢ノ頭を経て水晶岳に登るコースで計画したが、天気が悪く割愛した。読売新道も、いつかはトレースしたいと思っていたところなので、単独で計画した。薬師沢の小屋は、雲の平方面に登る人で混んでいた。

〈1日〉大東新道は、とうとうと流れる黒部川沿いの道で、登山者も稀で森閑そのもの。A沢出合からは、鎖を使って水際をへつるようになる。黒部川は、B沢出合付近の下流から、奥の廊下と呼ばれる懸谷《けんこく》となるが、B沢を登って途中から深い樹林帯の山腹を巻く。

竜晶池・背景は水晶岳（2008.8.1）

高天原峠に着くと、雲の平からの道と合わせ、道が良くなる。樹間に水晶岳が圧倒的だ。ワタスゲに覆われた大きな湿原を過ぎると、高天原山荘。屋根が大きくくぼみ、床も水平なところがなかった（注　高天原山荘は二〇一〇年に建て替えられた）。

山荘から十五分ほど下ると沢になり、露天風呂があった。さらに林間を二十分ほどで竜晶池。池畔にはニッコウキスゲ、浮島にはワタスゲ、周辺にはタテヤマリンドウが多い。池面には、水晶岳から赤牛岳への長い稜線、そして反対側の大きな薬師岳を映している。

縦走路からの赤牛岳（2008.8.2）

派手さはないが、別天地のように佇んでおり、心が癒された。

　高天原温泉は、粗末で風化した囲いがあるだけ。乳白色の温泉にのんびり漬かっていると、心も身体も癒された。

〈2日〉温泉沢のルートは荒れた沢筋の道。ペンキマークは流されていたが、ケルンがうまく導いてくれた。一時間余りで二俣になり、右の沢に入る。十分ほど登ると頭上にロープがあって、左の斜面に登る道があった。ロープの上は雪渓。道は分かりやすくなるが待ったなしの急登。薬師岳や赤牛岳が大きく、雲ノ平山荘が印象的で、高天原が箱庭のようだ。温泉沢ノ頭に着くと、赤牛岳が遠くて大きい。水晶岳の往復は、時間がかかるので割愛した。

　赤牛岳へは、おおむね花崗岩礫のなだらかな稜線。展望に優れチングルマやハクサンイチゲが多い。立山や剣岳、後立山連峰の展望が次第に大きくなる。長いので登る人はほとんどいないと思っていたが意外にも四パーティー十三人も登ってきた。

　赤牛岳というから、一帯が赤い山だと思っていたが、赤いのは、赤牛岳のピークと北西に続く尾根だけで、周辺はおおむね白い花崗岩。薬師岳の北部にも赤いところが見える。近くで顕著に赤い山には、槍ヶ岳北部の硫黄尾根に赤岳がある。薬師岳から赤牛岳、赤岳の岩は連なった地層のようで、造山活動で隆起したようだ。

　赤牛岳からは黒部湖が大きい。花崗岩の尾根で気分良く下るが、間もなく展望のきかない樹林帯となり、細かいアップダウンがあって疲れた。奥黒部ヒュッテの宿泊者は三人だけで、沸かし風呂もあった。宿泊者は、年々少なくなっているようだ。管理人も今年からとかで、山の情報に疎かった。

〈3日〉渡船場までは、急斜面のトラバースやアップダウンの大きい梯子が多く、うんざり。奥黒部から黒部ダムまでの道は、関西電力による付け替え道路である。下の廊下が作業道なので、岩盤を繰りぬいたりして水平に作ったのに対し、ここは付け替えの歩道なので、梯子や桟橋が多くなったようだ。平の渡船が無料なのも、関西電力が付け替え歩道の一部として平の小屋に委託しているからだと、渡船の船頭に聞いた。船で対岸に渡ると、再びアップダウンや梯子の多い道で、暑くて気分的に長く感じた。

黒部五郎岳（2011.7.24）

60 黒部五郎岳

個性豊かだが、遠くて登りにくい山

奥深い黒部源流域の山で、ひときわ個性豊かだが、登りにくいのが黒部五郎岳（二八四〇㍍）である。薬師岳から三俣蓮華岳は、なだらかな山が続いているが、この山だけが円錐形で高く、天に向けて大口を開けている。この大口がカールで、三方が屏風のような岩壁で、清流の流れるお花畑になっている。

この山だけを目標とするには遠すぎるし、北アルプス核心部を横断するときには、雲ノ平ルートを選んでしまう。黒部五郎岳は、中ノ俣川の頭にあることから別名を中ノ俣岳という。近くにある北ノ俣岳の名称が納得できる。この山に登るには、太郎平から入り、信州側に抜けるのが一般的であるが、雲ノ平を経て折立に戻ることも考えられる。

笠ヶ岳（二八九八㍍）も美しい山容だが、主稜線から遠くて登りにくい。双六小屋からの縦走路は長

黒部五郎岳のカールを下る（2011.7.24）

いが花が多くて楽しい。太郎小屋まで登ると薬師岳に登りたくなるが、ここから登る薬師岳はガレ場を登るだけで失望する。薬師岳の良さは、幾つものカール地形を眺められる北側の稜線にあると思われる。

☆折立―黒部五郎岳―笠ヶ岳

参考コースタイム　（著者71歳）

☆2011.7/23−26
(メンバー；鈴木貫太、町田廣光、岡田孝子、堀田裕一)
23日　折立8:15−五光岩ベンチ12:15−太郎平小屋13:10
24日　小屋4:15−黒部五郎岳10:30/11:00−黒部五郎小屋13:30/13:40−分岐15:00/15:10−三俣山荘16:30
25日　山荘5:15−双六小屋8:15/8:40−弓折岳10:20/10:30−秩父平13:15/13:30−抜戸岳15:05−笠ヶ岳山荘16:45
26日　山荘4:45/(山頂往復)5:20−抜戸岳分岐7:00−杓子平8:25/8:30−登山口12:15−新穂高13:10

〈24日〉太郎小屋から、なだらかな草原の道を北ノ俣岳まで登ると、ガスが切れて展望が開けた。薬師岳から水晶岳、槍ヶ岳までの大展望。登山道は広大でゆるやか、緩やかなアップダウンを繰り返しながら、ハイマツやお花畑の道がどこまでも続いていた。黒部五郎岳の登りは単調できつい。肩に登ると、残雪と花の大きなカールが見下ろせた。すぐ近くに雲ノ平があり、その先に薬師岳から水晶岳、鷲羽岳が連なっている。

　黒部五郎岳のカールは大きい。巨石や咲き誇る花を掻き分けるようにして下ると、カールの残雪を溶かして流れるせせらぎのほとりを歩くようになった。山頂から見えていた小屋が意外と遠い。

　黒部五郎岳と三俣蓮華岳鞍部の草原にある黒部五郎小屋は、静寂な佇まいで宿泊者も少ないようだ。そこから樹林帯の急登。この日の三回目の大きな登りできつい。森林限界を出てしばらく登ると、三俣《みつまた》山荘への分岐。

　トラバース道は黒部川最奥の大斜面を巻くもので、ハクサンイチゲやチングルマ、シナノキンバイのお花畑に圧倒された。トラバース道は楽な道と考えがちだが、アップダウンがあり、疲れもあって思ったよりきつかった。

〈25日〉三俣山荘から三俣蓮華のトラバース道は残雪が多く、槍ヶ岳を背景にしたお花畑が見事だった。

　クロユリベンチ周辺には、貧相なクロユリしかなかった。その先は顕著な稜線で、西側がハイマツ帯で、東側がお花畑。秩父平で雨になるが、岩壁に囲まれたお花畑で、晴れていれば素晴らしいところだろうと思った。

　ガレた道を登り、大きな抜戸岳《ぬけどだけ》をトラバースすると、笠新道の分岐。視界がなく風雨にさらされ、低体温症を意識するメンバーもいた。キャンプ場から山荘までの登りが長く感じた。山荘は平日なのに混んでいた。

〈26日〉雨なのでクリア谷コースをあきらめ、空身で山頂を往復し、巨石の転がる笠新道を下る。巨石の急斜面は樹林帯になっても続いていた。こんなところによくも道を作ったものだと思ったが、薄い表土を剥がすだけで岩が出るので、作りやすく安定しているようだ。長い長い急斜面を下っていると、ブナ帯になる。開けた草原に、ヒメサユリの花があって元気付けられた。

乗鞍岳剣ヶ峰を下る（2010.5.2）

61 乗鞍岳

喧騒と衰退の登山道、残雪期の魅力

ゴールデンウイークの北アルプスで初心者でも登れる山を探していて、ふと乗鞍岳を思いついた。乗鞍岳（三〇二六㍍）はスカイラインで山頂近くまで登れる観光の山で魅力を感じなかったが、この時期なら閉鎖しているので観光客はいないだろうと思ったからだ。積雪期の乗鞍岳に登るのは困難であるが、ゴールデンウイークにはスカイラインの除雪が進み、位ヶ原山荘までバスで入り、位ヶ原山荘も営業していることが分かった。一九九九年に初めて残雪期に登り、大きくなだらかで雪が多いのに登山者が少なく、ゴールデンウイークの穴場的存在であることを知った。その後、初心者対象の会の山行として何回も登るようになった。

いつも登る乗鞍岳の頂で気になったのが、反対側の野麦峠に下るコースだった。野麦峠は「女工哀史」で知られる歴史的な峠であり、いつか行ってみたいと思っていたが、夏にたどってみて、登山道の衰退に驚いた。

☆乗鞍岳（残雪期）

参考コースタイム　（著者68歳）

☆.2009.5/3-4

(メンバー；鈴木貫太、小林康男、小林伸吉、町田廣光、南礼子)

3日　新宿(ムーンライト)23:54＝ 松本4:32/6:32＝新島々7:12＝位ヶ原山荘8:50/位ヶ原山荘9:40－肩の小屋11:10/11:20－剣ヶ峰12:35/13:00－位ヶ原山荘14:15

4日　山荘6:50－稜線8:20－大黒岳8:40－稜線9:00－位ヶ原山荘9:40/10:10－三本滝12:00

バスは新島々から直通であるが、乗鞍高原と三本滝で乗客が増え、七台になった。位ヶ原近くになると、除雪の壁が高い。位ヶ原で降りた登山者は、一斉に剣ヶ峰目指して登る。我々は大黒岳に登る予定だったが、天気が下り坂なので、この日に剣ヶ峰に登ることにした。

山荘の前の急斜面を登ると、雪原のような広大な斜面で、乗鞍連山のスカイラインが高く見えた。夏のバス停になっているトイレの脇を通って、肩の小屋の鞍部目指して登る。二百人余りが一斉に登っているが、山が大きいので人影がまばらにしか見えない。

肩の小屋まで登ると、主稜線で岐阜県側からの風が強く、寒くて雪面がクラスト(固くなった積雪の表層)している。傾斜が強まるが、ステップがあるのでアイゼンを必要とするほどでない。

朝日岳からは、剣ヶ峰の祠の周辺でくつろぐ大勢の登山者が見えた。山頂は珍しく雪に覆われていた。展望抜群で、北に北アルプスの山々、南に大きな御嶽山、その左に中央アルプスが見えた。

山頂付近は凍っていたのでアイゼンをつけ、朝日岳近くから大斜面を下る。傾斜がゆるむと、シリセードを楽しみながらであっという間に雪原に降りてしまった。登山者の大部分はこの日のうちに降りてしまうので、山荘の宿泊者は二十人余りで空いていた。食堂の一角を借りて、持ち込んだ豊富な食材で自炊し、盛り上がった。

翌日は予想より天気の崩れが遅く、稜線付近まで見えていたので、大黒岳まで登った。山荘から広い沢状の斜面を登ると、畳平近くの峰越えの鞍部、ここから大黒岳まで登った。途中で雷鳥が「グエー、グエー」と鳴きながら激しく縄張り争いをしていた。雷鳥は晴れていると、天敵を恐れて出てこない。曇っているのが幸いしたようだ。

稜線から見下ろすと、岐阜県側は畳平までは除雪が終わっていた。岐阜県側は積雪が少ないので除雪が容易で、五月十五日からバスが入るという。因みに長野県側は積雪が多いので、七月一日になるそうだ。

位ヶ原山荘からバスで下れるが、三本滝までは雪があるので歩いて下ることにした。ルートは車道を少し登って森林限界辺りからの切り開き。私はショートスキーだったが、三本滝までほとんどスキーで下ることができた。ここで乗鞍高原行のバスに乗り、鈴蘭小屋で乳白色の温泉に浸かり、帰松した。

鈴蘭小屋周辺は、桜や梅の花が一斉に咲くのどかな春だった。

☆乗鞍岳から野麦峠

> 参考コースタイム　（著者70歳）
>
> **☆2010.7/25-26**
> (メンバー；鈴木貫太、渡辺美里、小林康男、井手橋紀恵、槙尾貴美子)
> **25日**　新宿(ムーンライト)23:54＝松本4:32/4:45＝新島々5:14＝肩の小屋口6:55/7:20－乗鞍岳9:20/9:50－中洞権現11:45/12:10－奥千町小屋13:40/13:55－車道17:00＝塩原温泉七峰閣18:00
> **26日**　七峰閣7:50＝ハイキングコース入口8:20－お助け小屋10:25/11:45－車道分岐12:10（車に便乗）＝奈川＝新島々

新島々から直通バスで肩の小屋口に着いた。残雪期には広い雪原となっており、トイレがあったところで上部が雪渓になっていた。肩の小屋で、畳平方面の舗装された道から登ってくる大勢の登山者と合流し、行列になって登った。頂上からの展望は抜群で、見下ろす権現池が美しい。山頂は人が多く賑やかだった。

飛騨側下山道の標識はなかったが、ガレ場にかすかな踏みがあったので、ロープを跨いで下った。ガレ場の大斜面で、時折コマクサやハクサンイチゲやシナノキンバイなどが見られたが、数が少ない。

皿石原あたりまでは気分が良く、雄大な乗鞍連峰を楽しめた。広大なハイマツ帯も展望が良かったが、登山道に被さり、雨で道が掘れて歩きにくく、時間を要した。中洞権現コースには、朽ち果てた標識。木道のある湿原になると避難小屋があり、朽ちた子ノ原尾根コース分岐の標識。不安な気持ちでたどると、踏み跡がはっきりしてきた。

足を捻ったメンバーがいて、約束の時間に大幅に遅れた。迎えの車に

皿石平にて。背景は乗鞍岳 (2010.7.25)

連絡するとともに、少しでも奥に車で迎えに来てもらうために、一人で先に下った。小走りで車道まで三十分、さらに待ち合わせ場所まで三十分かかった。

七峰館の運転手にゲートのカギを借りてもらい、車道終点まで迎えに行ってくれるようお願いしたが、キャンプ場管理人が車を出してくれた。七峰館は応対が良く、翌日の野麦峠への送りと、捻挫した人の高山までの送りも約束してくれた。

翌朝、車で野麦集落まで送ってもらい、夏草が茂り人影のない旧野麦街道のハイキングコースをたどった。小さな祠・地蔵堂で、樹間に飛騨の地が見えた。トラバース気味に登ると野麦峠。

展望台に登ってみると、「ああ野麦峠」の主人公となった「政井みね」の碑をはじめ、この峠を越えて働きに出た女工の悲惨さをしのぶ碑があった。峠には、お助け小屋や、資料館「野麦の館」。旧野麦街道を歩き、資料館をのぞいて感慨深かった。

川浦まで歩いてバスで新島々に戻るには、乗り換えが多くて時間がかかるが、車に便乗できた。

山コラム

衰退する乗鞍岳飛騨側登山道

残雪期に何回か乗鞍岳に登って、御嶽山との間にある野麦峠に何としても下ってみたいと思うようになった。二万五千分の一地形図によると、山頂から飛騨側に下る道が四コースあり、二〇〇二年発行のアルペンガイドで四コースとも紹介されている。二〇一〇年七月末に最新の高原地図を見て計画しようとしたら、野麦峠に直接下るコースが自然保護のため当面禁止、阿多野に下るコースが事前に高根支所に確認すること、塩沢温泉に下る子ノ原尾根コースが無印良品キャンプ場の私有地のため一般登山者通行止め、となっていた。

そこで関係者に問い合わせたが、どのコースも通れるかどうかはっきりしない。ネットで調べたら子ノ原尾根コースの記録があったので、塩沢温泉「七峰館」に問い合わせたら、キャンプ場まで迎えに来てくれるというので、ここを無断で下ることにした。乗鞍岳から奥千町避難小屋までは、標識があり迷うようなところではなかったが、水で掘られハイマツや笹が被った道で、歩くのに難渋した。子ノ原コースは標識が朽ち果て、迷いそうなところがあったが歩きやすかった。

このコースを半ば強引に歩いて感じたのは、乗鞍岳は観光登山で賑わっているのに、飛騨側が急速に衰退していることだった。山頂から飛騨側に下りると静寂で雄大な景観で感動したが、野麦街道に下る三本のコースは廃道同然。残る日影コースも荒れた長いルートで登りにくい。スカイラインの存在は、乗鞍岳に簡単に登れるようになる一方で、昔からある登山コースを衰退させていることが分かった。山麓の住民は、乗鞍岳をこよなく崇拝してきたが、今や眺めるだけの山になってしまったのだ。

ロープウェイやスカイラインで観光地化された山では同じようなことが起こっている。蔵王でも観光地化された核心部は賑わっていたが、他の登山道には人影が少なく荒れていた。我々は、観光地化された山を安易に登山の対象から除外してしまうが、ルートによっては魅力的である。これらを登山の場として残すには、積極的に訪れ、その魅力を発信していくことだと痛感した。

御嶽山三ノ池（2008.7.12）

62 御嶽山

信仰登山のメッカ、噴火で未曽有の遭難

北アルプスの巨峰・乗鞍岳の南に、さらに大きな独立峰の御嶽山（三〇六七㍍）がある。遠くから見ると台形の山だが、山頂付近には幾つものピークがあり、付近はお花畑になっている。

　御嶽山は、乗鞍岳と同じように観光登山のイメージが強く魅力を感じなかったが、乗鞍岳の頂から野麦峠の先に大きく立ちはだかる雄姿を見ると、登ってみたくなった。

　二二〇〇㍍付近までロープウェイで登れ、乗鞍岳に次いで楽に三〇〇〇㍍の頂に立てる山なので、登山者が多い。異質なのは、他に例のないおびただしい石像や石碑、神社があり、信仰登山のメッカになっていることである。しかし、登山者が集中しているのは表参道口だけで、広大な山域は登山の魅力を失っていない。

　この御嶽山は、二〇一四年九月二十七日の昼近くに、主峰の剣ヶ峰南西の地獄谷で突然噴火し、紅葉で賑わう山頂付近の登山者を直撃し、山岳遭難史上、噴火事故史上最大の六十三人もの死者・行方不明者が出た。合掌！

　噴火では、噴石や火山灰で動植物も壊滅的な被害を受けた。石像や石碑、山小屋など人工的なものは、やがて復元されるだろうが、火山礫にたくましく咲き誇っていた高山植物の復元は、遠い先になりそうだ。御嶽山には当面登れないが、登れるようになったら再び登って、事故の惨状と植生の復元状況を見たいと思っている。

☆三ノ池—剣ヶ峰

参考コースタイム　(著者68歳)

☆2008.7/12-13
(メンバー；鈴木貫太、土井均、佐藤美穂子)
12日　新宿7:00＝木曽福島10:29/10:40＝御岳ロープウェイ11:45＝ロープウェイ上12:20ー女人堂13:40/13:50ー三ノ池避難小屋16:35/16:50ー五ノ池小屋17:30
13日　五ノ池小屋5:30ー魔利支天山分岐6:05/7:00(魔利支天山往復40分)ー二ノ池小屋7:45/8:00ー剣ヶ峰9:45/10:15ー女人堂11:45/11:55ーロープウェイ12:45/15:10(バス)＝木曽福島

　御嶽ロープウェイを下りると、御嶽山の全貌が見渡せた。継子岳から剣ヶ峰まで台形のような大きな山塊。登山道が遊歩道のように整備されている。女人堂には、おびただしい数の像や石碑があり、圧倒された。女人堂からメインコースと分かれ、五ノ池小屋に向かう。ナナカマド帯ののどかな道を登ると、急斜面をトラバース気味に登る道になり、幾つもの雪渓を横断したが、危険を感じるところはなかった。雪渓が終わると、急なジグザグの桟道。飛び出したところが三ノ池湖畔の避難小屋。紺碧の水を満々と湛えた大きな池で、周辺の山と残雪を映して素晴らしい景観。最後の灌木帯の急斜面を登ると稜線で、直下に五ノ池があり、五ノ池山荘があった。

　小屋から濁河温泉方面に少し下ったところに、御嶽山では唯一というコマクサの群落地があった。小屋はきれいで、従業員は若くて感じが良い。宿泊者は二十人位でゆったりと過ごせた。

　翌朝は天気が良くて、乗鞍岳から槍穂高連峰、八ヶ岳のシルエットが美しい。魔利支天山に立ち寄ると、三六〇度の展望、御嶽山は巨大な台形の山だが、剣ヶ峰付近も、賽の河原の先に台形になっている。稜線には火山礫が多く、植生には厳しい環境であるが、お花畑になっており、キバナシャクナゲとハクサンイチゲが目立った。賽の河原には、所狭しと石碑やケルン。

　二ノ池新館まで登り返し、最後の急斜面を登って一ノ池を囲む外輪山の一角に立つ。俯瞰する二ノ池は、水があるが濁っており、一ノ池は砂礫の火口底。見下ろす地獄谷は、急なガレ場から噴煙が勢いよく噴出し険悪だった。〝〇〇童子〟と彫り込まれた石碑が多い。

御嶽山山頂 (2008.7.13)

　剣ヶ峰の主役は社務所と石像で、三角点のある広場は狭い。至るところに鎮座する石像や石碑、鳥居が多いのには驚いた。時には鎮座する大きな石像のシルエットにギョッ！　とした。

　剣ヶ峰からは埃っぽく、宿坊のような小屋が多い、ガレて味気ない道を女人堂まで下り、ロープウェイに戻って足湯に浸かり、下山した。

剣ヶ峰山頂付近から地獄谷。2014 年の噴火口（2008.7.13）

63 宝剣岳《ほうけん》

木曽駒ヶ岳、宝剣岳、三ノ沢岳

展望に優れたたおやかな中央アルプス稜線

中央アルプスは、北アルプスと南アルプスの間にあり、木曽川と天竜川にはさまれた南北九〇キロメートルの山塊である。核心部は二六〇〇メートル～三〇〇〇メートル弱、木曽駒ヶ岳から越百《こすも》山までの高山帯。千畳敷カールから見上げる宝剣《ほうけん》岳が岩峰なので、嶮しい岩稜の印象を受けるが、全体的にはたおやかな白い花崗岩の、展望の良い稜線が続いている。

中央アルプスは、北アルプスのように威圧的でなく、南アルプスのような重さがないのが良い。ロープウェイを利用すれば、標高二六〇〇メートルの千畳敷に達するので、日帰りでも容易に木曽駒ヶ岳（二九五六メートル）に登れるので登山者が多い。しかし、台地状の稜線の山腹は急で、古の登山道は重厚である。

中央アルプスの稜線は概ね白い花崗岩砂礫と緑のハイマツのコントラストの、美しい広くなだらかな稜線が続き、展望に優れている。宝剣岳だけは顕著な岩峰で初心者には厳しいが、岩場歩きの基本を身につけていれば危険はないので楽しみに登る人も少なくない。

空木岳（二八六四メートル）はピラミダルな岩峰であるが、特に難しいところはない。三ノ沢岳（二八四七メートル）は主稜線から派生した大きな稜線の末端にあり、登りにくい山だが、中央アルプスを側面から展望できる静寂境である。

中央アルプスは、北アルプスのような積雪はないが、南アルプスに比べると多い。稜線の小屋が営業するのは七月から十月上旬ごろまで。ロープウェイが通年営業で、五月連休ころには宝剣山荘が営業しているので、このころから木曽駒ヶ岳に登る人が多いが、残雪が多いのでそれなりの装備が必要である。残雪期の宝剣岳は危険になるので、安易に登るのは避けたい。私の友人も、積雪期にここから滑落して死んでいる。この山域に雪が積もるのは、十一月に

宝剣山荘から宝剣岳（2012.8.4）

なってから。避難小屋を利用すれば、降雪状況にもよるが十一月上旬まで縦走可能である。

中央アルプスで苦い経験をしたのは、一九九四年九月の三連休に、木曽駒ヶ岳から空木岳に縦走し、木曽殿山荘に泊まったときだった。初日にロープウェイを利用して木曽駒を往復し、宝剣山荘に泊まったときはそれほどでなかったが、二日目の木曽殿山荘では次々と登山客が着いて超満員になり、仕上げにツアー客が着いてサー大変。食事は何とか済ませたが、寝場所が詰められて身体を横にして寝るのがやっとで、起き上がると、もう横になれなかった。ツアーの添乗員は私の知人だったが、客を何とか押し込んで、外でビバークしていた。

中央アルプスでは、木曽駒と空木岳が深田百名山になっているので、効率よく二つの山に登ろうとする登山者が殺到するからのようだ。知っていれば、駒峰ヒュッテまで足を伸ばしていた。木曽殿山荘は建て替えられたが、三連休二日目は同じようなことが続いているらしい。

☆木曽駒ヶ岳—三ノ沢岳

参考コースタイム

（著者72歳）

☆2012.8/4−5

(メンバー；鈴木貫太、椿健一)

4日　新宿7:00＝ロープウェイ千畳敷13:00−宝剣山荘14:10/14:20−駒ヶ岳15:00−宝剣山荘15:50

5日　山荘4:25−宝剣岳4:50/5:20−分岐5:55/6:20−三ノ沢岳8:20/8:55−分岐11:00−千畳敷11:50

三ノ沢岳は中央アルプスの稜線を歩くとどこからでも見える大きな山だが、主稜線から外れているので登る機会がなかった。静かな山で花も多いと聞く。そこでこの山に登ってみることにした。

　ロープウェイ駅に着いたのは十二時過ぎだが、観光客が多く、千畳敷に着いたのは十三時。千畳敷カールにまだ雪が残っていてたくさんの観光客が楽しんでいた。カールから急な道を登って主稜線に達すると宝剣山荘。木曽駒まではなだらかな広い稜線。短時間で登れるので、登山者が多い。

　木曽駒は、中央アルプスの最高峰なのに実感がない。しかし木曽側を見下ろすと、累々たる花崗岩の急斜面なので、山麓から歩いて登ったら山の大きさが分かるかも知れない。多くの人がロープウェイから日帰りなので、宝剣山荘は真夏の土曜日なのに思ったより混んでいなかった。

　翌朝は、足元が明るくなったころに山荘を出る。宝剣岳の頂上近くになると岩場になり、高度感のあるトラバースもあるが、特に難しいところはない。山頂は狭い岩峰だが、素晴らしい展望台。八ヶ岳の頂からご来光、見渡す山々が赤く燃えた。中央アルプスや南アルプスのすべての山々が一望でき、北アルプス、富士山、御嶽山もよく見えた。これから登る三ノ沢岳が大きく、我々を招いているようだった。

　三ノ沢岳分岐までは痩せた岩稜だが、よく整備されているので楽しんで歩けた。分岐からは登山者が少ないので、ハイマツが被って歩きにくかった。大きく下って登り返すだけと思っていたが、意外とアップダウンがあり時間がかかる。ハイマツに混じって、咲き終わったキバナシャクナゲが多かった。他に目立ったお花畑がなかったので、花が多い山とはこのことかもしれない。

振り返ると、宝剣岳から木曽駒の稜線が大きい。宝剣岳が、ゴチャゴチャした岩屑を積み上げた貧相な感じなのに対し、木曽駒がスッキリと大きい。三ノ沢岳方面から眺める木曽駒から空木《うつぎ》岳、南駒ヶ岳までの稜線に新鮮味を感じた。

三ノ沢岳の山頂近くになると、小さなお花畑があった。間もなく、大きな花崗岩を積み上げたような静かな山頂。そこにたたずむと、はるばるやってきた満足感に浸れた。

三ノ沢岳は、訪れる人は稀だと思っていたが、往復する登山者が多かった。数パーティーと出会ったが、誰もが見た目よりきついと言っていた。往路を分岐まで戻り、極楽平から千畳敷に戻った。すでにガスで展望がないのにロープウェイ駅は次々と登ってくる観光客で溢れていた。

☆桂小場―木曽駒ヶ岳―宝剣岳―駒の湯

ロープウェイが運休している機会を狙って、中央アルプス北部の古のメインルートを計画した。伊那からタクシーで桂小場に入る。登山者は少ないが道幅が広く、よく整備されている。樹林帯をひたすら登り、西駒山荘まで登ると高山的な雰囲気になった。西駒山荘は質素な小屋で、学生二人がアルバイトで働いていたが、キビキビして感じが良い。名物と書いてあったカレーがうまかった。

翌朝は、早めに朝食を用意してくれたので早出し、甲斐駒ヶ岳と八ヶ岳の間に出るご来光を見られた。八合目からなだらかなトラバースルートをたどり、宝剣岳に登った。宝剣山荘周辺は、ロープウェイが動いていればたくさんの登山者がいるのに、森閑としている。千畳敷を見下ろしたが、人影が見られなかった。いつもは人で溢れる山の休日のようだと感じた。

> 参考コースタイム　（著者58歳）
>
> **☆1998.9/12-13**
> (メンバー；嶋田邦子、鈴木貫太、佐藤安行、大木孝子、川瀬道子、長谷美圭子)
> **12日**　新宿23:50＝辰野3:39/4:53＝伊那5:21（タクシー）＝桂小場6:30ー大樽小屋9:50/10:30ー行者岩分岐13:15/13:25ー西駒山荘14:35
> **13日**　西駒山荘5:10ー宝剣岳7:50ー木曽駒ヶ岳9:15/10:10ー五合目13:35ー駒の湯16:15(入浴)

木曽駒ヶ岳では、ぐるりと見渡せる山々の山座同定(山の名前を確認)などでのんびりし、累々とした岩の急斜面を玉ノ窪小屋方面に下った。展望の良い花崗岩の稜線で気持ち良いが、遥か彼方に見えている駒の湯まで下るのかと思うと、山の大きさが実感できた。紅葉が、麦草岳近くの柱状節理に映えて美しい。五合目付近からは樹林帯をひたすら下り、駒の湯で入浴し帰松した。

宝剣岳から空木岳方面（2012.8.5）

空木岳・南面の赤椰岳から（2007.9.16）

64 南駒ヶ岳

空木岳、南駒ヶ岳、越百山

空木岳と対峙する花崗岩の俊峰

空木《うつぎ》岳（二八六四㍍）は花崗岩の岩峰で素晴らしい。その頂に立つと、南に白い花崗岩の稜線とハイマツの美しい南駒ヶ岳（二八四一㍍）が対峙する。深田久弥は百名山を選定するときに、空木岳にするか南駒ヶ岳にするかで迷ったが、山名の響きで空木岳にしたと記している。空木岳は百名山なので登る人が多いが、南駒ヶ岳に足を伸ばす人は少ない。南駒ヶ岳から越百《こすも》山にかけても、花崗岩の稜線が続いている。その南部にも二〇〇〇㍍以上の山が続いているが、深い樹林帯と笹の尾根でアプローチも悪く、登る人は稀。私もトレースしたことがない。

私は南駒ヶ岳の花崗岩の稜線を歩きたくて、越百山から空木岳の縦走を三回試みた。一回目は十一月上旬に縦走したが新雪、二回目は同じ時期に風雪で越百山まで、三回目は九月だったが風雨の中だった。

☆越百岳―空木岳（伊那川ダムから周遊）

参考コースタイム　（著者67歳）

☆2007.9/15-17
(メンバー；鈴木貫太、熊倉隆夫、大南敏和)
15日　松戸(車)0:30＝今朝橋6:00/6:30ー福栃平7:20
ー七合目10:10ー水場10:40/10:50ー越百小屋12:10
16日　越百小屋6:00ー越百山6:55/7:00ー仙涯嶺8:30ー南駒ヶ岳10:30ー赤梛岳11:30ー空木岳13:00ー駒峰ヒュッテ13:00/13:30ー空木平避難小屋14:15
17日　小屋4:05ー空木岳5:25ー木曾殿山荘6:35ー水場6:45/7:00ーうさぎ平11:10/11:30ー登山口13:00

〈15日〉深い樹林帯の本格的な登りだが、踏み荒らしもなくしっかりしている。越百小屋は宿泊者が多くないようだった。避難小屋は隣にあり収容十人程度で狭いが、テーブルのある炊事場があり快適だった。

〈16日〉ガスに覆われていたが越百山に着くころに一時ガスが切れ、展望が広がる。ここからは、花崗岩の気持ちの良い縦走路。仙涯嶺から南駒ヶ岳にかけては、この縦走路の核心部の花崗岩の岩稜。切り立った崖や鎖場もあるが、特に難しいところはない。展望があったら素晴らしいだろうと思いつつ、先を急いだ。

南駒ヶ岳には立派な標識があった。特に危険なところはないが、道が分かりにくく、標識も劣化して読めない。赤梛岳《あかなぎだけ》を越えたところでガスが切れ、空木岳方面が見えた。空木岳直下の駒峰ヒュッテでビールを買って、空木平避難小屋に下りるが道が荒れており、長く感じた。小屋の内部は外見に比べてきれいで、近くに水場がある。

〈17日〉雨と暗闇で、空木岳までの登り返しがコースタイムよりかなり長い。山頂で雨は降っていなかったが、風が強い。岩稜を通過したころに、木曾殿山荘から登ってくる大集団に遭遇した。木曾殿山荘は昨夜、宿泊を断られるほどの混みようだったという。

山荘から下ると木曾義仲の水場。再び雨となるが、樹林帯で風がないので暑い。六合目の吊橋は滑って怖い。ここまでは道が良くて順調に下ったが、うさぎ平に下るトラバース道がダラダラと長い。うさぎ平は車道終点。ここから長くて退屈な車道をひたすら歩き、駐車場に戻った。

65
鳳凰山・地蔵岳
ポピュラーな南アルプスの縦走コース
鳳凰三山

中央沿線の山に行くときに、高い山が見えてくると嬉しくなる。真っ先に同定できるのが地蔵岳で、次いで甲斐駒ヶ岳や鋸岳である。鳳凰三山とは薬師岳（二七八〇㍍）、観音岳（二八四〇㍍）、地蔵岳（二七六四㍍）を指す。最高峰は観音岳であるが、目立つのは顕著なオベリスクのある地蔵岳で、遠くの山から指呼できる。

鳳凰三山は花崗岩の美しい山で、北岳などの白峰三山の展望に優れ、変化に富み、顕著なオベリスクもある。アクセス容易でポピュラーな、南アルプスの入門的な山だが、私にとっては、山小屋やアプローチの印象が悪い山だったので、足が遠のいている。

千丈岳から鳳凰三山（2007.8.12）

☆鳳凰三山縦走

参考コースタイム　(著者51歳)

☆1991.11/23-24
(メンバー；鈴木貫太、奈良輪豊子、春田實子、坂本多鶴、菅野容子、毛利麻子、吉田年江、遠藤弘康、生井久恵)
23日　秋葉原7:14＝甲府9:05＝夜叉神峠口10:10/10:25－夜叉神峠11:35/12:00－杖立峠13:30/13:40－苺平15:35/15:45－南御室小屋16:20
24日　小屋6:35－薬師岳8:24/8:30－観音岳9:20/9:30－鳳凰小屋分岐9:50－鳳凰小屋10:45/11:30－燕頭山13:05－御座石鉱泉15:20/17:00＝穴山駅17:32＝東京20:44

〈24日〉夜叉神峠まではハイキングで登る人が多く、圧倒的な白峰三山の展望を楽しんでいた。そこからは深い樹林帯の道で誰もいない。次第に雪道となるが、さらさらのパウダースノーで快適。苺平から辻山を巻いて下って行くと、南御室小屋があった。夕闇が迫っていたが、ほぼ予定の時間に着けた。予約をしてあったが、今頃着くなんてとお叱りを受けた。

簡素な夕食が済むと、管理人は近くに来て繰り返し繰り返し説教するので皆うんざり。寝具は毛布四枚だけ、ストーブはあるが夜は火を落としているので、寒い寒い一夜だった。
〈25日〉夜に雪が降ったが、天気は穏やかだった。稜線に出ると展望が良くなるが、ブリザード状の風で顔が痛い。薬師岳も観音岳も少し休むだけで通過する。地蔵岳は大きなオベリスクが見えていたが、時間的に割愛して鳳凰小屋に直接下る。稜線を離れるとウソのように風がない。

鳳凰小屋に着くと人がいて、「青木鉱泉の道は荒れて、誰も通っていないので危険」というアドバイスがあった。御座石鉱泉では嫌な思い出があるので、青木鉱泉に下る予定だったが、危険な道を下るよりはと御座石鉱泉に下ることにした。

御座石鉱泉から穴山駅にはマイクロバスに乗るしかないが、入浴が条件で三千円。ぬるくて快適とは言えない風呂を出てくつろいでいると、鳳凰小屋でアドバイスしてくれた人が小屋にいた。親切なアドバイスは客引きだったのだ。御座石鉱泉ではまたもや嫌な思いをさせられた。

☆鳳凰三山　夜行日帰り縦走

新宿から夜行で甲府に出て、バスで夜叉神荘前。夜叉神峠は草原で気持ちいいが、白根三山は霞んではっきりしない。樹林帯のなだらかな道が、薬師岳の砂払の頭まで続く。こ

賽の河原より地蔵岳（1991.11.24）

こから花崗岩とハイマツで、庭園のようだった。観音岳から残雪の多い樹林帯に下り、地蔵岳を目指すが、濃霧でオベリスクが見つからない。あきらめて鳳凰小屋に下ろうとしたときに、左手に巨大な岩峰の基部が見えた。分岐の先をほんの少し下ったところにあったが、濃霧で分からなかったのだ。基部まで登ると垂直の岩があり、クサリが付いていたので登れた。

　御座石鉱泉からは十七時に穴山駅行バスがあるので、必死に歩いた。十五分前に着いたので、一緒に着いた二人とバスに乗ろうとしたら、泊まるか入浴しないとダメと言われた。翌日は休めないので何とか乗せてくれるよう交渉しているうちに、バスが出てしまった。

　途方にくれたが、三人で穴山駅まで長い林道を歩くことにした。穴山駅に着いたのは二十二時過ぎで、夜行で帰り翌日出勤した。なんと朝五時前から十六時間歩いたハードな山行だった。

参考コースタイム（著者26歳）

☆**1967.6/4　単独**　夜叉神荘4:50－夜叉神峠5:40/6:00－南御室小屋9:20/9:45－薬師岳11:00/11:40－地蔵岳13:50/14:30－御座石鉱泉16:45/17:45－穴山橋20:30/21:20－穴山駅22:05

66

千丈ヶ岳

甲斐駒ヶ岳、千丈ヶ岳

鋭鋒甲斐駒ヶ岳と対峙するたおやかな巨峰

南アルプスは、三〇〇〇㍍級の山が連なる日本最大の山岳地帯である。北アルプスが雪と岩、花崗岩の派手な山が多いのに対し、南アルプスは原生林に覆われた奥深い重厚な山が多い。

南アルプスの特徴は、高いところまで鬱蒼とした針葉樹に覆われているだけでなく、登山口が低いので、核心部に登るのに時間がかかることである。高いだけでなく、それぞれが孤立しているので、縦走するには、北アルプスと違って大きなアップダウンが待っている。奥深さ・重厚さの所以だろう。

南アルプスで最も登りやすく人気のあるのが、甲斐駒ヶ岳(二九六七㍍)と千丈岳(三〇三三㍍)である。甲斐駒ヶ岳は、韮崎付近を通ると鋸岳を従えた鋭鋒で目立つ。この山は、南アルプスを代表する急登の黒戸尾根があることで知られるが、南アルプススーパー林道ができて、北沢峠から容易に登れるようになり、登山者が少なくなった。山頂付近はザレた花崗岩の急登で登りにくいが、展望は天下一品である。

鋸岳からの縦走路もあるが一般登山道とは言えない難路である。途

鋸岳—甲斐駒ヶ岳。千丈小屋から(2007.8.12)

中の戸台川から登るコースは、車で北沢峠まで登れるようになり寂れてしまった。

千丈ヶ岳は目立たないが、たおやかな大きい山でお花畑が多い。北沢峠から容易に登れるので、登山者が多い。地味で長大な千塩尾根の起点でもあるが、トレースする人が稀。余裕があったら大千丈岳辺りまで往復すると、静寂で大きな千丈ヶ岳を実感できる。この山域はアクセスが容易なので、幾度も登ったが、南アルプスらしい山の深さ・大きさを実感したのは、黒戸尾根と千塩尾根を歩いたときだった。

☆仙丈岳―両俣小屋

参考コースタイム （著者67歳）

☆2007.8/11-13　単独

11日　新宿8:00＝甲府10:00＝広河原12:20＝北沢峠12:45/12:55－馬ノ背ヒュッテ15:25

12日　馬ノ背ヒュッテ5:00－仙丈小屋5:50/6:00－仙丈岳6:25/6:45－大仙丈岳7:20/7:30－伊那荒川岳9:50/10:00－横川岳11:20/11:25－両俣小屋12:35

13日　小屋4:50－奥仙丈沢5:45/6:00－野呂川出合7:05

〈11日〉松戸は猛暑続きだったので、北沢峠の爽やかな風にホッとする。バス停から、コメツガやシラビソの巨木帯の尾根道を登る。ほぼ一〇〇㍍ごとに合目標識がある。五合目の滝ノ頭で藪沢方面分岐。藪沢小屋は老朽化し、人影がない。トラバース道は多少のアップダウンがあるので、馬ノ背ヒュッテに入るなら大平山荘経由のほうが早そうだ。ヒュッテでは、一日ずらしてくれれば空いているのにと言っていたが、寝るときに隣の人が気になるほどではなかった。

〈12日〉仙丈ヶ岳には大展望を背にして登った。高山植物の名所だが、

大仙丈ヶ岳から仙丈ヶ岳（2007.8.12）

仙塩尾根。背後は間ノ岳（2007.8.12）

最盛期を過ぎているためか、花の数が少ない。山頂から仙塩尾根に向かうと、登山者は稀。仙丈ヶ岳から大仙丈岳にかけての稜線は、雄大で静かだ。ここまで往復する人もチラホラ。ここから急降下し、アップダウンの多い灌木帯から樹林帯の尾根。灌木帯は直射日光を受けて暑いが、樹林帯になると、陽射しを遮り風もあるので涼しい。

標識で現在位置を確認できたのは伊那荒倉岳で、間もなく水の枯れた高望池。少し下ると水場があるので、唯一幕営可能なところ。その先に露岩のピークがあって、久々に展望が得られ、仙丈ヶ岳までの長い縦走路を顧みた。北岳から中白根山、間ノ岳までは標高の高い尾根だが、平坦なので迫力がない。間ノ岳の右の小さなピークが、二九九九㍍の三峰《みぶ》岳。目立たないが、白峰三山と南アルプス主稜線の接点だと思うと存在感があった。

両俣小屋に着いたのは昼過ぎ。野呂川源流の河原にある小屋。質素だが感じがよく、ファンのような登山者が多かった。翌日は林道を野呂川出合まで歩き、バスで広河原に出て酷暑の松戸に帰った。

67 農鳥岳

左；三峰岳、右；間ノ岳。農鳥小屋から（2001.8.28）

白峰三山（北岳、間ノ岳、農鳥岳）

南アを代表する白峰三山、北岳に匹敵する双耳峰

白峰三山は南アルプスを代表する山であり、最高峰の北岳（三一九三㍍）は、富士山に次ぐ高さを誇る颯爽とした山で、北岳バットレスという大岩壁を有し、高山植物の宝庫になっている。間ノ岳（三一九〇㍍）の山頂は、平らだがつかみどころがないほどの巨体で、南アルプス主稜線と接する三峰《みぶ》岳（二九九九㍍）との稜線には北から野呂川、南からは大井川の源流が迫っている。

農鳥岳（三〇二六㍍）は奥まって登りにくいが、西農鳥岳（三〇五一㍍）と双耳峰で威厳があり、北岳に匹敵する風格のある岩峰である。

富士山（三七七六㍍）が日本の山の象徴であるのに対し、白峰三山は登山を対象にした山岳地の代表と言えるが、北岳のメインルートの喧騒化が気になる。私が好きなのは、踏むのが大変だが静かで奥深く威厳のある農鳥岳である。

北岳のメインの登山口は広河原である。アクセスが容易で、山頂や中腹に大きな山小屋があるので、登りやすい。北岳から間ノ岳、農鳥岳を越え、大門沢を下るのが白峰三山の代表的な縦走コースである。広河原からアルペン的な北岳に登り、巨大な三〇〇〇㍍を越える日本一の稜線を歩き、漆黒の長い大門沢を下ることで、南アルプスの大きさと深さを知ることをできる名コースであるが、長い大門沢のコースと、奈良田までのアクセスの悪さで嫌われ、最近では北岳山荘から農鳥岳まで往復する人が多い。

広河原に車で入れるようになるまでは、北岳に登るメインコースは池山吊尾根であったが、今は登る人が少なく、冬季のルートになっている。白峰三山は間ノ岳で千塩尾根に接続しているので、塩見岳から縦走する人が多い。千丈ヶ岳からも縦走できるが、稜線に山小屋がないので、両俣小屋に下って北岳に登れば、山小屋を利用して歩ける。

私が特に感動したコースは、野呂川源流の両俣小屋から北岳に登ったときである。山頂まで一気に突き上げる静かで長大な岩稜に、新たな北岳の魅力を感じた。もう一つは、塩見岳から農鳥岳に縦走したときに、熊ノ平から農鳥小屋への細々としたトラバースルートをたどったときで、間ノ岳の山頂から谷底に一直線に落ちるハイマツの密生した巨大な斜面に、間ノ岳の大きさを知らされた。（「68 塩見岳」二七〇ページを参照）

☆両俣小屋から北岳

参考コースタイム　（著者64歳）

☆2004.8/13-15

(メンバー；鈴木貫太、鈴木由香、大塚由美子、村田友子、佐々木亜由子)

13日　新宿7:02＝広河原11:30/12:30＝野呂川出合12:55ー両俣小屋15:40

14日　両俣小屋5:00ー左俣大滝6:40/6:50ー2841mピーク9:30/9:45ー北岳11:30/12:10ー八本歯コル14:15/14:30ー大樺沢二俣16:15/16:30ー白根御池小屋17:00

15日　白根御池小屋7:00ー広河原9:30/11:00＝松戸17:00

〈13日〉両俣小屋から北岳に登り翌日農鳥小屋まで縦走し大門沢を下る予定で計画した。密かに狙っていたコースであるが一般的なコースでないので、メンバーにはお盆休みでどこも混んでいるが、ここなら人が少ないだろうと説得した。

広河原で北沢峠行のバスに乗り、

野呂川出合で降りる。そこから野呂川沿いの単調な林道を歩く。深い谷なので風もなく、直射日光を浴びて暑い。車道終点から谷沿いの道を行くと、両俣小屋。この小屋は、予約不能で心配だったが、楽に寝るスペースがあった。のどかな小屋の前で自炊。渓流の近くで、森に囲まれた快適な一夜だった。

〈14日〉小屋からしばらくは、河原歩きで心地よい。左俣大滝から急斜面を登って尾根に出ると、スッキリした岩稜がはるか彼方まで続いていた。ひたすら急な尾根を登り、主稜線に達すると、登山者がたくさんいた。人気のある北岳のお盆休みの混雑時なのに、静かで雄大、変化に富んだ素晴らしいコースだった。

北岳山頂まで登ると天気が急速に崩れて、予報通り翌日は雨になりそうになった。この日に農鳥小屋まで入り、大門沢を下る予定だったが、雨の中で農鳥岳を越えて大門沢を下るのは辛い。そこで北岳山荘に泊り、翌日広河原に下ることにしてのんびりした。ところがメンバーから、明日雨なら少し遅くなっても今日頑張って下ってしまいたい、という声が出た。広河原に下ると山荘が満員の恐れがあるが、山小屋なら詰めてくれるだろうと、白根御池小屋まで下ることにした。

八本歯コルへのトラバース道には今なお見事なお花畑があった。残雪のない大樺沢はザレた道で歩きにくかった。二俣には小さいがバイオトイレがあった。ここは北岳バットレスに登るクライマーのベースキャンプになるところだが、一般登山者の絶好の休憩ポイントなので、排泄物の汚染が問題になっており設置されたようだ。二俣からの道はほぼ水平だが、時間的に遅いので長く感じた。

白根御池小屋はツアー客が多く、対応が悪かったが、割と空いていた。残った食料で自炊。翌日は、予想通りの雨の中を広河原に下り、シャワーを浴びてからバスに乗った。

☆白峰三山縦走

参考コースタイム （著者29歳）

☆1969.11/2-3　広河原ー大門沢

(メンバー；前田迪男、鈴木貫太、小林重夫)

2日　広河原6:50ー二俣8:45/9:00ー八本歯コル11:30/12:15ー北岳13:45/14:10ー北岳稜線小屋14:50

3日　小屋5:50ー間ノ岳7:10/7:20ー農鳥小屋8:05/8:20ー西農鳥岳9:00ー農鳥岳9:35/10:25ー大門沢下降点10:50ー大門沢小屋12:25/13:25ー奈良田16:05

農鳥岳から間ノ岳と北岳（1969.11.3）

大樺沢の二俣の上部に雪渓が残っており、その上にうっすらと新雪が覆っていた。八本歯コルへの急登になると新雪が深くなったので右側の冬道を登るが、凍っていて滑って歩きにくい。八本歯コルまで登ると、初冬らしく雪のついた間ノ岳から農鳥岳の展望が開けた。北岳東面にまったく雪がないのは、日照で溶けたからのようだ。主稜線まで登ると、西側斜面には雪が多かった。

北岳山頂は風もなく暖かで、展望を楽しむ登山者が多かった。稜線小屋に向かうころにはガスが発生し、小春日和のような暖かさが一変して真冬の寒さになった。小屋は夕方になって満員になった。

翌朝は、高曇で風が強く寒い。中白峰から間ノ岳にかけては、新雪のついた広くなだらかな稜線で、三〇〇〇㍍を越えたところとは思えない。農鳥小屋から西農鳥岳にかけては、北西斜面を登るので雪が多いが、トレースもあり安定していた。すぐだと思った農鳥岳までの登り返しが、意外ときつい。農鳥岳から見た北岳や間ノ岳が圧倒的で、荒川岳や塩見岳もグッと近づき、白い峰を輝かせていた。

夏にはお花畑になるだろうと思われるなだらかな大斜面を下ると、大門沢の下降点で大きな遭難碑があった。見下ろす大門沢の道はすこぶる急で、遥か下に河原が見えた。積雪期は雪崩の危険が大きいわけだ。大斜面の草付とガレは間もなくダケカンバ帯から針葉樹林帯となる。道が荒れ歩きにくい。朝から寒風にさらされていたが急に暑くなった。

大門沢の小屋は、小屋じまいで大わらわ、当初はここに泊まる予定だったが、時間が早いので、奈良田まで下ることにした。ここからは落葉を踏むなだらかな道だったが、長かった。車道に出たところに、奈良田の旅館の車が客引きで止まっていたので利用した。温泉に入り、ゆっくりとくつろいで、翌日、身延経由で帰った。

山コラム　無知と無謀は墓場への道

私は山に登り始めて間もないころ、矢島口から一人で鳥海山に登って残雪と濃霧で遭難寸前に陥ったが、たまたま登ってきた地元の登山者に救われた。二二三〇㍍の山だが、三ッ峠や大菩薩嶺の二〇〇〇㍍級の山に登っていたので気軽に考えていた。豪雪地で梅雨明け前、首都圏の山とはまったく違うことを知らずに登った無知による危険だった。

檜原湖から三人で磐梯山に登ったときは、登山道より簡単そうな火口壁を登ったが、次第にガレた急斜面となり動けなくなった。一人が運よく登り切ってあらゆる紐を繋ぎ、引き上げてもらった。これなどは無謀が招く危険である。私はこうした無知や無謀による危険な登山を幾度も体験した。

一九八八年十月十二日に無知と無謀事故の典型例が谷川岳であった。この日ロープウェイを利用し谷川岳に登った若い男女四人が、季節外れの風雪のため山頂付近で道に迷い一夜を明かし、三人が疲労凍死した。風雪になって何故引き返そうとしなかったのか、すぐ近くに肩の小屋があるのに何故避難しなかったか。無知が招いた遭難事例である。同じ日に一ノ倉沢で岩登りしていたクライマーが疲労凍死した。経験豊かで天気判断くらいはできるはずなのに、みぞれ交じりの風雪の岩壁を登りきろうとしたのは無謀そのものである。

山で事故が起こると悲惨で、家族や仲間に与える経済的・精神的な打撃も深刻である。せっかく来たのだからとか、名誉や面子で登りたいと思うのは当然であるが、生きて帰ることが最大の美徳であり、引き返す勇気こそ評価されなければならない。事故防止で重要なのは、何時、何処に、誰と、どんな装備で登るかをまとめた山行計画書と下山を確認する報告である。計画書を作ることでイメージの具体化と装備や安全対策を確認し、メンバーの認識を共有することができる。関係機関や山の仲間、家族に配布することで緊急時の速やかな救助・救出活動が可能になる。

68
塩見岳

塩見岳、仙塩尾根

小河内岳から塩見岳（2002.8.4）

アクセス困難な南アルプス要衝の弧峰

南アルプスの主脈は、甲斐駒ヶ岳で一気に立ち上がり、千丈岳に続く、近くに白峰三山もあり、賑やかだ。南部には荒川三山から赤石岳、聖岳等の巨峰があり、光岳で没している。しかし、北部と南部を結ぶ長い稜線は、標高が低く地味である。

その中央部でグイと頭をもたげているのが塩見岳（三〇四七㍍）である。塩見岳は、弧峰なようで北部と南部を繋ぐ中間点で、全山縦走の場合に主要なポイントになっている。

この塩見岳は、アクセス困難だが、塩川から三伏峠に登り往復していた。最近では車で鳥倉林道を利用し、往復している人が多い。三伏峠からは、塩見岳を経て北岳に縦走するとか、三伏峠から荒川三山に縦走する人もいる。

私は、仙丈ヶ岳から荒川岳までの伝統的な縦走路をトレースしたくて、三伏峠から熊ノ平、三伏峠から荒川岳、仙丈ヶ岳から両俣小屋と三回に分けて単独で歩いた。これらは標高が低く、樹林帯が多くて、登山者もほとんどいない地味で長いコースだったが、適度に小屋があり、登山道もしっかりしていた。再度歩くつもりはないが、ほぼ全コースをトレースしたことに満足している。

☆塩見岳―農鳥岳―大門沢

参考コースタイム　（著者61歳）

☆2001.8/26-28　単独

26日　辰野4:52＝伊那大島6:45＝塩川7:59/8:20－水場(1900m)10:25/10:50－三伏峠小屋13:45

27日　三伏峠5:00－本谷山6:15/6:25－塩見小屋9:55/10:05－塩見岳10:45/11:45(タイムロス)－小岩峰14:30/13:45－熊ノ平小屋16:00

28日　熊ノ平5:00－農鳥小屋8:00/8:20－農鳥岳10:10/10:25－大門沢下降点11:00/11:10－大門沢小屋13:35/13:45－発電所16:45－奈良田17:15

〈26日〉夜行で伊那大島まで行き、バスで塩川に入った。今夏最後のバスで、乗っていたのは二人だけ。車で鳥倉口まで入る人が多いようだ。薄日の差す天気だったが、午後から小雨になり、やがて土砂降りになった。

〈27日〉塩見岳まで標高差五〇〇㍍だがアップダウンがあり、長く感じた。高度が増し、露払いから解放され、南アルプスの主な山が見えてくると嬉しくなった。

塩見小屋には「トイレ利用の方はトイレ用の袋を買ってください」という看板があり、便袋の置き場がある。固形物はヘリコプターでおろし、液体はバイオで浄化しているとのことだ。山のトイレが問題になっている。こんな方法を試みている管理者に敬意を表した。

塩見岳頂上にかけては気持ちの良い岩稜。山頂は南アルプス核心部の大展望台で、赤石岳に隠れた聖岳を除く南アルプスの主な頂が指呼できた。やがて谷底からガスが湧き上がってきた。山頂までは登山者がいたが、たった一人になった。

尾根を下り、蝙蝠《こうもり》岳との分岐を左に選んだつもりだったが、急なガレ場となって変だ。登り返すと左側に急下降する分岐があった。ガスで縦走路の分岐を見落とし、北俣岳まで下ってそこを分岐と勘違いし、北のガレた尾根に入ってしまったのだ。一時間のタイムロスが痛かった。

分岐から急なガレ場を下ると、気持ちの良いハイマツ帯。やがて右斜面を巻くような樹林帯となる。稜線の左側を覗くと、大崩壊した斜面が続いていた。展望のないアップダウンのある陰気な道。雲が厚くなり、気持ちが焦る。

突然口笛の音にドッキリ。先を見ると、単独行の若者がやってきて「テント場までどれくらいですか。暗くて気持ち悪いんですよね」と声をかけられた。口笛は、私の気配を感じての警戒音だったようだ。キャンプ禁止になっているが、東側に沢があり、そこまで下るとテントが張れそうだと伝えた。

深い樹林帯の中に突然、熊ノ平小屋が見えたときは嬉しかった。小屋には塩見岳からきた六人パーティーだけだった。管理人は農鳥小屋と親交があるとのことで、トラバースルートの情報を得た。

〈28日〉この日は間ノ岳を越え、大門沢小屋までの予定だったが、トラバースルートの話を聞き、奈良田まで下って温泉に浸かることができるかも知れないと思うと、間ノ岳を越えていく気力が失せた。

この日も露払いで下半身びしょ濡れ。三十分余り登ると三国平で分岐。巨大な間ノ岳の大斜面をトラバースする道はほぼ水平だが、ハイマツの密生した山肌を水平にたどり、くねくねと迂回していた。登山者が少ないのにトレースがしっかりしている。

雷鳥の親子がまったく人を恐れない。最後は地獄のように崩壊している農鳥沢を横断して、農鳥小屋に達した。西農鳥岳の登りがきつく、農鳥岳までも結構長い。誰もいない頂に立つと、もう登らなくてよいという安堵感がいっぱいで、気持ちが先を急いだ。

大きな遭難碑の立つ大門沢の下降点からは、木の根と岩の急な悪路だった。何とか奈良田まで下り温泉に入りたいとひたすら下った。大門沢の小屋は静まりかえっていた。ここに泊まりたい衝動を抑えて一路奈良田へ。

昨日は十三時間、この日も十二時間の歩きでフラフラだったが、温泉に浸かり宿の夕食をとり、よく歩き通したと一人で満足した。翌日は、のんびりと鈍行で松戸に帰った。

☆三伏峠―荒川三山　南ア南部縦走

参考コースタイム　（著者62歳）

☆2002.8/3-6　単独

3日　伊那大島6:38（タクシー）＝鳥倉林道ゲート8:00/8:15－塩川分岐12:00/12:15－三伏峠小屋12:40

4日　三伏峠3:40－烏帽子岳4:40/4:55－小河内岳6:40/6:55－板屋岳9:15－高山裏小屋10:00/10:45－前岳14:05－中岳避難小屋14:25

5日　中岳小屋6:10－悪沢岳7:20/7:50－千枚岳9:30/9:50－マンノーの頭11:00/11:25－二軒小屋14:10

6日　二軒小屋7:40＝畑薙第一ダム9:00/9:40＝静岡13:10

〈3日〉前年に塩見岳から農鳥岳に縦走したが、三伏峠から荒川岳も気になっていた。伊那大島で相乗りの誘いがあり鳥原林道から登ることになったので、塩川から入るより一時間半短縮できた。タクシーの中で話題になったのは、前日十四時頃の塩見岳本谷山付近での落雷事故。近畿ツーリストのツアーで一人亡くなって四人が重軽傷だった。

　タクシーは、登山口のかなり手前のゲートまで。翌朝は暗いうちに出るので、登山道を下見した。午後になると雲が多くなり、遠雷に続いて雨。天気が気になるが、早々に寝た。

〈4日〉午後は雷の恐れがあるので三時頃起きて早めに出発した。危険を感じたら引き返すか途中の避難小屋に入るつもりだった。真っ暗な濃霧の樹林帯はブラックアウトのようで不気味。前小河内岳付近まで登るとすっかり明るくなり、ウサギギクやコガネギク、トラノオが目立つお花畑だった。一瞬ガスが切れて、延々と続く尾根の先に大きな塩見岳や荒川岳が見えた。小河内岳山頂の絶好の場所に、メルヘンチックな避難小屋があった。泊まった人の話を聞いたら展望の良いきれいな小屋で、管理人がおり、寝具とレトルトだが食品もあるとのこと。この辺りまではお花畑のある、のどかな稜線だった。

　小河内岳からは、アップダウンを繰り返しながら高度を下げ、深い樹林帯の道。時折、マルバダケフキの群落があった。板屋岳の西側斜面が、谷底まで崩壊していたが、崩壊地にマツムシソウが群生していた。前岳西面も大崩壊している。塩見岳北方稜線も、西面が崩壊していた。どうやら南アルプス主稜線の西側は、ほとんどが崩壊斜面のようだった。

　深いシラビソの原生林帯を行くと、高山裏避難小屋。粗末な小さな小屋だがここにも管理人がいた。天気がすっかり良くなったので、ゆっくり休んで濡れたものを乾かす。

高山裏から密生したシラビソ帯を行くと、次第に高度を増し、標高差七〇〇㍍の大斜面が迫ってきた。急なガレた道を、汗だらけになって黙々登ると、ハイマツの混じる斜面にさまざまな花が咲き乱れていた。

山頂近くになると、強い風にあおられ寒かった。前岳の反対斜面は、息を飲むような大崩壊。新しい標識があり、古い標識が崩壊に飲み込まれそうだった。

回復すると思った天気だったが、急に雲がわき、雷鳴さえ聞こえた。この日は中岳避難小屋に泊まり、持参した食糧でわびしい夕食。宿泊者は、他に若い単独行者だけだった。

〈5日〉道路崩壊で静岡ルートのバスが不通で、転付峠越えで帰るつもりで、二軒小屋に下ることにした。

五時過ぎに悪沢岳のピークからご来光。南アルプスの主なピークが間近に見え、朝日に燃えていた。悪沢岳には、千枚小屋から登ってきた大勢の登山者がいた。そこからは気持ちの良い広い稜線で、ガレ場に咲く花の最盛期だった。

千枚岳山頂では、なんと酒盛りしているメンバー。東海フォレスト関係者が鍵を持っているからと、仲間を連れて車で千枚小屋まで登ったとかで、利用の仕方に腹が立った。

高山裏避難小屋（2002.8.4）

千枚岳から分岐した道は、踏み跡が少なかった。ハイマツ帯を抜けるとダケカンバ帯、その下は視界をさえぎるシラビソ帯。展望はないが日差しを遮ってくれるのが助かった。

急斜面をひたすら下って大井川本流に着いたが古い吊橋が崩壊しており、左から大きく迂回して新しい吊橋を渡らねばならなかった。しばらく車道を歩くと、二軒小屋ロッジ。久々に風呂に入り豪華な夕食。少し高いがホテル並みのロッジだった。

久々の転付峠越えも魅力的であったが、静岡ルートのバスが前日に復旧していたので、送迎の乗用車で畑薙まで送ってもらい、バスに乗り換えて畑薙第一ダムに出て、静岡経由で帰った。

69

赤石岳

荒川三山、赤石岳

登りやすくなった南ア南部の巨峰群・赤石岳・荒川岳

赤石岳。小赤石岳より（2006.8.25）

赤石岳（三一二〇㍍）は南アルプスの主脈・赤石山脈の主峰であり、風格のある大きな山である。荒川岳は最高峰の悪沢岳《わるさわだけ》（東岳・三一四一㍍）と前岳（三〇六八㍍）、中岳（三〇八三㍍）の三つのピークがあるので荒川三山と呼ばれている。私が山に登り始めたころは、赤石岳や荒川岳は奥深く崇高な山で、容易に近づけなかった。これらの山に登るには丸一日かけて伝付峠を越えるか、畑薙第一ダムから長い林道を歩いて登山口に入るしかなかったが、今では北アルプス並みに入山が容易になった。大井川源流の多くの山小屋を東海フォレストが管理するようになってから、一泊すれば無料で畑薙ダムから一般車の入れない登山口まで送迎してくれるし、山小屋も快適になったからである。

送迎バスのおかげで、三日で荒川岳から赤石岳を縦走できるようになり、聖岳まで足を伸ばしても五日で縦走できる。奥深い山のイメージが薄れたが、今や利便さにはかなわない。

☆赤石岳―荒川岳

参考コースタイム　（著者63歳）

☆2003.9/13-15　椹島ー赤石岳ー荒川岳ー椹島

(メンバー；鈴木貫太、沢田正義、手嶋光輝、亀野甲羅、長屋尚人、吉川りつ子、大塚由美子、寺沢房子、志尾悦子、村田友子、小野田靖男)

13日 松戸(車)21:00＝畑薙第一ダム3:30/10:20＝椹島11:00/11:20ー樺坂14:10/14:20ー赤石小屋16:50

14日 小屋4:35ー富士身平5:15/5:30ー主稜線7:50ー赤石岳8:10/8:30ー荒川小屋10:30/11:00ー中岳コル12:50ー悪沢岳15:00/15:20ー千枚岳16:20/16:30ー千枚小屋17:05

15日 小屋5:40ー椹島11:00/12:30＝ダム13:30（入浴・食事）＝松戸23:40

荒川三山。小赤石岳より（2003.9.14）

草紅葉の悪沢岳を下る（2003.9.14）

〈13日〉畑薙第一ダムまで三台の車で入り、テントを張り仮眠。予定のバスが満席で、一時間遅れで椹島《さわらじま》登山口に着く。そこから急な尾根を登るがバテた人もいて、赤石小屋に着いたのは日没前だった。

〈14日〉この日の行程が長いので暗いうちに出発。富士見平で富士山の左から出るご来光を見る。トラバース気味の道から、急斜面を登りつめると主稜線。ザックをデポして、赤石岳の頂を往復する。ここからは、展望の良い気持ちの良い下りの縦走路である。荒川小屋から六〇〇㍍近い登りがきつかった。前岳に登ると、西側の壮絶な大崩壊を見下ろせた。崩壊で山頂が東側に移動し、標識が新しかった。

中岳を経て大きく下って、二二〇㍍登り返して悪沢岳。丸山にかけて広々とした稜線で、気持ちが良い。もう下るだけだと気を抜いたせいか千枚岳の登りが意外ときつい。十二時間半に及ぶ縦走でバテバテだったが、秋の花だけでなく、冷夏で咲き遅れた花と草紅葉が混じり、複雑な初秋の独特の感触を楽しめた。

〈15日〉この日はただ下るだけと思っていたが、登山道の崩壊で、迂回路の岩稜の登りがあり、縦走の疲れが出てきつかった。吊橋を渡り川岸を下っていたら、登山道が崩壊しているところがあり、ロープで二㍍ほどザレ場を降りなければならないところがあった。

椹島に下りて送迎バスでダムまで戻り入浴と食事後に帰途につくが、渋滞で松戸に着いたのは深夜だった。

山コラム　リーダーの役得

山から下りてくるとメンバーが、リーダーの私に楽しかったとか、世話になったからとそっと缶ビールをくれることがある。こんな時にはこの登山を満足してくれたものと素直に嬉しい。リーダーはメンバーを募り、あれこれ調べて計画を具体化する。山行中はメンバーの体調に気づかい、事故防止に気を使うなど、全ての責任を負って、肉体的にも精神的にも荷が重い。ひとたび事故が起きるとリーダー責任を問われることもある。絆を深め、楽しい雰囲気を作るのもリーダーの役割である。それなのになぜ、無償のリーダーを引き受けるのだろうか。

山に行くだけなら誰かに連れてってもらえばいい。人間関係が疎ましければツアーに参加すれば山に登れる。しかし、このような登山の記憶はあいまいで、感動もイマイチである。他人の計画した登山に気軽に参加した時も同じである。これに対し、自分で計画したとかリーダーを務めた山の記憶や感動は大きく生涯忘れない。

同じ登山でも、山の情報を良く調べるとか創意工夫した計画は、それだけ得ることが多く充実感を味わえ、山行力量を高めることができる。こんな山行は仲間も満足し感謝してくれるが、最も得をするのがリーダーであり、まさに「リーダーの役得」である。リーダーはそっとビールをもらうためではなく、この役得のためにやっているのかも知れない。リーダーは当然の責務として計画を練り、安全対策に万全を期すが、メンバーもいろいろ調べて参加するとそれなりに得ることが多く、万が一の時の安全対策になる。リーダーのやることを学び、自分だったらどうするかを考える習慣を身につければ山行力量を高め、より良い登山ができるようになるだろう。

赤石岳から聖岳方面（2006.8.25）

70 聖岳

南ア最南の三〇〇〇メートル峰・屋根型のピーク

聖岳（三〇一三㍍）は、南アルプスで最も南にある三〇〇〇㍍峰で山頂が台形なので、遠くからでも容易に分かる。赤石山脈は南に上河内岳、茶臼岳を経て光岳まで続く。聖岳には赤石岳からの縦走や茶臼岳経由で登る人が多い。直接登るには聖沢出会からだが、畑薙第一ダムから遠いので、東海フォレストの送迎バスに一定の金額を払って乗ると便利だ。その金は東海フォレスト管理小屋の宿泊費から減額してもらうようになっているが、聖平小屋は別管理なので対象にならない。

茶臼岳に登るには、一八〇㍍もある畑薙大吊橋を渡る。ユラユラ揺れる高度感のある吊橋を渡るのは、高所恐怖症でなくても気持ちの良いものではない。光岳に登る人の多くも、この吊橋を渡って茶臼岳から往復している。甲斐駒ヶ岳から光岳までの南アルプス全山縦走は、登山者の試練の場とされてきた。アップダウンの大きいコースを一週間以上も歩き続けるので、ハードだ。山小屋を利用して縦走できるが、テントで挑戦する若者もいる。本格的登山をめざす人は、厳冬期にテント・食糧を背に縦走している。

参考コースタイム　（著者66歳）
☆2006.8/24-27
(メンバー；鈴木貫太、熊倉隆夫、玉田やい子、小林康男、渡辺美里)
24日　松戸(車)21:10＝畑薙第一ダム2:15/7:35＝椹島8:20/8:30－赤石小屋14:05
25日　赤石小屋5:40－富士見平6:25/6:40－赤石岳9:30/10:10－百間洞山の家13:25
26日　百間洞山の家3:20－主稜線4:30/4:40－中盛中山5:00/5:30－小兎岳6:20－兎岳7:30－聖岳(奥聖岳往復0:40)10:30/11:40－薊畑分岐13:15－聖平小屋13:35
27日　小屋4:50－大吊橋7:55－聖沢登山口9:05/9:50＝椹島10:00/10:30＝ダム11:30＝松戸21:00

〈24日〉畑薙第一ダムまで車で入り、椹島から樹林帯の急登で赤石小屋。赤石岳が大きく、兎岳、聖岳と並んでいた。

〈25日〉樹林帯を抜け、富士見平に着くと荒川三山が良く見え、赤石岳から聖岳、上河内岳への山々と富士山が見えた。トラバース気味に登ると、水場があり美味しい。お花畑があり、今なおさまざまな花が見られた。最後の急登を越えると、荒川岳からの縦走路。右には荒川三山、反対側にはこれからたどる馬の背、百間平の台地。

赤石岳（三一二〇㍍）からはすごいガレ場で、登ってきた斜面との違いに驚いた。急な下りを一気に下りると、沢のそばに小さな山小屋「百間洞山の家」があった。

〈26日〉ご来光を見ようとヘッドランプで登る。中盛丸山の頂で、悪沢岳右の雲頂から薄いガス越しに、幻想的な光のリングとなったご来光を見ることができた。中盛丸山からの下りが大きく、小兎岳と兎岳の登り返しがきつくて、山の深さを実感した。右側斜面の崩壊が著しかったが、崩壊地に、けなげに高山植物が咲き乱れていた。

兎岳では、三角点方面に踏み跡があったので辿ろうとしたが、キジ場となっており、踏み止まった。聖岳には、一〇〇㍍あまり下って、四〇〇㍍あまりの登り、伸びやかな斜面で花が多い。山頂から奥聖岳の往復は、狭い稜線だが、岩稜や箱庭的な湿原があり、赤石沢の広大な源頭部を眺められて楽しかった。

聖岳からの下りはガレ場の大斜面。聖平に近い薊畑《あざみばた》で、鹿の食害調査の鉄柵の中にはさまざまな花があって、柵の外との違いに驚いた。周辺のお花畑は鹿の食害で、トリカブトやコバイケソウのような「毒草畑」になってしまったようだ。聖平小屋は大きな山小屋で、聖岳の人気ぶりを実感した。

〈27日〉下山路は聖沢沿いだが、右岸の尾根を巻くためになかなか高度が下がらない。急な斜面を大きく下って、ようやく大吊橋。最後はあっけなく聖岳登山口に降りられた。そこから送迎バスで椹島に戻って乗り換え、畑薙第一ダムまで送ってもらった。

上河内岳から聖岳（1969.12.31）

山コラム

登山者は自然破壊者か、保護の担い手か

山を歩いていると傷ついた山岳自然が気になる。山岳道路や観光施設、石灰石採掘、森林伐採等の乱開発。登山道が水道になって山を削っているところも少なくない。登山行為ではゴミと踏み荒らしとトイレ等のオーバーユースが問題になってきた。いま山岳自然は、過剰開発やオーバーユースで傷ついている。酸性雨霧やシカの食害、地球温暖化による異常気象や生態系への影響も深刻である。原発事故による放射能汚染まで加わった。

登山は生の自然と接することで自然愛好者を育てる。このため、登山者は各地で自然破壊の監視役を果たし、過剰開発に歯止めをかけるとか、適切な登山道の整備を求めて活動してきた。ゴミは清掃登山とゴミ持ち帰り運動が功を奏した。踏み荒らしは木道や植生復元などで効果が出ている。最大の課題だったトイレの問題はバイオトイレの普及やマナー向上で良くなってきた。

登山が自然に負担をかけていることは否めないが、自然愛好者を育て、保護の担い手を育てていることも事実である。かつては登山の普及が自然破壊だという意見もあったが、私は自然保護の世論を高め、自然保護の担い手を育てる行為だと主張したい。

日本の山は、林業、山菜、釣り、登山、修験者等、人間と共存することで保全されてきた。登山も自然の復元力の範囲内で活動し、山岳自然を監視し保護の担い手となるのが望まれる。

そこで、日本勤労者山岳連盟は、登山文化の継承発展と山岳自然の共存をめざし、登山による環境負荷をできるだけ小さくし、登山活動を通して自然保護に貢献しようと、「労山自然保護憲章」を制定した。

あとがき

二年前、私は五十年余り登ってきた山の写真や記録を整理して「私が登った山」としてまとめた。これをもとに私の体験や登り方を伝えたいと願い発行するのが本書である。

相談したのは、松戸市内の自宅で自分史等の自費出版活動をしている「東京創作出版」の永島静香さんで、出版社で編集業務に携わった経験豊富な方。永島さんからは編集作業についての説明があり、書店扱いを勧められた。書店扱いになるとターゲットを広くする必要がある。このため、タイトルを「首都圏から登る」とか「一日から三日で楽しめる名山」にするなど、ガイドブック的に改めるようなアドバイスがあった。指摘されたように、本書でとりあげた山は、首都圏なら若干のアクセスの違いがあるだけなので、販路が限られる。〝松戸から〟にすることはない。

それでも〝松戸〟にこだわったのは、四十三年間住んで、ここから山に登り続けてきたからである。活動拠点を失った数多くの山岳会が衰退したのも見てきた。三十三年前に東京で活動する会から独立して松戸に山の会を作ったのは、地域に根差した会を作りたかったからである。販売のために出版するのではない。内容的にも私が登った時の登り方や、所感を記載したエッセイのようなもので、ガイドブックとして必要な概念図やアクセスや宿泊施設等の最新の情報については触れていない。

選んだ七十の山は、深田百名山のように一定の基準を設けたものではなく、記憶が鮮明で記録が残っているものから主観的に選んだものである。このため、ほとんど知られていない山とか、簡単に登れる小さな山がある一方で、富士山や尾瀬、八ヶ岳等の著名な山もその山域の一つの山を選んで触れただけのものもある。一度だけしか登ったことがない山がある一方で、谷川岳や丹沢のように五十回も登った山とか、浅草岳や苗場山のように最近毎年登っている山もある。

このほかにも取り上げたい山が幾つもあったが、記録がないとか記憶があいまいで書けなかったものがある。また対象外とした北海道や近畿以西の山にも印象に残る山が幾つもある。何れこれらについても何らかの形でまとめ、冊子にして保存したいと思っている。

本書を編集するにあたって感じたことは、山に登ったら記録として残しておくことの重要性で、これまで所属した山岳会の会報が役立った。最近は会報に代わってホームページが主流になっている。ホームページはビジュアルで多くの人に公開できる利点はあるが、一過的で記録を保存するとか手元に保管することに適していない。本書は私の登山人生の自分史みたいなもので、座右の記念誌になると思っている。

ともあれ、本書で選んだ山は客観的に名山というわけではない。自分なりに印象に残る山を選んで、登り方や所感を書いたものである。読者におすすめする山ということではないので、自分なりの山を選んで登るときの一つの参考として頂ければ幸いである。

最後に、これまで一緒に山に登ってくれた多くの仲間に感謝すると共に、山行記録に断りもなく名前を記載させていただいたことを容赦願います。また、私の拙い原稿を出版まで導いてくれた永島さんに感謝すると共に、地域文化発展のために活躍されることを期待しています。

二〇一五年八月

鈴木　貫太

〔著者紹介〕　鈴木　貫太（すずき　かんた）

山岳会「まつど山翠会《さんすいかい》」所属。
一九四〇年　六月十二日（昭和十五年）静岡県浜松市生まれ
一九四五年　春　　秋田県長信田村北川口に疎開し、中学校卒業まで在住
一九五六年　四月　集団就職で東京に。一九六二年三月新宿高校定時制卒業
一九六七年　三月　中央大学土木工学科を卒業し設計会社に就職
一九六九年　四月　東京都下水道局に転職。二〇〇〇年三月退職
一九七二年　八月　千葉県松戸市に移住

○一九六三年（昭和三十八年）八月　山登り事始め
初めての山登りは、アルバイト先の先輩で独標登高会ＯＢの桜本義信氏に誘われて丹沢・沖源次郎沢の大棚登攀。以降、誘われるままに沢登りや岩登り、冬山に登ると共に、身近な友人と山に行くようになる。帰省（秋田）時には、単独で秋田駒ヶ岳や八幡平、鳥海山を始めとする東北の山に登った。

○一九六七年四月　登山仲間で星稜登高会の設立
桜本氏を中心に上野高校定時制山岳部ＯＢらと山岳会を作ったが、同氏が山に登れなくなり最長老の私が代表となった。二十歳前後の会員が多く、岩や沢、雪山をターゲットにした山行が多く、山の本を読み漁り、日本勤労者山岳連盟（労山）に加盟し、積極的に情報を聞き学んだ時であった。一九七二年に「山と渓谷」誌の公募で、十数人の会に二十数人が入会したことか

ら、ハイキングからアルピニズムまでの総合山岳会になった。
○一九七三年三月　天祖山保護運動・労山役員として活動
東京都勤労者山岳連盟の自然保護担当の理事になり、多摩川上流の自然を守る会（真鍋健一会長）として天祖山保護運動にかかわり、会の活動から距離を置くようになった。天祖山保護運動は八年余りで終息したが、一九七八年から日本勤労者山岳連盟役員となり、自然保護や組織を担当した。役員は二〇〇二年に退任したが、二〇〇四年から自然保護憲章制定委員会の事務局を三年間担い制定に漕ぎつけた。
○一九八二年十一月　地域に松戸山の会を創設
地元の松戸に労山加盟の会がないことから、有志で呼びかけ「松戸山の会」を創立し初代会長を担った。この会は中高年層の登山要求に応え大型化したが、これに伴う運営難に陥り対策を迫られた。
○二〇〇一年一月　まつど山翠会の創設
松戸山の会で独自の山行活動を求めて活動するようになり、結果として有志で分離独立し初代会長を担った。

カムチャッカアヴァチャ山にて著者。
背景はカリヤーク山 (2015.7.17)

松戸から登った山70選

2015年8月24日　発行

著　者　　鈴木貫太
千葉県松戸市牧の原2—138　〒270-2267
電話　047—385—4605
e-mail　kan-4605@ka8.koalanet.ne.jp

発行者　　永島静香
発行所　　東京創作出版
千葉県松戸市二十世紀が丘戸山町53—1
電話　047—391—3685　　〒271-0082
e-mail　book@sosaku.info
装　丁　　水落ゆうこ
印　刷　　藤原印刷株式会社
ISBN978-4-903927-23-7